科技型中小企业
群体智能涌现机理与实证

刘 钒 邓明亮 著

科学出版社

北 京

内 容 简 介

科技型中小企业是培育发展新动能、推动高质量发展的重要力量，群体智能作为一种复杂系统理论分析方法已经得到广泛应用。本书聚焦科技型中小企业群体智能涌现机理和实证问题，主要涉及集群演进和群体智能涌现的理论分析、科技型中小企业个体目标实现的博弈分析、科技型中小企业集群的群体智能涌现的环境调控、典型区域"群体智能指数"的实证分析、典型区域科技型中小企业集群发展调查和促进科技型中小企业集聚式发展的对策等内容。

本书可为群体智能研究、科技型中小企业研究工作者提供研究参考，同时能够为科技型中小企业发展政策制定提供参考。

图书在版编目（CIP）数据

科技型中小企业群体智能涌现机理与实证 / 刘钒，邓明亮著. —北京：科学出版社，2023.5

ISBN 978-7-03-070832-8

Ⅰ. ①科⋯　Ⅱ. ①刘⋯　②邓⋯　Ⅲ. ①高技术企业-中小企业-企业发展-研究　Ⅳ. ①F276.44

中国国家版本馆 CIP 数据核字（2021）第 259952 号

责任编辑：郝　悦 / 责任校对：姜丽策
责任印制：张　伟 / 封面设计：无极书装

科学出版社 出版
北京东黄城根北街 16 号
邮政编码：100717
http://www.sciencep.com

北京虎彩文化传播有限公司 印刷
科学出版社发行　各地新华书店经销

*

2023 年 5 月第 一 版　开本：720×1000　1/16
2023 年 5 月第一次印刷　印张：13 1/4
字数：257 000

定价：136.00 元

（如有印装质量问题，我社负责调换）

目　录

第一章　绪论 …… 1
　　第一节　科技型中小企业发展面临新的发展背景和要求 …… 1
　　第二节　群体智能是科技型中小企业创新发展研究新的突破口 …… 6
　　第三节　生物种群与企业集群具有显著相似性 …… 9
　　第四节　群体智能和企业集群演化备受国内外学术界关注 …… 12
　　第五节　科技型中小企业集群智能涌现机制与实证研究路径设计 …… 33

第二章　集群演进和群体智能涌现的理论分析 …… 36
　　第一节　集群的演进 …… 36
　　第二节　群体智能涌现 …… 42

第三章　科技型中小企业个体目标实现的博弈分析 …… 47
　　第一节　进入集群的决策机制研究 …… 47
　　第二节　生产数量的决策机制研究 …… 51
　　第三节　科技创新的决策机制研究 …… 53
　　第四节　退出集群的决策机制研究 …… 57

第四章　科技型中小企业集群的群体智能涌现的环境调控 …… 62
　　第一节　科技型中小企业集群的群体智能涌现与环境的关系 …… 62
　　第二节　科技型中小企业集群演进的环境因素 …… 64
　　第三节　科技型中小企业集群演进的环境优化 …… 69
　　第四节　科技型中小企业集群的群体智能涌现的环境参数 …… 71
　　第五节　科技型中小企业集群演进的复杂网络分析 …… 77

第五章　典型区域"群体智能指数"的实证分析 …… 90
　　第一节　研究方法 …… 91
　　第二节　国家中心城市的"群体智能指数" …… 95
　　第三节　国家高新区的"群体智能指数" …… 103
　　第四节　国家大学科技园的"群体智能指数" …… 131
　　第五节　省域高新区的"群体智能指数" …… 139
　　第六节　典型区域群体智能涌现的地区差异和挑战 …… 151

第六章　典型区域科技型中小企业集群发展调查 …… 155
　　第一节　企业基本情况 …… 155

第二节　科技型中小企业运营能力调查 …………………………… 157
　　第三节　科技型中小企业的发展诉求调查 ………………………… 163
　　第四节　科技型中小企业集群发展问题分析 ……………………… 167
　　第五节　湖北省科技型中小企业成长环境分析 …………………… 170
第七章　促进科技型中小企业集聚式发展的对策 ……………………… 175
　　第一节　科技型中小企业适应群体智能涌现的原则 ……………… 175
　　第二节　促进科技型中小企业集聚式发展的路径和机制 ………… 177
　　第三节　优化科技型中小企业集聚式发展环境的举措和政策 …… 182
第八章　研究总结与未来展望 …………………………………………… 193
　　第一节　研究总结 …………………………………………………… 193
　　第二节　未来展望 …………………………………………………… 194
参考文献 …………………………………………………………………… 196
后记 ………………………………………………………………………… 204

第一章 绪 论

第一节 科技型中小企业发展面临新的发展背景和要求

一、促进中小企业发展

中小企业是社会经济系统的基本构成单位,在推动经济发展和维护社会稳定方面发挥着重要作用。纵观 21 世纪以来的世界发展,中小企业对全球经济增长的贡献、创新的革命性进步和社会的稳定发展,发挥着日益重要的作用。许多国家和地区把促进中小企业创新发展作为重要的发展战略予以积极推进。美国把中小企业作为"美国经济的脊梁",建立了包括税收优惠、资金扶持、政府采购等扶持政策的政策体系;欧盟将中小企业视为"欧盟经济的核心力量",欧盟各成员国普遍实施了创业投资引导基金、技术创新计划等扶持政策;日本政府则通过建立担保公库方式支持中小企业融资。《中国中小企业 2019 蓝皮书——新时代中小企业高质量发展研究》的统计数据显示,截至 2018 年末,我国中小企业超过 3 400 万家,贡献了 50%以上的税收、60%以上的 GDP、70%以上的技术创新、80%以上的城镇劳动就业和 90%以上的企业数量[1],是国民经济和社会发展的生力军,已成为建设现代化经济体系、推动经济高质量发展的重要基础。

中小企业对外界环境变化敏感,能够灵活调整发展方向,是开展面向未来的颠覆性创新的先行者和"侦察兵"。同时,中小企业向专业化、精细化、特色化发展,则可以更快占据细分市场,具有成长为"瞪羚企业""隐形冠军企业""独角兽企业"的潜力。党的十九大报告明确提出,"加强对中小企业创新的支持,促进科技成果转化"①。近年来,国家各部委先后制定了一系列支持中小企业发展的政策,如《国家税务总局关于小微企业免征增值税有关问题的公告》(2017 年)、《财政部 税务总局关于支持小微企业融资有关税收政策的通知》(2017 年)、《财政部 税务总局关于延续小微企业增值税政策的通知》(2017 年)、《中国人民银行 中国银行保险监督管理委员会 中国证券监督管理委员会 国家发展改革委 财政部关于进一步深化小微企业金融服务的意见》(2018 年)等均强调了中小微企业发展的重要性,从各自分管领域积极为中小微企业发展提供更多扶持。各地方政府纷纷制定实施了"科

---

① 习近平:决胜全面建成小康社会 夺取新时代中国特色社会主义伟大胜利——在中国共产党第十九次全国代表大会上的报告. http://news.cnr.cn/native/gd/20171027/t20171027_524003098.shtml,2017-10-27.

技小巨人成长计划""瞪羚计划""中小企业创新能力提升计划"等多个中小企业帮扶计划,在科技企业孵化器与加速器、科技型中小企业成果转化、中小企业投融资及担保等方面加大政策供给和工作力度,全方位推动不同行业、不同类型的中小企业发展。然而,中小企业抗风险能力较弱,其成长壮大在世界范围内是一个难题。我国中小企业发展取得了显著成效,但依然面临诸多困难,在专业人才获得、资源配置、融资渠道、创新服务、政策落实等方面还存在瓶颈。

二、促进中小企业发展面临挑战

(一)全球经济增长放缓压缩中小企业外需增长空间

近年来,受中美贸易摩擦等因素影响,我国中小企业对外贸易空间被进一步压缩。在发达经济体方面,根据 HIS Markit 公布的数据,美国 2018 年 12 月制造业 PMI(purchasing managers' index,采购经理指数)为 53.8,创 2017 年 9 月以来的新低。在欧元区方面,2018 年 12 月法国制造业 PMI 终值为 49.7,比 2018 年 1 月下降 8.4 个百分点,商业状况有所恶化;德国 2018 年 12 月制造业 PMI 终值为 51.5,比 2018 年 1 月下降 9.7 个百分点。在亚太经济体方面,日本 2018 年 12 月制造业 PMI 终值为 52.6,比 2018 年 1 月下降了 1.8 个百分点;新加坡 2018 年 12 月制造业 PMI 终值为 52.7,环比下滑 1.1 个百分点。发达经济体占我国产品出口国家和地区的较大比重,而发达经济体制造业扩张幅度呈缩小趋势,发达经济体经济增长乏力造成我国中小企业产品的外部需求减弱。

同时,新兴经济体发展不稳定对我国中小企业外需增长空间产生下行压力。根据世界贸易组织公布的数据,2018 年的全球贸易量较 2017 年增加了 3.0%,但增速较 2017 年回落了 1.6 个百分点,增速放缓受我国等新兴市场国家经济增速放缓影响显著。当前,我国对部分"一带一路"沿线国家和金砖国家等新兴市场进出口保持快速增长。国家统计局数据显示,2018 年我国对越南、印度尼西亚、俄罗斯、巴西进出口增幅分别达到 21.9%、22.2%、27.3%和 27.0%。然而,本国特定因素、金融环境收紧、政治局势紧张等因素的叠加作用对新兴经济体的经济发展平稳性产生了下行压力。这些国家和地区经济未来发展的不确定性在一定程度上对我国中小企业的外部市场空间造成了负面影响。

(二)国际市场不确定性影响中小企业"走出去"

受技术变革、全球治理体系变化和大国博弈的多重影响,国际格局正经历百年未有之大变局。其中，技术变革是国际格局变化的根本因素，全球治理体系的变化是影响全球格局的制度因素，大国博弈是影响国际格局变化的直接因素。全球贸易争端存在较大不确定性，贸易保护主义和单边主义势力抬头阻碍了全球经济一体化。部分发达国家贸易保护主义倾向加剧，导致世界经济上行预期持续减弱，不确定性风险持续升高。根据世界贸易组织统计数据，国际市场整体保持低迷状态，全球贸易增长步伐明显放缓，国际市场需求日渐疲软。部分地区贸易保护主义有所抬头，地缘政治环境更加复杂。国际市场的不确定性给我国广大中小企业带来不利影响。中国人民银行企业家问卷调查结果显示，我国企业国内外订单收缩趋势较为明显。2018年，仅第二季度的出口订单指数超过了50%的水平线，第一、第三、第四季度的出口订单较前一季度分别回落3.5个百分点、2.3个百分点、3.0个百分点。在生产成本居高及贸易保护主义不断升温等内外因素叠加作用下，中小企业信心仍显低迷，2018年第四季度企业家信心指数较第三季度回落3.3个百分点。对外贸易和投资的不确定性与风险性的上升，导致大量中小企业已经面临，或将继续面临订不足、生产经营难以为继的困境。

（三）中国经济稳中有变制约中小企业生存与发展

近年来，我国对内、对外发展都发生了明显的阶段性变化。对内，我国正处于从高速增长转向高质量发展的新阶段；对外，我国进入了大国开放的新阶段。2018年，我国经济增长整体趋缓，国内消费需求增长乏力，社会消费品零售总额同比增速大部分时间低于上年同期水平。这在一定程度上反映出中小企业国内市场增长空间进一步压缩的窘境。另外，尽管我国2018年全年制造业PMI均值为50.9%，总体保持增长，但受多重因素影响，我国制造业发展环境稳中有变，2018年12月制造业PMI终值为49.4%，环比回落0.6个百分点，景气度有所减弱。同时，2018年12月新订单指数为49.7%，环比下降0.7个百分点，生产经营活动预期指数为52.7%，环比回落1.5个百分点，均为年内低点，充分表明中小企业生产与发展的压力依然较大。中小企业的自身特点决定了人才、资金、技术等各种制约因素将会长期存在，从而导致其在市场、融资、成长等方面遇到的困难仍将存在较长时间。

（四）国内"三期叠加"提升中小企业生产经营成本

当前，我国经济发展处于增长速度换挡期、结构调整阵痛期和前期刺激政策消化期的"三期叠加"时期，市场需求结构和消费方式发生明显变化，新业态、新消费热点逐渐形成。然而，多数中小企业受制于企业规模、技术水平、专业人才等因素，整体上被挤压于价值链的低端，开展商业模式创新、跨界融合发展的能力受到很大制约，经营成本呈现快速上升趋势。在经济新常态下，经济增长的下行压力较大，劳动力、资本等要素价格明显上升，而中小企业大多呈现"低、小、散"特征，生产技术含量不高，产品附加值低，主要依赖低廉劳动力进行粗放型生产，要素成本的提升将挤压中小企业的利润空间。尽管国务院及各级地方政府陆续出台了一系列减轻中小企业负担的税费优惠政策，但是政策落实尚有差距，并且税费优惠政策申报、企业相关资质认定等配套要求不尽合理，企业税费负担下降幅度与企业期盼还有一定差距。

（五）应对新一轮科技革命和产业变革力有未逮

进入21世纪以来，世界范围内的新一轮科技革命和产业变革加速兴起，新技术、新产业正在成为世界各国激烈竞争的制高点。新一轮科技革命涵盖了信息技术（information technology，IT）、生物技术、新材料、新能源、航天技术、海洋技术等诸多科技领域，多学科相互交叉、跨界交融，不同领域的新技术互为支撑、相互刺激，跨学科创新成果不断出现。科技创新不仅催生了大量新产业、新模式、新业态，而且向传统产业加速渗透，深刻改变着传统产业发展模式。新一轮科技革命和产业变革对我国中小企业的创新水平和核心竞争力提出了新要求。然而，现阶段我国中小企业应对新一轮科技革命和产业变革的能力尚显不足。

一方面，中小企业自主创新的意愿和能力都不太高，激励中小企业自主创新的机制还不完善，对于创新人才的吸引力还比较有限。优质的创新人才往往被大型国企或外企吸引，导致中小企业难以吸引和留住人才。此外，中小企业内部的创新文化、创新氛围均显不足，企业员工的创新意识还有待提高。另一方面，我国现行的知识产权保护相关法律法规还需完善，以尽可能降低中小企业开展技术创新的风险。

三、科技型中小企业应受到更多关注

21世纪，创新能力成为衡量一个国家综合国力的重要指标之一，高新技术产业则成为衡量一个国家创新能力的重要指标之一。科技型企业作为高新技术产业的微观单元，以其创新冲劲和专业化技术为特征，不仅是推动产业升级、发展高新技术产业的重要载体，而且是建设国家创新体系、提高区域创新能力的重要力量。在科技型企业群体和中小企业群体的重叠部分，有一类较为特殊的企业，就是以科技创新为企业发展主要支撑，以提供科技产品或科技服务为主要目的的科技型中小企业。科技型中小企业数量众多、成长迅速、机制灵活，正逐步成长为承载高新技术产业发展、提升区域创新能力、集聚科技创新人才、孕育新模式新业态的重要力量，在经济发展中起到越来越重要的作用。20世纪70年代以来，世界各国普遍对科技型中小企业发展给予了更多的关注。据美国中小企业管理局（Small Business Administration，SBA）的统计，美国94%的高科技企业是中小企业，中小企业完成的创新占国家全部创新的55%，完成的人均产品创新量是大企业的两倍。许多当年的科技型中小企业，如微软、英特尔等，都已经成长为科技型大企业和企业集团，成为美国经济增长的重要引擎之一。

科技型中小企业作为一类重要而特殊的中小企业，同样受到我国政府的重视。党的十八大以来，党中央、国务院高度重视科技型中小企业发展问题，依据相关法律法规，密集制定、出台了一系列促进和扶持科技型中小企业发展的综合政策和专项政策，形成了较为完善的政策体系。中国银行业监督管理委员会（简称中国银监会）①和科学技术部（简称科技部）联合发布的《关于进一步加大对科技型中小企业信贷支持的指导意见》（2009年），以及《中国制造2025》（2015年）、《科技部关于进一步推动科技型中小企业创新发展的若干意见》（2015年）、《中华人民共和国国民经济和社会发展第十三个五年规划纲要》（2016年）、《国家创新驱动发展战略纲要》（2016年）、《科技型中小企业评价办法》（2017年）、《关于新时期支持科技型中小企业加快创新发展的若干政策措施》（2019年）等国家顶层设计均将科技型中小企业的快速发展列为重点任务之一，希望通过科技型中小企业的快速发展，激发带动各类中小企业的创新创造活力，进而提升我国中小企业的整体发展水平。尽管如此，由于科技型中小企业对于创新生态、投融资环境、公共服务配套、政府管理服务等外部环境要求较高，其受外部环境的影响越发明显。我国科技型中小企业还普遍面临资金短缺、成本过高、市场环境不佳等困难，科技型中小企业集群的成长壮大同样面临不少困难。要推动我国科技型中小企业在激烈的国内外竞争中快速成长壮大起来，既要充分激发企业内生动力，又要持续营造优化适合其成长的良好生态环境，促使科技型中小企业集群在知识、技术、信息、人才、经验等方面形成互补的柔性网络，能够将自身技术创新能力通过网络效应得到强化，在集群内形成具有自我繁殖的内在进化机制。

综合本节所述，中小企业在国民经济发展中发挥着重要作用；新时代我国中小企业发展面临复杂多变的国内外环境带来的挑战；科技型中小企业作为中小企业中的优质群体，理应在促进科技创新和经济增长中发挥更大作用。考虑到不同类型的中小企业发展情况千差万别，很难将其作为一个整体进行笼统研究，并且不加限定的笼统研究也很难得出有价值的结论。鉴于科技型中小企业的特性和重

---

① 根据2018年国务院机构改革方案组建中国银行保险监督管理委员会（简称中国银保监会）；根据2023年国务院机构改革方案组建国家金融监督管理总局，不再保留中国银保监会。

要性，本书将研究对象中的中小企业限定为科技型中小企业，重点探讨分析这类特殊的中小企业在群体智能作用下，形成集聚式发展的机制机理。

第二节　群体智能是科技型中小企业创新发展研究新的突破口

如前所述，一个国家的经济发展离不开数量庞大的中小企业。我国要显著提升企业自主创新能力、建设创新型国家，就必须充分发挥中小企业，尤其是科技型中小企业的生力军作用，使科技型中小企业真正成为技术创新的活力之源，成为高新技术产业和战略性新兴产业的基础。但是，大多数科技型中小企业存在着规模较小、发展不稳定及抗风险能力差等不足，使得科技型中小企业出现"高失败、高消亡"的"双高"现象。如何解决"双高"问题，如何建立科技型中小企业群体持续成长的新机制，成为国内外学术界关注的重点和难点问题。多年来，国内外学者对此进行了许多研究，试图从不同视角探寻解决问题的理论与方法。整体上看，大部分研究都是针对一般常规中小企业进行的简单、线性、均衡的研究，对企业群体成长的复杂性、非线性和不确定性的研究不够深入。

群体智能作为一种复杂系统理论分析方法，已在决策优化、开源软件、电子商务、预测市场、社交网络等领域得到成功应用。本书把群体智能理论与科技型中小企业的群体成长相结合，将科技型中小企业集群视为一个复杂群体系统，采用群体智能的相关理论探讨科技型中小企业集群演进过程，分析科技型中小企业集群的群体智能涌现机制，设计促成科技型中小企业集聚式发展的群体智能环境参数和"群体智能指数"，在此基础上研究科技型中小企业集聚式发展路径，具有比较重要的理论意义和实践价值。

一、理论意义

本书采用群体智能理论研究科技型中小企业集聚式发展中的群体进化规律，具有丰富中小企业研究内容、拓展群体智能研究范畴的双重理论意义。

（一）具有揭示中小企业发展规律的认识论意义

从学术研究视角看，一方面，现有的企业集群研究"宏观角度多、微观角度少；'集群外'研究多、'集群内'研究少；静态角度多、动态角度少；成长外因研究多、成长内因研究少"[2]，以企业集群创新来促进区域经济发展为目的的研究较多，直接将企业集群作为研究对象的研究较少[3]，专门针对科技型中小企业集群的研究更少[4]。对于科技型中小企业集群的内在机理、组织构建、成长模式，通过创新实现竞争中的可持续发展、避免生命周期中的拐点等问题，目前研究还有不足[5]。

本书将"科技型中小企业集聚式发展"界定为：大量具有同质性或关联性的科技型中小企业在地理区域和行业领域集聚，形成具有持续创新能力和强劲竞争优势网络组织和有机系统的过程。科技型中小企业集聚式发展能产生强化效应、协作和分工效应、共享效应等优势效应[6]，是我国科技型中小企业发展的有效形式[7]。科技型中小企业集聚式发展具有明显的系统进化特征。但是，由于企业集群成长问题是一个具有很强"黑箱性质"的议题，专门探讨企业集群可持续进化问题的研究比较少。"大部分对集群竞争优势的分析都是对集群所表现出的优势'结果'方面的总结"，"真正对产生这些优势的内在动因和内在机制研究得较少且不深入"[8]，以至于企业集群进化的内在机理尚不明确，企业集群进化的路径还不清晰，企业集群进化的关键因素还缺乏动态角度的系统分析。从新的视角深入探讨科技型中小企业集群进化还有很大的研究空间。

本书能够丰富对科技型中小企业群体进化行为和涌现机理的认知，揭示个体交互行为和群体外部环境协同促进科技型中小企业群体智能涌现的机制，能够为从"群体智能涌现"的新视角提出科技型中小企业集聚式发展的路径提供理论依据。

（二）具有自然科学与社会科学交叉研究的方法论意义

群体智能是近年来国外学术界关注的一个典型的交叉学科领域，已经在商业市场判断、决策优化、开源软件、电子商务、社交网络等领域得到广泛应用并产生深远影响。群体智能是从群体行为规则和个体行为协调的角度，研究分布式环境中大量自主个体在没有特定协调者情况下呈现出有序状态的机理，以及在这种机理作用下，如何使自主个体做出发散、汇聚和创造等决策，并最终使集体对事物理解能力得到升华。对群体智能的研究起源于对以蚂蚁、蜜蜂为代表的社会性昆虫的群体行为的研究[9]。群体智能及其衍生出来的群体力量和群体创造，已经被现实世界中越来越多的案例证实，其中最成功、影响力最大的应用案例无疑是Google（谷歌）和Wikipedia（维基百科）。美国学者凯文·凯利（Kevin Kelly）认为"群体智能是大自然的神律，关系到生命的未来和社会的新秩序"，并认为群体智能代表的不确定性和不可控性正是"创新的源泉、进化的动力"。受群体智能理论的影响，詹姆斯·索罗维基（James Surowiecki）描述了如何用群体智能做出最聪明的决策；杰夫·豪（Jeff Howe）提出了著名的众包理论；克里斯·安德森（Chris Anderson）提出了著名的长尾理论；唐·泰普斯科特（Don Tapscott）和安东尼·D.威廉姆斯（Anthony D.Williams）提出了维基经济学系列理论，指出群体智能所代表的开放、对等、共享及全球运作是 21 世纪最重要的商业法则。尽管描述群体智能的算法已经得到很大的发展和改进，但是单纯对算法的研究很难再有更大的突破。群体智能自身的发展需要产生新的算法，需要结合实际问题加以应用，需要研究群体智能系统的底层机制和实际应用[10]。从这个意义上讲，本书恰是将群体智能结合新的实际问题加以应用的尝试。

本书采用群体智能理论及方法描述社会组织的一般现象，进而延伸到描述科技型中小企业这一特定对象，是群体智能作为普适性、去中心化、协同方法的新拓展，是群体智能建模与评估工具在研究对象和研究内容上的新探索，为群体智能研究产业组织、社会组织等新对象提供了跨学科方法。

本书不仅是群体智能理论及方法在研究对象上的新扩展、在研究领域上的新应用，而且为中小企业研究提供了新的范式和新的思路，对于丰富完善群体智能研究具有重要的理论价值，对于探究科技型中小企业群体的进化博弈等同样具有较为重要的认识论价值。

二、应用价值

科技型中小企业是推动"大众创业、万众创新"的重要力量，各级政府多年来陆续为其提供了系列优惠政策和扶持措施。然而，我国科技型中小企业还处于全面发展的初期阶段，尚未形成规模优势和竞争优势。特别是当前政府管理与服务模式还不适应网络经济时代中小企业的发展需求。从我国科技型中小企业发展的现实情况看，企业集群成长的可持续性是一个尚未引起足够重视的现实问题[11]。国内学者惯于从政策角度借助政府的干预，以"从上到下"的政府主导方式寻求我国企业集群的新成长[11]。事实上，这种政府自上而下管理或控制集群发展具有显而易见的负面效应。属于中小企业群体"外力支持"的政府扶持，如果忽略了内生性动力的培育，则很难为群体发展带来持久的生命力。在全面深化改革、进一步理顺政府和市场关系的背景下，科技型中小企业集聚式发展需要采用一种与市场经济一脉相承的去中心化协同演化模式，使企业群体进化真正适应市场经济的要求。本书在科技型中小企业发展态势评估、群体进化规律适应能力、集聚式发展政策制定三个方面具有应用价值。

第一，本书有助于政府和学界更清楚地把握我国科技型中小企业集聚式发展的趋势和潜力，为从整体上提升科技型中小企业的群体竞争力寻找新的路径。

第二，本书有助于推动更多科技型中小企业遵从群体进化的行为规则，提高适应环境突变的"智能"，同时增强群体进化规律对企业个体成长的指导。

第三，本书突破政府"自上而下"管理中小企业的传统逻辑，强调培育并激发科技型中小企业群体智能进化的内生动力,有助于政府从新视角优化中小企业的政策体系和成长环境,实现对科技型中小企业集聚式发展的复杂管理和高质量服务。

第三节 生物种群与企业集群具有显著相似性

科技型中小企业从规模上看具有中小企业的特征,从性质上看具有科技型企业的特征。综合国内外研究,本书认为科技型中小企业是以技术创新活动为核心,具有较为完善的创新机制,在品牌、管理、文化、制度、经营等方面具有突出成效的中型和小型规模企业。科技型中小企业的整体技术水平在同行业居于领先地位,在市场竞争中具有优势和持续发展能力,通常涉及科技含量高的行业,具有高成长性、高风险性、高死亡率等特点。

群体智能的研究内容既包括对人类群体智慧的概念性描述及理论研究,也包括对社会团体可能面临具体问题的影响研究。将科技型中小企业置于群体智能的视域下应该属于后者,即利用中小企业群体协同效应中所隐含的创新性行为,认知中小企业群体的行为特征、演化机理与发展规律。基于科技型中小企业集群与生物种群的类比可知(表1-1、表1-2),将群体智能的理论与方法用于研究科技型中小企业集群是完全可行的。

表1-1 个体特征的相似性

研究对象 个体特征	生物种群(蚁群、蜂群等)	科技型中小企业集群
个体数量	种群个体数量巨大	企业数量极其庞大
个体规模	种群内个体"块头"都不大	群内企业以中小企业为主体,绝大部分是中小企业
个体相关性	群居昆虫个体关联度非常高	不同企业存在一定的技术经济联系,如产品关联性、市场竞争合作、要素共享互补等,关联度较高,既相互联系又相互竞争
个体同类性	群居在一起的社会性昆虫必然属于同一个生物学分类	同一集群内企业处于价值链的相同或不同环节
自组织	蜜蜂筑巢、蚂蚁觅食等群体活动是在没有特定指挥者或控制者的情况下完成的宏观有序行为	企业仍基本处于"各自为战"的局面,但大部分企业在市场中都能有"一席之地"
适应性	蜜蜂、蚂蚁等对外部环境具有一定的适应能力	企业对外部环境,如市场等,有适应能力和调节机制
调节性	蚁群可根据外界环境变化调整行动方向	企业集群自身具有调整性,内部企业之间也存在着相互调节的能力和作用
智能性	蚂蚁、蜜蜂等个体均属于低等智能生物体	集群内企业具有能动能力和学习能力,能够自主经营、自主管理,还能够针对一定的外部刺激做出相应的反应,类似于高级智能生物体

续表

研究对象 个体特征	生物种群（蚁群、蜂群等）	科技型中小企业集群
社会信任性	社会性昆虫个体对于群体和其他个体是无条件信任的	企业之间社会信任度较高
多样性和差异性	群居昆虫个体数量丰富，群内个体具有天然的多样性和差异性	企业集群内各行为主体的能力、规模各不相同，具有天然的多样性和差异性

表 1-2　群体特征的相似性

研究对象 群体特征	生物种群（蚁群、蜂群等）	科技型中小企业群体
地理特征	在某个空间范围内群居	一定地理空间上存在很高的企业分布密度，具备"地理群居现象"，即空间聚集性
群体组织形态	蜂群中一般有一只蜂后，千余只雄蜂，数以万计的工蜂	以一个或多个大中企业为中心的中心-卫星式企业群；没有大中企业为龙头的网状式企业群
分工与合作	蜂群、蚁群内部都有明确的劳动分工	集群内各企业间存在专业化分工与广泛协作，既有生产分工也有服务分工；专业化分工随着集群发展不断细化
智能涌现[1]	群体可以完成单一个体不能完成的高度复杂任务	众多企业围绕某个或某几个产业目标而集聚，能够解决集群内的复杂问题，如集群创新、集群升级，并促进集群成长。集群能够获得单个企业在分立状态下孤立发展难以获得的利益
目的性	社会性昆虫	企业集结成群的根本目的是提高企业竞争力
根植性	社会性昆虫的群体行为完全嵌入自然世界的关系和规则之中，并形成群体的特定标识	集群内企业的经济行为根植于社会关系中，能形成共同的集群文化
交互方式 （间接通信[2]）	1. 蚂蚁个体将自身的信息激素分泌到环境中，方便被其他蚂蚁感知而达到交流的目的；2. 鸟类个体通过简单视觉接触感知周围一定范围内其他鸟类个体的状态和位置，方便自己下一步的行动	企业集群中有大量同行业企业集聚，信息触角相对宽泛，能够在第一时间获得技术和产品创新的有价值信息，并通过信息流通机制和评价机制被快速有效率地利用
学习机制[3]	蚂蚁在觅食过程中总能找到从巢穴到食物源的最短路径	企业集群学习机制包括技术学习和组织学习；学习机制的类型又分为挖掘性学习和适应性学习；学习模式包括"干中学"、地缘学习、专业化学习和交互作用学习
反馈机制[4]	种群觅食存在正反馈效应	企业集群内的知识创造和技术扩散包含着强烈的交互作用，外部经济的正反馈机制使企业集群产生自我增强性
生命周期	昆虫寿命决定了群体从出生到死亡的生命周期	企业集群存在诞生、成长、成熟和衰退的生命周期

1）群体层面表现出来的宏观智能行为。
2）个体之间通过基于媒质的间接交互和短程作用来实现信息的传递和协调。
3）个体根据来自环境的反馈而修正自身行为的能力。
4）反馈有正反馈和负反馈之分，群体智能总体上体现的是正反馈的效果。正反馈是一个加强自身的过程，体现为强化作用；负反馈是利用误差控制系统不偏离预定轨道的过程，体现为抑制作用从表 1-1 和表 1-2 两个对比性表格中可以看出，企业集群在外界环境作用下会产生自发行为和集体选择过程，具备优胜劣汰、从低级到高级的进化规律，具有自组织、自适应和协同进化的内在动力，而不是无组织的混合体和堆积物[12]。那么，众多科技型中小企业聚集在一起类似一个生物种群，个体企业之间的关系可以看成种群内部各个"生物"之间的生存之道。由此可见，按照仿生模拟，本书的"科技型中小企业集群"是指一些自主独立的科技型中小企业，依据社会关系、分工协作、经济交易和特定的地方环境基础，在一定地理区域和行业领域集聚，具有相互联系、相互制约的各种各类单元相互作用所形成的具有共生性的有机系统。简单地说，科技型中小企业集群是地理位置相对比较集中的一组相同或相似产业的科技型中小企业，或者说，是在特定领域里相互联系的科技型中小企业在地理上的集中。

群体智能是一种典型的去中心化、自下而上的自组织理论，非常适合用来描述人类社会组织的群体行为与群体交互、演化现象。群体智能的研究对象必须是拥有大量个体的群体，并且群体中的个体还应具有自组织、适应性和智能性等特征，而个体之间也需要有交互方式、涌现和反馈机制。这一要求与科技型中小企业集群的特征不谋而合。

进化原本是生物学中指生命体在不同世代之间随时间变化的进程。具体而言有两方面含义：一是指事物由简单到复杂、由低级到高级逐渐演变和向前发展的过程；二是指哲学意义上的发展，是"革命"的堆成，包括量变和质变两种形式[13]。企业系统演化是指企业在创立产生以后，由小到大、由弱到强、由简单到复杂直到消亡的发展变化过程[5]。从企业集群生命周期来看，集群进化是使集群从初成长期走向快速成长期，进而从快速成长期步入成熟期，最后跃升到蜕变再成长期的由小变大、由弱变强、由稚嫩变成熟的动态过程[11]。因此，中小企业集群进化包含了"质"和"量"的两层含义：一是"量"的扩大，即集群规模的扩大和企业数量的增加，前者包括资产增值、销售额增加、利润提高等；二是"质"的变化，即集群核心竞争能力的提升和集群系统结构的完善，前者主要包括技术创新能力、资源整合能力、环境适宜能力、分工协调能力等。这种进化的根本目的是促成集群持续成长，而集群持续成长的目的则是获得企业集群可持续的竞争优势。

因此，在群体智能的视角下，科技型中小企业集群的"智能"表现为集群宏观的量变与质变：集群内部各行为主体根据市场和其他环境的变化，能够灵活地调整自身的经营策略、合作与竞争行为，在集群成长过程中不断学习以促成智能涌现，使集群具有良好的一致性和稳定性、集群内的专业化分工程度高的特点、企业间学习和信息交流频繁、集群整体"体积"不断扩大、集群内部新企业不断衍生，从而实现集群功能与层次不断提升、集群从无序进化到有序、集群发展水平从低级进化到高级的演变历程。科技型中小企业集群的"智能"正是其进化的最佳说明。

第四节　群体智能和企业集群演化备受国内外学术界关注

伴随群体智能研究方法的不断完善和拓展，国内外学术界运用群体智能方法分析和解决问题的研究悄然兴起。同时，关于科技型中小企业和企业集群演化的研究也备受国内外学者关注，他们试图通过企业集群演化的角度寻求科技型中小企业发展的新路径。为了解国内外现有相关研究进展，为本书科技型中小企业群体智能机理与实证研究提供有效借鉴和参考，本书从群体智能、科技型中小企业、企业集群三个方面出发对国内外相关研究前沿进行梳理和总结，为后文研究方法确定和研究路径设计提供参考。

一、群体智能研究的兴起和焦点

群体智能是大量个体在协作与竞争过程中涌现出来的整体性智能。在考察群体智能的概念及其产生的基础上，现有关于群体智能的研究可概括为群体智能研究的发展，群体智能的特点、应用领域、度量及评价等几个方面。

（一）群体智能的概念及其产生

"群体智能"在英文中有两种相似的表述："collective intelligence"（群体智能）和"swarm intelligence"（集体智慧）。在英文中，collective 强调一种"非单独"的状态；swarm 强调集体内个体不同动作的协作。比较之下，前者更多地被用来描述社会经济系统中出现的群体性智慧，更多地被社会科学研究者使用；后者则直接来源于对自然生态系统所具有智能的观察与表达，更多地被自然科学和工程技术研究者使用。此外，群体智能还可被译为"wisdom in a crowd"或"wisdom of crowds"，以及专门应用于人工智能领域的"crowd intelligence"。尽管群体智能的英文用语有差异，但经过多年研究，已形成大致相同的基本概念。

刘钒等认为，"群体智能是从许多个体的合作与竞争中涌现出来的一种共享的或者群体的智能"[14]。刘钒和钟书华认为群体智能是一种"共生"智能，是用来整合互联网和人类有关解决问题的独特能力，以建立一种整体大于部分之和的能力[15]。Atlee 把群体智能的重点放在人类社会中，探讨人类如何提升"群体智商"（group IQ①），认为群体智能可以被用来克服集体决策失误和个人认知偏差，以使团体在获得强化的智能表现时实现合作[16]。Jenkins 认为群体智能的产生可以归因

---

① IQ: intelligence quotient, 智商。

于媒体融合与文化共享，它不仅仅是所有文化在信息数量上的贡献，也是信息质量上的飞跃[17]。Pór 认为群体智能是"通过分化与整合、竞争与协作的创新机制，使人类社会朝更高的秩序复杂性及和谐方向演化的能力"[18]，他进一步指出，"群体智能系统是一个由个人学习和集体学习组成的动态的、有活力的生态系统"。Bloom 则将群体智能视为一种"集体性智商"，是"集体在创造、创新和发明上共同合作的一种能力"[19]。Malone 定义群体智能为，由个体组成的群体共同完成的事情可能会更智能[20]。Tapscott 和 Williams 认为群体智能就是大规模协作[21]。Lykourentzou 等则指出群体智能基于大型团体的合作理念，使互相协作的个体可以产生高阶智能、解决方案和创新。他们还认为，群体智能是集体在完成某项任务时才显现出来的，此时的集体是凝聚在一起的智能组织，就像一个人类大脑，而不是简单的个体组合[22]。

人类关于群体智能的灵感源于大自然生物系统。Bloom 描绘了从 35 亿年前单细胞生物到人类起源的时代[19]，一直到现在，群体智能现象的演化，证明了从生命起源开始，多物种的群体性智能已经开始工作。大自然的众多生物群体，如鸟群、鱼群、蚁群、细菌菌落等都获得了单独个体难以实现的群体优势，完成了复杂的、有一定目的或功能的活动。这些生物群体的个体在各自的社会系统中不可能意识到自己的行为目的，系统也不存在一个协调者来协调大量独立自主的个体，但整个系统呈现出协调、有序的状态。甚至可以把单个人类大脑看作神经元细胞的集合，那么个体表现出来的大脑意识，也是某种意义上的"群体智能"。

群体智能产生于大量不同个体的集体协作行为。何谓"集体协作行为"？目前为止尚无精准的定义，也没有一个比较全面客观的评价标准来衡量一个行为是否具有协作性。从协作的方式与表现形式来看，协作可分为有意识协作和无意识协作。前者是指多个个体通过信息交互（交换）来协调各自的行为，共同完成某一任务或实现共同目标；后者则是指由于大量个体的局部交互和自组织作用所涌现出的某种协调、有序行为。群体智能正是创造性地运用和发展了集体协作行为，并形成了一种更高级的整体智慧。

2016 年，人工智能正式迈入 2.0 时代[23]，作为人工智能的重要组成部分，群体智能的概念也随物联网、移动互联网和大数据技术的成熟而发展，逐渐表现为人、机、物共融的形式。对此，中国科学院院士李未等提出了专门应用于人工智能领域的群体智能概念——群体智能是在某种基于互联网的组织结构下的大量独立个体，被激励进行计算任务时共同作用，所产生的超越个体智能局限性的智能形态[24]。群体智能的概念随着时代的发展不断更新，也从侧面反映了本书研究的前沿性。

（二）群体智能研究的发展

群体智能研究作为一个学术领域，是从群体和社会的角度，研究在分布式环境中，大量自主个体在没有特定协调者情况下呈现出协调、有序状态的机理，以及在这种机理作用下，如何使自主个体做出发散、汇聚和创造等决策，并最终使集体对事物理解能力得到升华。

早期对群体智能现象的研究主要基于动物界群体的视角展开，如对蚁群、蜂群和鱼群的观察。最早发现生物界存在群体智能现象的是昆虫学家威廉·莫顿·惠勒（William Morton Wheeler）。1910 年，他从蚂蚁的协作过程中看到蚂蚁表现得好像一个生物体内的细胞，并且具有集体思维。他说"聚集的蚁群看起来形成了一个超级有机体"[25]。1912 年，Durkheim 将社会确定为人类逻辑思维的唯一来源，认为社会在时间和空间上超越了个体，因此社会形成了一种更高级的智能[26]。

在群体智能概念被正式提出之前，Vernadsky 提出过"智慧圈"的概念[27]；Wells 提出过"世界大脑"的概念[28]；Russell 等认为"群体智能就如同地球的信息大脑皮层般地超然和快速进化"[29]。

随着群体智能研究的日益增多，其研究领域不断扩大，研究内容逐渐深入，既包括对人类群体智能的概念性描述及其理论研究，也包括群体智能对社会团体可能面临具体问题的影响研究。

1994 年，Lévy 首次详细介绍和描述了群体智能，依据群体智能提出了知识空间理论，并且成功预言了维基百科的出现、维基经济学的兴起和分布式知识共享系统的产生[30]。Bloom 借鉴伊谢尔·本-雅各布（Eshel Ben-Jacob）的创新性工作，把细胞凋亡、分布并行处理、群体选择及超有机体等概念融合到一起，提出了一个关于群体智能如何工作的理论[19]。后来，他又借助计算机科学领域的复杂适应性系统和遗传算法理论等来解释群体智能[31]。

2012 年，清华大学刘云浩教授提出群智感知计算这一概念。群智感知计算是利用物联网、移动互联网、移动设备和群体智能等技术实现的一种新型的获取数据信息的方式，其具体是在基于移动互联网的组织结构和大量用户群体的驱动下，以每个用户的移动设备为感知单元实现对感知任务的分发和对数据的收集[32]。之后相关研究兴起。郭斌等以群智大数据为目标对象，对便携智能移动终端（智能手机、可穿戴设备等）与消费者日常生活形成的感知系统进行了研究[33]；詹玉峰借助深度强化学习和博弈论，对新型物联网中的群智大数据采集技术进行了系统探索[34]；李金航等对基础的感知网络框架模型进行了改进，构建了大规模的混合感知框架模型[35]；Luan 等提出，通过建立相应的众包平台，利用群体感知实现高效追踪定位目标，在公共安全领域具有重要意义[36]；蔡明壮和孔祥任以车辆精准检测为切入点，将机器学习与哈希算法结合训练出用于提高数据优选质量的一般模型[37]；陈桂菊则基于对"群智大数据"的研究，利用价值情报感知指导数据向情报转化，为应对非常规突发事件的发生提出了相关建议[38]。

综上所述，早期的群体智能研究主要集中在探讨如何使大量相对简单且呈分布式状态的个体，通过局部交互涌现出智能化的群体行为，以及如何制定有意识、有目的地促使群体智能在现实生活中发挥更大应用效果的规则。之后，随着信息网络、大数据技术的深度驱动，群体智能与人们的日常生活结合得越来越紧密，结合机器学习的新兴研究及群智大数据的应用逐渐成为研究热点。

（三）群体智能的特点

群体智能研究具有交叉学科性质，涉及社会学、管理学、计算机科学、传媒学与行为学等，其范围包括从细菌、植物、动物一直到人类社会的群体行为。Surowiecki 认为，要使群体智能现象发生或者产生效用，需要满足多样性、独立性、分散化和集中化四个条件[39]。多样性要求群体中的个体要尽可能拥有自己的概念和认知能力，个体掌握专属信息；独立性要求群体中的个体不受其他个体影响而拥有独立的信息和行为；分散化强调群体能够进行专门研究并依照局部认知来判断；集中化是指存在一种使个体判断转变为集体决策的机制。在 Tapscott 和 Williams 看来，为了使群体智能产生效用，需遵循开放性、对等性、共享性等原则[21]。

在通信技术不发达时期，人与人、组织与组织之间不愿意交流思想和智力成果，因为这些智力资源直接提供了竞争优势。现在人们开始放松对智力资源的控制，因为通过合作分享他人的想法，将使商业产品获得显著改善并得到严格检验，由此获得更多利益。这就是开放性原则。

对等性是横向组织的一种形式。对等性使得通过群体智能创造 IT 和物质产品成为可能，典型例子是开源操作系统 Linux。Linux 系统用户可以无偿得到源代码，无偿获得大量应用程序，任意修改和补充以使其他人更好地使用和无约束地继续传播它。在这种形式的群体智能中，参与者贡献智力的动机不同，取得的成果却是服务的改善。对等性之所以重要，是因为它制造并充分利用了自组织形式。

共享性往往被认为违反了知识产权分配的规则，对于是否应该将其列为群体智能的原则之一尚存争议。然而，越来越多的组织开始意识到，一味地限制其所拥有的知识产权共享，将会导致自身失去可能的发展机会，而分享一些则可以扩大市场，并可迅速地推出新产品，因此它们开始分享更多可以共享的知识产权。

（四）群体智能的应用领域

群体智能广泛存在于自然界和人类社会领域，其应用非常广泛。群体智能"可以接收各种形式的合作以达成一个共同的目标，有利于社会、政党、团体集合大量的人来参与决策，通过大型团体的个人合作与竞争寻求最好的问题解决方式"。群体智能的应用根本上取决于它的功能。Surowiecki 认为，群体智能包括认知、合作与协作三大功能[39]。认知功能是对一些已有或会有解决方案的问题进行准确预报；合作功能用来解决不同智能主体共同完成同一任务时的相互信任问题；协作功能则用来帮助团体内部不同个体协调彼此的行为。

在社会领域中，政党、军事单位、工会和企业等社会组织都是典型的群体智能系统。此处仅选择几种典型的群体智能应用领域加以讨论。

（1）开放式网络。近年来快速兴起的谷歌、维基百科和电子商务网站 Threadless 是利用群体智能形成开放式网络的典型代表。它们的成功充分证明了大型松散组织中的团队可以依靠群体智能有效地工作在一起。谷歌采用尽可能多地扩大网络用户的策略，搜索利用全网络的智慧、巧妙的算法和高效的索引技术提供给用户较为满意的智能回答。谷歌充分体现了群体智能的多样性要求。维基百科的使用几乎没有集中控制，只运用巧妙的组织方法和有效的激励方法，使全世界数千万人自愿创造了令人惊讶的网络知识库，是群体智能独立性要求的较好体现。Threadless 则充分调动了几十万用户的力量，以极小甚至零成本完成便宜、完美和快速的产品设计和选择工作，较好地体现了群体智能分散化和集中化的特点。可见，不同的群体智能系统采取的策略也许完全不同，但它们都需要大量用户参与，需要不同用户保持不同的参与方式，需要作为一个团体共享相似的目标等。

（2）群智感知。与人工智能结合的群智感知是群体智能应用领域研究热点之一。随着物联网、移动互联网、移动设备和群体智能理论的成熟，新场景下群体智能的应用也与以往不同。人群活动范围更广、分布随机等新特性，使得如今的数据感知获取方式与以往基于传感网和物联网的感知方式相比更适宜应对数据需求灵活度高、规模大的情况。移动设备普及后，智能手机配备了各项功能强大的传感器，如 GPS（global positioning system，全球定位系统）、罗盘、陀螺仪、加速度计、麦克风、镜头传感器等；除智能手机外，移动设备还包括智能车辆、医疗设备、可穿戴设备等。在移动设备与传统传感器的协调工作下，感知网络的规模扩大到一个新的高度，不仅可在人群参与感知中获得数据信息，还可通过社交网络等应用程序获知用户的上下文感知数据，如位置信息、健康数据、天气状况等[40]。

（3）数字媒体。借助互联网技术迅速兴起的新媒体，也与群体智能联系起来。新媒体要通过数据库和互联网实现海量信息的便捷存储与检索，必然需要媒体信息能够毫无困难地共享。因此，通过与新媒体互动，知识很容易在信息源之间传递，进而导致产生某种形式的群体智能。基于群体智能的交互式数字媒体极大地促进了在线互动的发展及用户间的知识传播。李未院士及其团队以新浪微博平台为例，研究选取了7 000万条微博数据，以转发关系为交互信息，对群体行为受到群体情绪的影响情况进行研究。他们将用户情绪分为高兴、愤怒、低落、厌恶四种，利用构建的交互网络进行分析，发现在网络中最容易传播的情绪是愤怒，这一结论的得出受到各界广泛关注[41]。

（4）市场预测。互联网的出现让人类具备了在分布式环境中快速传递大量信息的能力，这就使使用群体智能来预测市场动向、价格走势或股票交易变得可行。许多大型跨国公司已开始用群体智能方法来预测未来事件和买卖市场，尤其是金融从业者利用群体智能尽可能即时统计股票市场信息，已成为国外股票交易预测常见的技巧。任何投资者的观点可被同等地加权，因而股票分析师能够发表自己的观点，并参与分析一只股票或整体股市的走势。群体智能证明了尤金·法玛（Eugene Fama）的效率市场假说，尽管他并没有明确使用群体智能这一提法。法玛认为指数基金是更佳的投资预测工具，即把有效使用市场的群体智能力量作为一个投资策略，而不再单纯依赖专业基金经理的个人判断[42]。

（5）网络游戏。网络游戏中存在很多群体智能应用案例。《模拟人生》《光环Ⅱ》《第二人生》等大型网络游戏都被设计为非线性模式，且需要依靠群体智能以完成游戏。Weiss认为，这种非线性交流方式正逐渐演化，并将影响当前和未来几代游戏者的心态[43]。Flew在探讨网络游戏中的"交互性"时提到了群体智能概念，他认为这个概念在大型多人网络游戏中主要发挥协会或部落的作用，通过协会和部落的持续合作才有可能完成游戏[44]。Gosney在研究虚拟现实游戏（alternate reality game）时扩展了视频游戏中的群体智能问题，认为"虚拟现实游戏决定了前所未有的协作与群体智能，需要众多玩家集体的、合作的努力；集体协作团队的行动对于虚拟现实游戏来说至关重要"[45]。

（6）企业决策。随着现代商业竞争日趋激烈，企业需要尽可能集合更多成员的智慧谋求发展。不少学者从群体智能角度考虑企业决策中的合作与演化问题。约安娜等提出了企业维基（CorpWiki）的概念，主张建立企业自动调节机制[22]。此外，由于群体智能的突出优势，许多企业开始研究基于群体智能的企业协同平台技术。Bonabeau提出了简化的Web2.0应用，让企业成员均可自由检索、共享和提供他们的信息资源。大众外包、社交网络、协同软件等，使得群体智能可帮助企业减少决策误差[46]。总之，把群体智能运用到企业管理中，需要认真考虑扩大参与范围、增加聚集度和自组织程度。

（五）群体智能的度量及评价

Atlee 的研究表明，群体智能本质上仍是一种智力，因此"群体智能同样涉及关注的焦点和度量的标准问题，即能够提供对集体行为的适当的评判"[16]。Brown 和 Lauder 从"智商主义"（IQism）中认识到群体智能同"人体智商"一样，也应该能够被度量。他们采用"群体智商"作为计量标准度量群体智能的智商水平。度量群体智能可以规避群体思维的某些愚蠢行为，为确定每一个新增个体所增加的智能提供了可行性[47]。Szuba 为度量群体智能提供了一个计算模型，它呈现出一个无意识、随机、并行、分布式的计算过程，将生命和信息建模为抽象的、附有数理逻辑表达式的信息因子，在抽象计算空间的相互作用下就产生了多线性的推理过程。他在模型中提出了 IQs（智商联合）的定义，即"在 N 元推理的时间和域范围内的概率函数，它反映了社会结构的推理活动"。虽然 IQs 似乎难以计算，但是上述建模在计算过程方面给出了近似解答[48]。

随着对群体智能研究的日益深入，越来越多的学者不仅接受了群体智能的各种现象，而且开始重视群体智能的理论和应用研究。Atlee 认为，尽管人类在收集和分析数据方面具有先天优势，但是不可避免地受到文化、教育及社会意识形态的影响。一个人在分析问题时，特别趋向于基于自我保护的原因来做决定。人类没有办法做出在创新和现实之间保持平衡的选择。因此，如果没有群体智能，人类可能只是基于他们自私的需求而驱使自己走向灭亡[49]。Brown 和 Lauder 认为，智能是人类在进化过程中产生的一个特殊成就，如果条件允许，智能只会发展而不会衰亡。例如，在人类社会发展早期，社会底层群体在汇总和集中他们的智能时受到上层统治者的严格限制，这是因为统治者担心群体智能会引发不可收拾的后果。如果群体智能没有这种能力，人类社会也将不会出现恰当的组织结构以产生群体智能[47]。

2017 年，Yilmaz 等基于复杂网络分析技术对群体智能算法进行评估，使用不同的目标函数来确定真实网络场景中的统计显著模块，从而揭示网络中的重要信息。他们在四个不同的聚类评价标准下，对不同目标函数的符合率进行了准确性和质量检验[50]。Pan 等通过仿真和实验振动信号验证了果蝇算法优化的极限学习机多参数模型，结果表明该群集智能算法能显著提高风电齿轮箱的剩余使用寿命预测率[51]。Kaloop 等采用太阳能系统的光伏功率预测准确率作为群体智能算法的衡量标准，比较了不同的自适应粒子群优化算法性能[52]。

二、科技型中小企业研究的重点和进展

当前，学术界关于科技型中小企业的研究覆盖面非常广泛，与本书的研究主

题关联较大的研究成果，主要聚焦于科技型中小企业的界定与分类、科技型中小企业的国内外发展经验、科技型中小企业的成长性、科技型中小企业的绩效评价、科技型中小企业的合作创新、科技型中小企业政策研究等方面。

（一）科技型中小企业的界定与分类

国外学术界对科技型中小企业的概念认识和内涵界定经历了一个动态演变的过程。周松兰梳理国外研究趋势后认为，从纵向看企业发展经历科技型中小企业、风险型中小企业、成长型中小企业到创新型中小企业的动态变化过程，从横向看经济合作与发展组织、欧盟、美国、日本和韩国对于创新型中小企业的说法和内涵的静态理解也各有异同，有创新型中小企业、技术密集型中小企业、新技术型中小企业、高技术型中小企业、长寿高创新型中小企业、创新战略型中小企业，但"冠之以创新的中小企业概念经过了自20世纪80年代以来的演进，趋向集中于创新型中小企业"[53]。

我国学术界对科技型中小企业的认识也经历了不同阶段，目前主要依据企业采用的技术特征，把中小企业分为创新型、传统型和特质型等不同类型。罗亚非和洪荭较早研究了科技型中小企业的界定问题，他们认为发达国家普遍采用的是在标准产业分类法的产业统计基础上，用研发（research and development，R&D）投入强度和专业科技人员占总就业人数的比值（科技人员密度），作为综合指标来进行高技术产业的划分，因此通常把两项密度指标两倍于全国制造业平均值的企业界定为科技型企业[54]。周松兰根据突出技术创新能力的原则，认为科技型中小企业是"能以技术创新能力和管理创新优势保持竞争力，并在新产品开发、专利、品牌和技术创新等方面收益突出的中小规模企业"[55]。朱岩梅和吴霁虹认为，"有新技术发明和技术改进能力，有新产品、新工艺、新流程等开发、推广和应用能力，有新商业模式创造和实施能力"的企业才是科技型企业，并同时指出，我国4 200万家中小企业中只有12万家是创新型的，约占中小企业总数的0.3%，但它们为国家贡献了超过50%的创新成果[56]。滕响林从结果导向的角度分析，认为创新型中小企业是以不断创新为指导思想，通过自身知识与能力的积累和应用，重组企业及社会资源从而创造出新的价值，以获得持续性生存与成长的新型中小企业[57]。梁益琳和张玉明认为创新型中小企业是指那些以创新为核心的中小规模企业，它们拥有新技术或新产品、新工艺、新流程、新商业模式，主要从事高科技产品的研制、开发、生产和服务，具有高成长、高科技与新经济、高风险等特征，且通常用于研发的经费占销售收入比重在5%以上，研发人员占员工总数的比重在10%以上[58]。

随着《科技型中小企业技术创新基金项目管理暂行办法》（2005年）[59]、中国银监会、科技部发布的《关于进一步加大对科技型中小企业信贷支持的指导意见》

(2009年)[60]、《科技型中小企业评价办法》(2017年)等文件的出台,科技型中小企业的概念和内涵被界定后,国内学术界关于科技型中小企业的研究主要根据国家关于科技型中小企业发展的顶层设计中相关指标和条件进行分析和界定。

(二)科技型中小企业的国内外发展经验

20世纪70年代以来,中小企业在发达国家获得了空前发展,表现出很强的技术创新实力和持续发展潜力。朱岩梅和吴霁虹认为,德国、瑞士等欧洲国家的许多中小企业并不强求做大,但非常注重做强,很多企业往往默默无闻,在一个缝隙市场长期保持领袖地位,其产品甚至并不起眼,深深隐藏在价值链的"后方",但市场占有率遥遥领先,被称为"隐形冠军"[56]。

崔洪建和梁茹指出发达国家在解决中小企业融资难的问题上有成功经验,如美国的中小企业资金援助制度可追溯到20世纪50年代联邦政府成立美国中小企业管理局,帮助中小企业创业者获得贷款;德国、日本、韩国和新加坡等普遍由政府主导,设立多种形式并举、各种服务配套的企业资金支持网络体系[61]。罗奕提出,我国许多中小企业在跨上一个新的发展平台时遇到瓶颈,融资难成为制约中小企业发展的障碍,提出了在完善相关法规政策、引导建立中小企业信用体系、积极发展风险投资行业及组建产权交易市场等方面破解中小企业融资困境的对策建议[62]。周松兰对韩国创新型中小企业的建设模式进行了系统探讨,指出20世纪90年代末期,韩国政府开始重点扶持创新型中小企业,建设了创新型中小企业的政策支持体系,在理论研究、相关立法、文化教育、全民意识和企业实践等方面,对创新型中小企业建设予以高度重视[63]。梁军峰和赵亮明确了政府在信用担保体系中的作用,提出了促进中小企业互助担保组织的发展、完善信用体系建设、协调银行和信用担保机构的关系和设立行业自律组织等对策[64]。赵智杰认为,中小微企业占全部企业总数的90%以上,在经济社会中发挥着重要作用,是最大的就业"容纳器",对提高GDP和增加财政税收起着重要作用;我国应着力从完善服务中小微企业融资的政策支持、鼓励创新、信用担保、社区银行、信息共享等方面拓展中小微企业融资渠道,降低金融机构风险,调动金融机构贷款积极性,改善中小微企业融资环境[65]。

从发达国家的经验看,科技型中小企业由于在技术研发、创新能力等方面的突出优势,成长潜力要优于很多大型企业。科技型中小企业的发展既要重视成长规模和速度,更要重视成长质量,在充分利用技术创新和产品研发优势的同时,兼顾创新效率的提升。我国政府在中小企业发展过程中应该给予足够的支持,尤其要完善金融体系、社会服务体系和信用体系建设,为中小企业解决困扰多年的融资难问题,为其发展创造更多机遇。

（三）科技型中小企业的成长性

成长性是指企业在一个较长的时期内由小变大、由弱变强的能力。科技型中小企业的成长性问题已成为学界关注的热点，研究成果十分丰富。

（1）在成长性整体研究方面。滕响林认为创新型中小企业的成长就是其实现企业价值、能力创造和积累的过程，其成长动力包括根本动力、直接动力、外部条件三个方面[57]。梁益琳和张玉明把关于中小企业成长性的研究归纳为三个方面：一是采用统计方法探析影响企业成长的关键因素，如技术创新、企业规模、企业年龄、资本结构、债权治理等；二是采用典型案例剖析典型企业如何实现持续成长及其成长路径特征；三是关于中小企业成长性评价体系构建与实证研究[58]。吴宁等指出，科技型中小企业以新技术为成长核心，由于自身资源不足，合作研发是其技术创新的重要选择，并提出开辟多元化资金来源渠道、提升参与合作研发内生能力、搭建开放式科技中介服务生态平台、健全知识产权长效保护机制及畅通有效的沟通协调渠道等对策建议[66]。薛捷指出中小企业在技术能力、市场能力和资源禀赋上与成熟的大型企业有明显差距，因此组织学习成为中小企业获取外部知识的重要手段，技术导向和市场导向对科技型中小企业的组织学习均具有显著的正向影响[67]。

（2）在成长环境研究方面。易朝辉和张承龙认为科技型中小企业成长是一个具有高情境依赖的复杂动态过程，他们构建的创业过程要素模型从不同侧面揭示了创业者与内外部环境的互动过程，并结合创业过程的不同层次，从先前经验、创业示范、集群化成长等多个视角探讨提升科技型小微企业绩效的跨层次传导机制，从而深入剖析特定情境下科技型小微企业的成长过程[68]。任声策和胡尚文认为2035年的国家总体发展目标反映未来15年我国企业的发展环境，到2035年，我国将基本实现社会主义现代化，经济实力、科技实力将大幅跃升，跻身创新型国家前列；当前，我国正在向实现"两个一百年"奋斗目标前进，2035年是其中的重要节点[69]。

（3）在成长因素分析方面。仇荣国和孔玉生从知识产权角度构建了两阶段科技型小微企业知识产权质押融资契约设计的机制模型，探讨了科技型小微企业合法拥有的知识产权价值、自身财富及人力资本投入水平、对风险项目的管理能力、风险项目绩效特征、每个阶段资本投入比例、风险项目残值及其变现性与可控性、知识产权融资的利息率、风险投资者的监控成本及风险规避程度、风险投资者的战略收益等要素对风险投融资契约设计的影响机制[70]。吴玉伟和施永川在论述了推动科技型中小企业硬科技创业重要意义的基础上，分析了科技型小微企业进行硬科技创业的动力要素及作用机制，并提出了"政府高质量主导""依托院所资源的投资平台"两种硬科技创业孵化模式[71]。相飞和刘学方基于科技型中小企业情境，采用模糊集定性比较分析法，研究新生代员工可雇佣型建言的影响因素及模式，归纳出新生代员工可雇佣型建言是基于可雇佣性提升动机所产生的组织促进性言语行为，并通过前因组态分析，得出其影响因素模式的三种构型，即组织氛围营造型，专业知识和技能提升型，技能、获奖、组织认可和人际能力提升型[72]。张振刚等认为外部知识搜寻对内部资源不足的科技型中小企业管理创新有着重要意义，并结合知识搜索理论和组织双元理论，探讨了外部知识搜寻及其双元性对科技型中小企业管理创新的影响与边界条件[73]。

（4）在成长模型构建方面。姬晓辉和卢小根基于小世界网络模型对科技型小微企业集群知识传播扩散特征进行了研究[74]。林海在构建科技型中小企业创新项目风险评估指标体系的基础上，提出一种基于模糊 C 均值聚类的风险评估模型，并将该评估模型应用于部分代表性历史数据，为有效评估我国"双创"背景下科技型中小企业创业项目的风险提供了理论依据和方法支持参考[75]。周茜等基于免疫理论构建了科技型小微企业信用风险测度模型，运用模糊的 DEMATEL（decision making trial and evaluation laboratory，决策试验和评价实验室）方法对供应链金融模式下科技型小微企业信用风险因素进行了分析[76]。谢明磊和刘德胜为探讨发展型绩效考核对开放式创新的影响及其作用机制，构建了一个有调节的中介效应模型，并通过来自 472 家科技型中小企业的问卷调查数据进行实证检验，指出发展型绩效考核可以促进科技型中小企业的开放式创新绩效，在它们之间的关系中团队效能起到部分中介作用；动态环境会调节团队效能与开放式创新的关系，环境动态性较高时，即市场波动大、技术波动强或市场竞争激烈时，团队效能对开放式创新的作用会有不同程度的弱化[77]。

（5）在成长路径选择方面。吴松强等以价值定位、价值创造与传递、价值实现三个商业模式顶层要素为基础，构建了基于大数据的科技型小微企业商业模式创新框架，并深入阐释了框架的各个组成要素实现创新的途径[78]。叶莉等对科技型小微企业融资模式创新进行探讨，从融合政府、商业银行和电商平台这一途径，通过构建以资本分流、企业渠道匹配、信用评价体系三个模块为核心的泛融资模式，实现科技型小微企业融资渠道支持效应的安全化和最大化[79]。范旭和梁碧婵以 M 公司为研究对象，采用案例研究方法，探索在迭代创新过程中机会识别和双元性战略组合协同下，企业竞争优势差异化匹配和资源行动的演化，揭示了企业迭代创新的形成机理和路径[80]。

（6）在成长性实证研究方面。吴宁等通过对全国范围内 351 个科技型小微企业有效样本的问卷调查，并结合深度访谈，分析了我国科技型小微企业合作研发状况，探索其面临的障碍和成因，提出了开辟多元化资金来源渠道、提升参与合作研发内生能力、搭建开放式科技中介服务生态平台、健全知识产权长效保护机制及畅通有效的沟通协调渠道等对策建议[66]。李明星等运用社会网络分析方法，对南京市科技型中小企业知识产权质押融资主体进行了职能演化分析[81]。

上述研究表明，我国学界对于科技型中小企业成长性的研究涉及领域广泛。这些研究对探究科技型中小企业健康成长起到了重要作用。

（四）科技型中小企业的绩效评价

企业绩效是指企业完成某种任务或达到某个指标的达成度。适当的绩效指标可以客观反映企业活动的存在价值和必要性，为管理决策提供指导。近年来，采用多维指标测量企业绩效成为比较成熟的企业绩效评价方式。国内学者从不同视角构建了多个企业绩效评价指标体系和评价模型。

易朝辉等构建了创业自我效能感、创业导向及科技型小微企业绩效的概念模型，并运用结构方程模型对湖南长沙地区317家科技型小微企业进行了实证检验，结果表明，创业自我效能感、创业导向均与科技型小微企业绩效正相关；创业自我效能感与创业导向正相关；创业导向维度中，风险承担性、行动超前性在创业自我效能感与科技型小微企业绩效之间起中介作用，而创新性未能发挥中介作用[82]。在此基础上，他们进一步探讨了资源整合能力、资源约束影响科技型小微企业创业绩效的作用机理，并通过实证分析证明了资源整合能力分别与效率型和创新型商业模式正相关，从而显著影响创新绩效[83]；创业拼凑、先前经验与科技型小微企业创业绩效正相关[84]。徐宁和冯路探讨了科技型中小企业网络融资的主要风险要素，构建了科技型中小企业网络融资风险评价指标体系，通过层次分析法（analytic hierarchy process，AHP）确定了不同风险要素权重，应用模糊综合评价法对融资风险进行了综合评价[85]。颜赛燕在AHP-模糊数学综合评价方法的指引下，以某机电股份有限公司为研究对象，构建该公司的融资效果评价指标体系和融资效果模糊综合评价模型[86]。中国人民银行济南分行营业管理部课题组和王延伟结合大数据技术发展状况，通过引入第三方数据信息，尝试构建了符合科技型中小企业资金需求特点，以运营、技术、团队、外部环境的评估为主要内容的"前置预警+四位一体"授信评价体系[87]。

对科技型中小企业进行绩效评价必然涉及对企业创新能力的评价。刘钒和钟书华以创新型小微企业群体为研究对象，实证分析企业群体的网络关系强度、网络关系广度、网络关系稳定性与创新绩效之间的关系，提出群集智能视角下创新型小微企业通过集聚式发展提升创新绩效的要求。群集智能的学习特性、边界最大化特性对创新型小微企业创新绩效具有显著正向影响，群集智能的抗扰动性对创新型小微企业创新绩效具有较弱的正向影响，而环境不确定性对前两者的显著正向影响存在明显的负向调节作用，对后者较弱的正向影响则不存在负向调节作用[88]。吴松强和蔡婷婷基于中国（南京）软件谷及相关创业孵化园246家软件企业问卷调查结果，运用 SPSS、LISREL 软件进行统计分析，实证研究了网络能力对嵌入性创新网络与科技型小微企业创新绩效的中介效应，指出科技型小微企业网络能力越强，创新绩效提升越明显；科技型小微企网络能力有助于促进嵌入性创新网络对创新绩效的提升作用[89]。刘骏等基于不完全信息静态博弈理论，构建了科技型中小企业高层次创新人才薪酬与企业盈利均衡模型，探讨了111家科技型中小企业高层次创新人才薪酬与企业盈利的关系[90]。

上述讨论对科技型中小企业的绩效评价具有重要参考价值。然而，企业绩效评价是一个动态过程，具有高度复杂性，在具体评价过程中还需要深入研究许多操作性问题。

（五）科技型中小企业的合作创新

围绕科技型中小企业合作创新的相关研究众多。余维臻和余克艰认为网络与知识已成为提升科技型小微企业协同创新能力的关键，协同创新网络中的异质性网络与同质化网络均能提升科技型小微企业的协同创新能力，但前者的作用明显大于后者；异质性知识整合在异质性网络与协同创新能力之间存在完全中介效应，而同质化知识整合在同质化网络与协同创新能力之间存在部分中介效应[91]。蒙玉玲等指出开放式云平台所提供的实时创新需求及丰富的创新资源是科技型中小企业可持续创新的动力源与资源池，在云平台下，中小企业能够高效整合资金、人才、技术等多种创新资源，协同外部"政产学研用"多维主体完成知识的筛选、评估、吸收与转化，以持续性创新成果输出来响应市场需求、适应环境变化[92]。罗广宁等在分析广东省科技金融平台状况的基础上，探讨该平台的构建原则，从企业融资信息收集体系、企业与金融机构对接机制和平台基本模块等方面，对平台建设的关键问题进行分析梳理，为同类平台的思路构建提供经验启示[93]。

许多学者对合作创新的内涵进行了深入探讨。张羽飞等基于产学研融合内涵，构建微观层面企业产学研融合程度综合评价模型，实证检验产学研融合程度对科技型中小企业创新绩效的影响及环境不确定性的调节作用，并得出产学研融合广度和深度对科技型中小企业创新绩效具有正向影响的结论，我国科技型中小企业产学研融合广度、深度和频度总体均呈波动上升趋势，逐步迈向深度融合阶段[94]。唐雯和王卫彬通过对浙江省200家科技型中小企业创新生态系统构建状况的调查，验证了创新生态系统构建对企业创新绩效的正向影响，并从拓展产学研合作的深度与广度、创新科技金融机制及完善外部治理机制等方面提出了加快科技型中小企业创新生态系统构建与完善的建议[95]。

合作创新对科技型中小企业的意义十分明显。李素红等通过博弈论证明，互联网融资平台能够提高科技型小微企业的融资成功率[96]。张相斌和樊竹清探讨了由大企业建立的共同平台对科技型小微企业的绩效影响,研究指出,水平自增长系数、合作带来的绩效水平增长系数正向作用于合作绩效因子,绩效水平衰减系数、绩效成本系数、企业绩效系数反向作用于合作绩效因子,各种因素的共同作用对科技型中小企业的合作倾向产生影响,使中小企业能够从与大企业的合作中充分利用资源[97]。孙卫东以科技园区内科技型中小企业为研究对象,从生态学的视角构建科技型中小企业创新生态系统模型,认为价值共创模式与价值共创机制的组合是科技型中小企业创新生态系统运行成功的关键,创新系统活动与创新生境的协调一致是创新生态系统运行的保障[98]。

开展合作创新需要建立一定的基础。马志强等的研究表明,现实中存在着科技型小微企业合作研发意愿强烈,但鲜有合作研发行为的矛盾,原因在于技术溢出率、利润分配、知识转化率和信息搜寻成本通过影响收益增量影响风险态度。当面临合作研发与独立研发决策时,科技型小微企业表现为风险偏好,倾向选择独立研发;当面临模仿与合作研发决策时,科技型小微企业表现为风险规避,倾向选择模仿[99]。刘丹等认为,建立一个完整、高效的创新生态系统是破解科技型小微企业创新困境、提高创新效率,以及助力新旧动能转换的有效途径,并构建科技型小微企业创新生态系统网络框架和网络联结模式,对科技型小微企业创新生态系统网络治理进行了研究[100]。

王黎萤等基于ICT(information and communications technology,信息与通信技术)产业及制药产业上市科技型中小企业专利合作数据,通过网络特征差异及多元回归分析来探索和验证专利合作网络对企业创新绩效的影响,发现基于合作广度和深度不同组合的四种专利合作网络模式中,虽然高合作广度、低合作深度,低合作广度、高合作深度及高合作广度、高合作深度三种专利合作网络模式均正向影响企业创新绩效,但存在不同程度的曲线效应作用差异,并提出了科技型中小企业通过优化专利合作行为来动态调整专利合作网络,进而提升企业创新绩效的突破路径[101]。

科技型中小企业既有普通中小企业的特点,又具备科技型企业的特质。通过文献综述可见,关于科技型中小企业这一重要群体还有很多值得深入研究的命题,也应更多地采用实证分析和检验的方法。尤其是在经济全球化、竞争网络化和外部环境不确定的新形势下,如何推动科技型中小企业创新能力的提升和企业可持续成长将是学术界长期关注的一个热点问题。

(六)科技型中小企业政策研究

科技型中小企业的发展离不开国家政策的大力支持,近年来,我国出台了一系列有关普惠金融、财税激励、数字化转型等方面的政策,许多学者对此进行了多角度的研究。

周松兰较早基于创新研究的世界性热潮和我国的自主创新国家战略背景,界定了创新型中小企业和分析其政策需求,并进一步在相关的主体建设、制度和金融等方面提出扶持政策建议[102]。刘钒基于省域比较视角,系统分析了湖北省与我国典型地区促进科技型中小企业创新发展的政策,深入剖析了湖北省相关扶持政策的落实情况和不足之处,提出了加大科技型中小企业政策支持的着力点和更精细的对策建议[103]。

韩贺洋等提出科技型小微企业存在金融排斥,分析了金融排斥的原因及政策性金融支持科技型小微企业的运行机制,最后提出了政策性金融支持科技型小微企业的措施[104]。韩俊华等分析了普惠金融的经济效应,认为互联网金融交易成本低、信息对称、广覆盖和可持续性,能够实现普惠金融、缓解金融排斥,在此基础上给出了构建完善的法律制度、金融体系和多层次的金融市场等进行技术创新的对策[105]。刘啸尘对财税激励政策下的政企演化博弈进行了研究,在回顾财税优惠政策与企业创新相关文献的基础上,分析了财税优惠政策执行过程中科技型中小企业与地方政府的博弈过程:一方面,科技型中小企业会增加研发投入和管理成本,同时还会面临一定的财税风险;另一方面,地方政府出于政绩和财税收入的考虑,会灵活变通地执行财税优惠政策,因此两者之间的博弈关系具有动态性和演化性[106]。王硕和王伟认为科技政策性金融具有其自身特有的功能结构体系,并针对我国科技政策性金融发展中出现的功能性失衡问题,提出优化和健全我国科技政策性金融功能结构的政策建议[107]。

徐萌萌的研究表明,企业创新动力在政府资助与企业创新绩效二者之间发挥部分中介作用,即政府资助可以直接或通过企业创新动力影响企业创新绩效;较之政府直接资助,企业创新动力在政府间接资助与企业创新绩效二者间的中介效应更显著[108]。何玉梅认为,以数字技术和数据资源为核心的数字经济与科技创新的深度融合将是未来创新的重要力量,并对面向数字化转型的科技型中小企业创新激励政策进行了探讨[109]。

郭研和张皓辰基于我国科技型中小企业技术创新基金(innofund)的项目数据,从行业内溢出和行业间溢出两个维度检验了创新补贴对行业增长的溢出效应,证明了政府给予中小企业的创新补贴通过正向的溢出效应作用于经济增长[110]。颜军梅等提出了金融接力支持概念,指出政府和市场要在融资需求、政策性金融、商业性金融、科技金融环境与科技金融服务五个主范畴内对科技型中小企业提供金融支持,建立了包括环境优化机制、信息交互机制、风险分担机制、对接辅助机制与价值实现机制的全方位、多角度金融接力支持促进机制[111]。

三、企业集群进化理论研究的拓展和应用

学术界现有的企业集群理论是一个相对完整的逻辑体系。近年来,企业集群理论呈现出多样化发展趋势,不同领域的学者从不同视角对企业集群发展问题进行了深入研究。牟少波对企业集群持续成长相关理论进行了系统性比较研究[112];冯朝军针对科技型中小企业集群的创新能力、创新优势、创新机制及创新网络等方面的研究状况进行了报告[113];鲁若愚等从企业集群视角梳理了企业创新网络的溯源、演化进程[114]。本书的研究仅以国内外主流的分析视角为切入点,概述企业集群研究中的若干观点。

(一) 从经济学视角展开的研究

在经济学范畴内,关于企业集群、企业成长的研究非常丰富且日益深入。传统企业集群理论的研究主要包括马歇尔的外部经济理论、韦伯的聚集经济理论、科洛索夫斯基的地域生产综合体理论和佩鲁的增长极理论。当代的代表性理论则包括迈克尔·波特的竞争经济学理论——钻石模型、斯科特等提出的新产业空间理论、保罗·克鲁格曼的新经济地理理论。其中,以迈克尔·波特为代表的竞争优势理论和以马歇尔、彭罗斯、理查德森等为代表的企业成长理论是研究中小企业集群成长演化的传统理论视角。

传统企业成长理论的学术源头是古典经济学、新古典经济学、后凯恩斯主义、新制度经济学等理论的企业成长论。此后,彭罗斯的资源基础论、钱德勒的组织能力学说、哈耶克的知识基础论、普拉哈拉德与哈默提出的核心能力论、提斯等提出的动态能力理论、威廉姆斯的组织结构演变模型、鲍莫尔的销售收益最大化模型、马里斯的经理型企业模型等,都对企业成长理论的发展产生了深远影响。我国学者符正平认为企业集群成长可分为斯密阶段和钱德勒阶段,斯密阶段的企业集群仍处于自发形成状态,钱德勒阶段的企业集群则引入现代管理促进集群成长,他进一步将企业集群成长类型分为技术创新驱动型、市场营销驱动型和集体学习驱动型三类[115]。

随着理论的成熟和时代浪潮的前进,研究热点也相应发生变化。苏凌认为,发展品牌经济是全球产业结构调整背景下产业结构优化升级的重要推进器,企业集群品牌一旦形成,又会对产业集群与区域经济发展产生逆向促进作用[116]。李明武和綦丹认为,产业集群品牌生态系统的形成和发展过程是系统成员自适应、自协调、自组织的协同演化过程,这种协同演化存在于各个层次,包括品牌个体、品牌种群、品牌群落和外部环境之间,是一种"多层嵌套""多项因果"的

演进体系[117]。卢燕群和何永芳以企业合作专利创新网络为载体,构建了企业间个体技术创新采纳博弈及技术创新扩散模型,探究了企业集群中技术创新采纳企业微观决策对宏观技术创新扩散的影响[118]。徐红涛和吴秋明认为企业是对资源的一次整合,因追求集聚经济而抱团形成的企业集群则是对资源的二次整合,要发挥1+1>2的集成效应,就离不开对其集群要素进行以集群竞争力提升为目标的集成管理[119]。冯圆提出,在以国内"大循环"为主体、国内国际"双循环"相互促进的新发展格局下,企业集群转型升级需要加大科技创新力度,建议采取企业个体嵌入集群、国内企业集群嵌入全球产业链的"双嵌入"模式[120];并进一步结合企业集群变迁的"环境成本"尺度,构建企业集群变迁的环境成本管理框架体系,提出企业集群绿色转型的评价标准,探讨企业集群变迁中的环境成本触发机制,实证检验企业集群变迁的环境成本效应,揭示企业集群变迁的"逆反性"现象[121]。

在中小企业这一特殊群体上,集群进化理论也有一定的发展。石莹论证了企业集群内中小企业采取合作创新方式进行科技创新或商业模式创新是一个发展趋势,在合作创新的前、中、后各阶段都存在着博弈行为[122]。冯朝军认为高技术产品从生产者到顾客的生产过程可以看作由一个或几个企业协作形成的价值链,通过集群内价值链上相关创新主体的密切合作进行集群创新,同时充分利用集群外部的创新资源开展集群层面上的开放式创新,能够在激烈的竞争中掌握发展的主动权,在产业集群升级的过程中获得全球价值链的治理权,从而实现集群与企业的跨越式发展[123]。黎月提出,要想从根本上解决中小企业与金融机构间的借贷问题,就要尽量缩小两者在借贷过程中产生的信息差异,银行与中小企业之间应该建立长期合作关系,即尝试采用关系型融资的方法以弱化银行对中小企业的信贷配给问题[124]。蔺鹏等分析,区块链技术通过其内在的共识算法、智能合约机制能够重构集群内小微企业成员之间的信任机制,降低集群内小微企业成员的违约风险和交易成本,实现集群内小微企业成员的有效增信,可以为解决小微企业集群融资的"痛点"提供新思路[125]。胡振和胡同立认为,集群环境下中小企业面临的融资效率低、融资难困境因互助担保融资方式的应用而得到有效缓解,然而互助担保融资发展模式仍有欠缺,导致集群下的中小企业实施互助担保融资时面临诸多风险,揭示了中小企业集群互助行为的两面性[126]。

(二)从生物学视角展开的研究

企业集群具有类生物性,它与社会性生物群居行为具有若干相似性,如地理集聚、竞争与合作并存、协同进化、专业化分工形成生态位等。从生物周期视角切入,克鲁格曼和迈克尔·波特认为一个典型集体的成长周期大致包括集群形成、持续增长、饱和与转型、衰退、解体或复兴成长五个阶段[127, 128]。王海光认为集群源自生物群集现象，可以将企业集群类比成一个有机的具有生命力的生物系统，从生物学视角来透视企业集群动力机制及其作用规律是企业集群理论的阶段性发展[12]。此外，在组织种群内或种群间的关系研究中，"共生"恰恰是直接来源于生物学中的概念，即指生物之间的一种相互性活体营养关系，而在社会科学中则用来描述人与人之间的一种共存共荣状态。袁纯清是最早把共生理论用于小型经济研究的中国学者，指出对称互惠共生是自然界与人类社会的必然趋势，进化则是共生系统发展的总趋势和总方向[129]。另外，在有关组织与环境关系的研究中，企业演化理论认为，企业与环境之间的关系不是对立的，而是协同的、合作的、互动的，也就是商业生态系统的"共同进化观"[5]。

将创新与生态系统结合研究企业集群进化也是一大热点。国外有关创新生态系统的研究最早为 Moore 提出的商业生态系统[130]；Adner 提出创新生态系统是一种协同机制，企业利用这种协同机制通过多企业合作创造单一企业不能创造的价值[131]；朱迪·埃斯特琳构建了研究、开发、应用三大群落组成的创新生态模型[132]。

在国内有关创新生态系统的研究中，袁智德和宣国良最早以"创新生态"为标题撰文[133]，黄鲁成首次将区域技术创新生态系统定义为"某一区域内由技术创新组织和技术创新环境复合而成，并开展创新资源、信息交流的有机系统"[134]。后续研究主要分为三个方面：一是对创新生态系统概念、主体和功能等进行理论梳理。例如，曾国屏等在回顾创新范式演进历程后，认为创新生态系统的内涵与边界暂无统一界定[135]；赵放和曾国屏把微观、中观、宏观各层面要素纳入一个"重心—外围"分析框架[136]。二是根据实践提出学理探讨，结合具体案例分析创新生态系统演化规律。例如，以新能源汽车企业[137]、杭州城西科创大走廊为例[138]，相关研究认为创新生态系统依次遵循"渐进性小生境→开放式产品平台→全面拓展"的三阶段演化路径，提出互惠共生是系统内共生单元演化的最佳方向。三是从战略与政策层面应用创新生态理论，探讨不同政策对创新绩效[139]、高技术产业的影响[140]，以及对促进乡村振兴[141]、粤港澳大湾区[142]、知识生态视域下产业集群生态化发展的战略思考[143]。

（三）从复杂科学视角展开的研究

企业集群是符合现代产业发展的一种空间组织形式，毫无疑问是一个复杂系统乃至复杂巨系统。研究企业集群内在动力机制的构成与规律需要运用复杂科学的理论方法。Pouder 和 St. John 认为集群成长的动力是企业群体在外界环境作用下的自发行为和集体选择过程，具备从低级到高级、优胜劣汰的进化规律，具有自组织、自适应和协同进化的内在动力机制，而不是无组织的混合体[144]。Brenner 和 Siegfried 运用复杂科学中的自组织理论来研究企业集群动力机制，认为传统经济学理论在解释企业集群动态演化过程中存在明显不足，而复杂科学理论则具有较大优越性，可以为描述企业集群动态演化的动力机制、控制其演化方向提供理论依据[145]。我国学者李兴华以系统论和自组织理论观点为依据，探讨了科技企业集群形成与演化的自组织过程、机制、特征和主要条件[146]。牟绍波和王成璋认为，根据复杂理论，集群自组织是指集群系统通过与外部环境交换物质、能量和信息降低自身熵增，在内在机制作用下自行从无序到有序、从低级有序到高级有序、从简单到复杂方向成长，不断提高自身的自适应、自成长功能和能力的复杂演进过程[147]。姬晓辉和卢小根认为，科技型小微企业集群组织结构是一个开放演化、适应性的复杂网络系统，从而其知识传播和扩散具有新的特点，通过构建反映集群组织结构变化的 NW 小世界网络模型①，证明了密切的战略联盟关系和知识交流频率能显著地提高网络中的知识扩散量，缩短特征路径长度，提高企业知识协同创新的能力[74]。卢燕群和何永芳基于企业合作专利数据构建创新网络，在传染病传播 SIR②模型的基础上，研究创新活动在复杂网络中的扩散机制和规律，证明了基于合作专利的创新网络具有小世界网络和无标度网络的特性[148]。金勇和王柯主张从环境层、主体层和模式层三个层面着手，促进农村电商集群生态系统创新发展，构建"产业+服务"的电商生态圈，将产业集群概念与创新系统、生态学相结合，突破集群发展的瓶颈，对农村电商集群创新生态进行优化升级[149]。

（四）从网络化视角展开的研究

随着网络成为深入经济社会各个层面的普遍事物，国内外不少学者开始重视用网络这一概念描述社会经济活动。在经济领域中，网络概念的应用多采用隐喻的方式，即认为所有的经济活动与行为是由各个经济行为主体共同连接而成的关系网络[150]。基于网络特性分析，创新型小微企业集群具有显著的网络化特征，如边界模糊、关系松散、响应灵敏、运作高效等。

步入新时代，数字化情景与开放式创新、平台及生态系统等网络研究新议题交织，针对企业创新网络的研究也迅速成为网络研究的热点之一。郑胜华和池仁勇基于协同演化的视角，采用归纳和演绎的方法，在分析合作能力和创新网络构成和演化的基础上，研究核心企业合作能力如何激发创新网络的主动行为，

---

① 由 Newman 和 Watts 提出。
② 在 SIR 中，S 表示 susceptible，易感者；I 表示 infective，感染者；R 表示 removal，移除者。

实现创新网络的不断升级，进而带动相应产业可持续发展的过程和机理[151]。陶秋燕和孟猛猛通过对286家中国中小企业的实证研究，对网络嵌入性、技术创新、技术动荡性与企业成长之间的关系进行了理论探讨和实证检验，揭示了网络嵌入性、技术创新对企业成长的差异性影响及转化机制[152]。孙林杰等以吉利汽车集团有限公司为例，从创新网络的视角分析了该公司在网络嵌入、构建网络、形成网络能力等历程中所采取的战略战术及所取得的创新绩效，并深入研究了民营企业在不断拓展的网络中获取知识和资源、提升自身创新能力的路径[153]。杨张博关注战略联盟网络中的间接联盟关系及联盟类型多样性，并通过研究证明，企业间接联系增加仅对创新质量有负向影响，企业联盟类型多样性增加对创新数量和创新质量都具有正向影响[154]。杨晔和朱晨基于经济发展与制度转型的背景，从网络多样性及创新链的视角，利用世界银行对中国企业运营情况的调查数据，研究了合作网络在企业创新中起到的重要作用[155]。倪渊以集群网络核心企业作为切入点，从网络能力视角，探索核心企业网络能力是否、如何及何时对集群内企业探索式和利用式协同创新绩效产生影响，揭示了核心企业引领集群协同创新的机制"黑箱"[156]。

综合来看，不同视角的研究对于认识企业集群中创新与空间环境、地域文化、体制机制等因素的作用关系具有重要意义。通过地理位置上的靠近，集群内部存在着知识溢出和技术扩散效应，能够有效地增强企业自身的技术创新能力与创新绩效；企业进行技术创新活动能够促使企业集群更具活力，使得企业间的联系更加密切；借助于集群这种特殊结构，企业之间能够建立起比较稳定的竞争与合作关系，借以进一步增强企业之间技术扩散的速度和企业的市场竞争力。

四、相关研究述评

纵观学术界相关研究成果，现有关于群体智能、科技型中小企业、企业集群进化的相关研究呈现出以下特点。

（1）已有学者将群体智能涌现理论应用于社会科学问题研究，但仍然存在大量研究空白。当前群体智能理论主要探讨分布式环境中大量自主个体在没有特定协调的情况下，通过个体协作使群体获得学习与进化能力的规律。自然科学中的群体智能研究集中在复杂问题求解和一般系统复杂性方面。群体智能理论也开始向电子商务、社区管理、应急响应、城市规划、市场预测等领域渗透与扩展。国内利用群体智能多目标优化对产业集群、社会舆论、网络群体、创新政策扩散、土地利用、农产品供应链网络等方面开展的探索性研究开始零星出现。整体上看，群体智能领域还存在大量研究空白，关于概念、类型、作用的研究均比较零散。

群体智能作为网络时代知识社会创新发展的重要推动力之一，尚缺乏针对我国管理实践的深层次应用和有效案例分析。

（2）关于科技型中小企业的研究备受关注，但从集群进化角度考察科技型中小企业创新发展的研究仍需进一步拓展。党的十八大报告提出"支持小微企业特别是科技型小微企业发展"①之后，学术界对科技型中小企业的关注明显增强。党的十九大报告提出"加强对中小企业创新的支持，促进科技成果转化"②，关于科技型中小企业发展的学术关注度进一步增强。现有关于科技型中小企业的研究话题聚焦于企业界定分类、国内外差异、成长路径、绩效评价、合作创新、政策支撑等方面，从科技型中小企业集聚式发展及其自组织进化角度对科技型中小企业创新发展的研究仍需进一步拓展和深化。

（3）利用复杂科学理论、网络化视角分析集群组织形式和演化过程已成为近年来企业集群的研究热点，但围绕企业集群自组织、群体智能的研究仍需进一步拓展。整体上看，利用企业集群发展周期对演化特征进行的定性分析比较多，对演化机制和动力来源进行的定量分析比较少。现有研究缺乏对大数据环境下科技型中小企业移动化、社交化、网络化等新特点与新问题的深刻反映，未形成一致认可的演化动力框架模型，集群演化的环境复杂性和特征变量还需要更好体现。无论是集群学派的观点，还是研究企业本质的现代企业理论，都没有把中小企业互相学习纳入自己的研究视角。虽然大部分关于中小企业的文献承认集聚与创新对中小企业成长的贡献，但现有研究往往把二者割裂开来，未考虑集聚与集群式创新对中小企业成长的互动影响。我国乃至全世界的中小微企业发展状况也表明，单个小型及微型企业很难具备创新所需的技术能力，仅仅依靠企业自身力量进行创新是相对困难的。通过集群创新联盟及其内外网络，可以充分发挥各方的资源优势，提高科技型中小企业的创新能力。

企业集群成长动力是外界环境作用下的自发行为和集体选择过程，具备从低级到高级的进化规律，复杂理论在描述企业集群演化动力和方向上具有较大优越性。我国学者先后运用共生理论、Logistic 模型、系统论、CGP（constrained generating procedure，受限生成过程）模型、耗散结构论、网络化协同、小世界模型、复杂网络、博弈模型等理论研究科技型中小企业集群演化的复杂现象和涌现特征。在现有研究基础上，从群体智能这一复杂科学新视角揭示科技创新型中小企业集聚式发展的内生动力和环境影响，是一个比较独特且重要的研究路径。

---

① 胡锦涛在中国共产党第十八次全国代表大会上的报告（2012 年 11 月 8 日）．http://cpc.people.com.cn/n/2012/1118/c64094-19612151.html，2012-12-18.

② 习近平：决胜全面建成小康社会 夺取新时代中国特色社会主义伟大胜利——在中国共产党第十九次全国代表大会上的报告. http://news.cnr.cn/native/gd/20171027/t20171027_524003098.shtml，2017-10-27.

第五节 科技型中小企业集群智能涌现机制与实证研究路径设计

本书理论部分重点探讨群体行为的建模、群体行为数学模型的信息结构及其协调控制（coordinated control）。同时，本书以群体模型为对象，在分析研究群体信息结构特征及其性质的基础上，进一步研究某些群体能够实现协调控制的一些充分与必要条件。

分析科技型中小企业的群体智能涌现，必须采用自下向上的方法，即先定义单个的人工个体，给出一定的行为和参数，然后定义个体之间及个体与环境之间的交互规则，通过交互作用模拟所要描述的现象或系统，最后给出影响群体局部交互的环境因素。集群中的每个企业都必须遵循企业间相互作用的内在规制，以使企业个体从智能涌现中获得最大利益。同时，移动互联网和大数据技术极大地促进了全球性交互行为的发生，使得中小企业可以在低到几乎没有经费支出的情况下获得新的市场、理念和技术。在这一趋势下，不论科技型中小企业以何种生存形态存在，都需要不断进行生态环境的调整，通过良好的生态环境影响群体智能涌现。可见，影响科技型中小企业群体智能涌现的关键，是集群的内在规制与外部环境。两者之间的共同作用，形成企业个体间的群体协同行为，进而激发智能涌现，最终推动科技型中小企业的集群进化。

在科技型中小企业群体智能涌现的研究中，个体的状态其实不是我们关心的，相反，我们希望只要设定个体的行为准则和群体内外部环境运行的规则，那么输入个体的状态，就能通过模型或者算法推测出群体的状态，即最终输出结果。输入和输出都有个体状态和群体状态，但是输入端更关注个体的状态，因有个体行为规则的限定；输出端则更关注群体的状态，因以追求群体智慧大于个体智慧为最终目标。

由于企业集群与生物群落特征的相似性，自然科学领域中诸如微粒群算法等可应用到本书中来。例如，鸟类的飞行原则，为防止互相碰撞，鸟类在列队飞行时尽量靠近中心，并保持速度一致。中小企业群体的发展有类似的规则：为了避免竞争，同质甚至功能完全重复的中小企业可能尽量不聚集在同一个地段，但大趋势上都会往资源和消费者集中的地方聚集；而功能相关或者互补的中小企业可能因为互相刺激会相邻地存在。

基于上述思路，本书在梳理科技型中小企业集群成长理论的基础上，分析科技型中小企业群体智能涌现过程，阐释科技型中小企业群体智能进化的环境调控机理，构建科技型中小企业集群环境评价指标体系，实证分析典型区域科技型中小企业的"群体智能指数"，提炼科技型中小企业群体智能涌现过程中的集群发展问题和成长环境问题，提出促进科技型中小企业集聚式发展、加快其群体智能涌现的若干建议。本书共包括八章。

第一章是绪论，对科技型中小企业群体智能涌现机理与实证研究的背景环境、研究意义、可行性和相关研究进展前沿进行梳理和总结，并对全书研究结构和脉络进行介绍说明。

第二章是对科技型中小企业集群演进和群体智能涌现的理论分析。该章界定科技型中小企业及集群，分析两者所具有的特点；在分析科技型中小企业集群演进的逻辑、个体目标和行为选择的基础上，用群体智能涌现模型描述科技型中小企业智能涌现的过程和外部表现。

第三章是对科技型中小企业个体目标实现的博弈分析。科技型中小企业集群的智能涌现产生于集群演进过程之中，集群演进过程也是集群个体目标和集群总体目标的实现过程。该章首先分析了科技型中小企业个体目标和集群目标的实现机制，其次运用博弈论方法分析科技型中小企业是否进入企业集群、是否扩大生产规模、是否进行技术创新、是否退出集群等选择过程中的选择机制，以此作为科技型中小企业个体目标实现的决策机制。

第四章是对科技型中小企业集群的群体智能涌现的环境调控进行分析。该章详细讨论了科技型中小企业群体智能涌现与环境的关系，深入分析了集群演进的宏观、中观及微观环境，设计了集群演进与外部环境协同适应的数学模型，利用第二章所述的群体智能（collective intelligence，COIN）模型设计了促成智能涌现的最优环境参数集，并运用复杂网络结构方法探讨了主要环境因素对集群网络结构和功能的影响。

第五章是对典型区域"群体智能指数"的实证分析。该章基于第四章的讨论，设计了以度量企业群体有序性和复杂性为标尺，测度科技型中小企业"群体智能指数"的熵权-TOPSIS（technique for order preference by similarity to ideal solution，逼近理想解的排序方法）模型；进而根据国家中心城市、国家高新区、国家大学科技园和省域高新区等不同空间尺度，设计不同的测算指标，采集相关数据测算区域"群体智能指数"，评估特定空间范围内科技型中小企业群体智能涌现的潜力。

第六章是对典型区域科技型中小企业集群发展调查的研究。该章在第五章的基础上进一步开展实证分析，通过田野调查采集不同省市科技型中小企业数据，分析典型区域科技型中小企业的发展状况与发展诉求，剖析我国科技型中小企业集群发展面临的共性问题，并以湖北省为例分析特定区域科技型中小企业外部环境存在的问题。

第七章是对促进科技型中小企业集聚式发展的对策进行梳理。该章先阐述政府支持科技型中小企业集群演化的路径，然后结合科技型中小企业集群发展困境和发展环境问题，提出政府优化科技型中小企业外部环境、促进群体智能涌现的举措。

第八章是对科技型中小企业群体智能涌现机制与实证研究过程和结论的总结，并提出还需进一步深入研究的内容。

研究技术路线如图 1-1 所示。

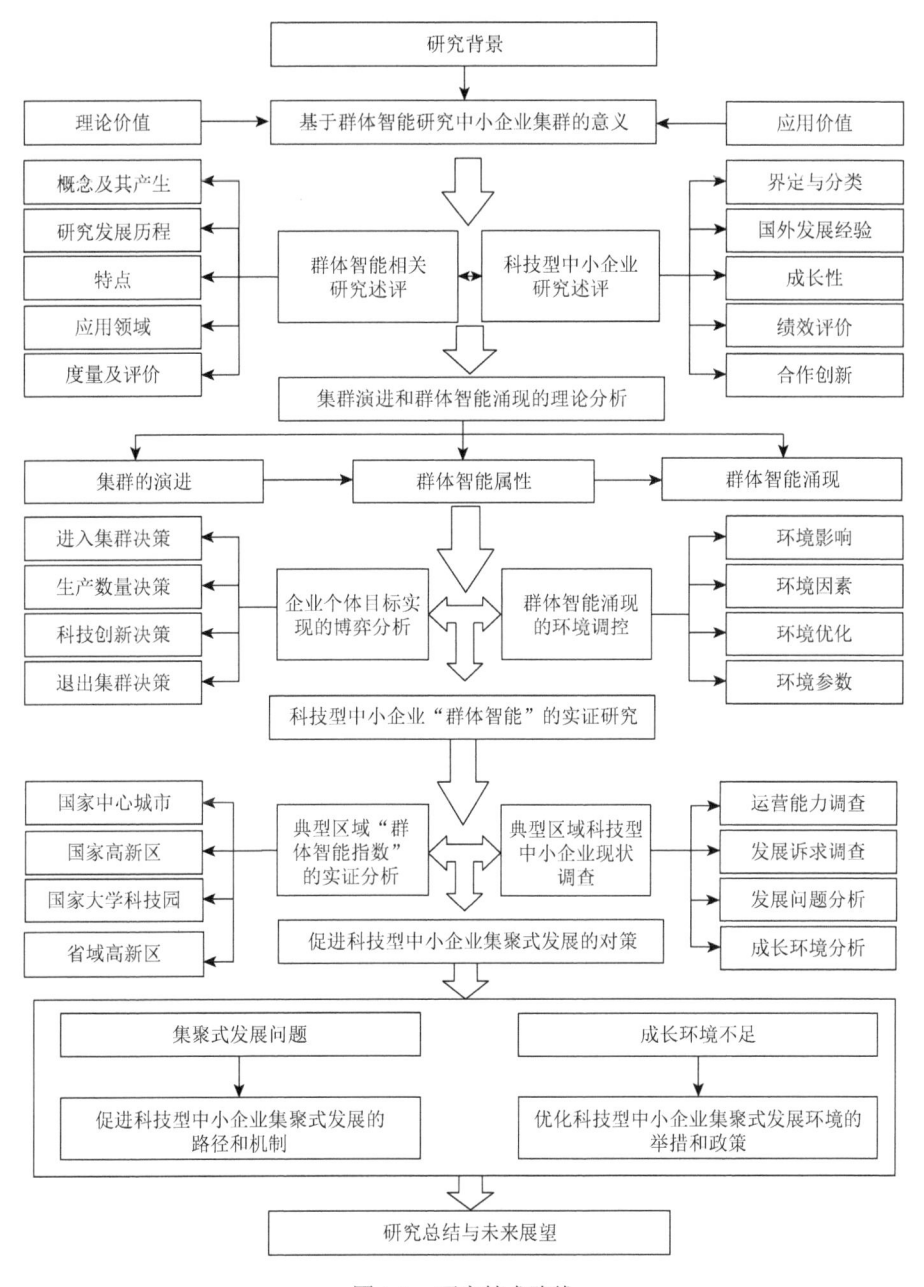

图 1-1 研究技术路线

第二章　集群演进和群体智能涌现的理论分析

第一节　集群的演进

进化在生物学中是指生命体在不同世代之间随时间变化的进程。具体而言有两方面含义：一是指事物由简单到复杂、由低级到高级逐渐演变和向前发展的过程；二是指哲学意义上的发展，是"革命"的堆成，包括量变和质变两种形式[13]。企业集群在外界环境作用下，会产生自发行为和集体选择过程，具备优胜劣汰、从低级到高级的进化规律，具有自组织、自适应和协同进化的内在动力，而不是无组织的混合体和堆积物[12]。可见，科技型中小企业集群必然存在动态演进过程，也必然有可能呈现有序态势。科技型中小企业集群的演进，既是集群从初期成长期走向快速成长期，进而步入成熟期，最后跃升到蜕变再成长期的由小变大、由弱变强、由稚嫩变成熟的动态过程，也是集群获得可持续竞争优势，实现可持续成长的过程。科技型中小企业集群的演进可一般性地表示为如下方程：假设 X_i（$i=1,2,\cdots,m$）表示企业集群的状态变量，C_j（$j=1,2,\cdots,n$）表示控制参数，有

$$\frac{dX_i}{dt}=f_i(X_1,X_2,\cdots,X_m,C_1,C_2,\cdots,C_n) \tag{2-1}$$

其中，$i=1,2,\cdots,m$。

一、科技型中小企业界定及外部特征

虽然近些年来科技型中小企业的发展问题备受关注，但对科技型中小企业的界定一直没有权威结论。这个概念与学术界通常用到的"科技型中小企业"有很强的关联，但也有一定差异。因此，首先需要明确科技型中小企业的概念内涵。我国对于科技型中小企业的界定主要包括国家科技型中小企业技术创新基金，科技部和中国银保监会，科技部、财政部、国家税务总局的界定三种官方认定方法。

第一种是国家科技型中小企业技术创新基金中的界定。科技型中小企业技术创新基金是经国务院批准设立的一项专门用于支持和促进科技型中小企业技术创新的政府专项基金，2005年发布的《科技型中小企业技术创新基金项目管理暂行办法》对科技型中小企业有如下规定。

（1）在中国境内注册，具有独立企业法人资格。

（2）主要从事高新技术产品的研制、开发、生产和服务业务。

（3）企业管理层有较高经营管理水平，有较强的市场开拓能力。

（4）职工人数不超过500人，具有大专以上学历的科技人员占职工总数的比例不低于30%，直接从事研究开发的科技人员占职工总数的比例不低于10%。

（5）有良好的经营业绩，资产负债率合理；每年用于高新技术产品研究开发的经费不低于销售额的5%。

（6）有健全的财务管理机构，有严格的财务管理制度和合格的财务人员。

第二种是科技部、中国银保监会关于科技型中小企业的界定。2009年中国银监会、科技部发布的《关于进一步加大对科技型中小企业信贷支持的指导意见》提出，科技型中小企业应符合以下条件。

（1）符合中小企业国家标准。

（2）企业产品（服务）属于《国家重点支持的高新技术领域》的范围：电子信息技术、生物与新医药技术、航空航天技术、新材料技术、高技术服务业、新能源及节能技术、资源与环境技术、高新技术改造传统产业。

（3）企业当年研究开发费（技术开发费）占企业总收入的3%以上。

（4）企业有原始性创新、集成创新、引进消化再创新等可持续的新活动，有专门从事研发的部门或机构。

第三种是科技部、财政部、国家税务总局的界定。2017年，科技部、财政部、国家税务总局印发的《科技型中小企业评价办法》提出，科技型中小企业须同时满足以下条件。

（1）在中国境内（不包括港、澳、台地区）注册的居民企业。

（2）职工总数不超过500人、年销售收入不超过2亿元、资产总额不超过2亿元。

（3）企业提供的产品和服务不属于国家规定的禁止、限制和淘汰类。

（4）企业在填报上一年及当年内未发生重大安全、重大质量事故和严重环境违法、科研严重失信行为，且企业未列入经营异常名录和严重违法失信企业名单。

（5）企业根据科技型中小企业评价指标进行综合评价所得分值不低于60分，且科技人员指标得分不得为0分。

总体上看，科技型中小企业具有高科技、高附加值、低污染、低消耗等优于普通中小企业的鲜明特点，具有成为新一轮改革创新"急先锋"的潜力，能够为所有中小企业适应新环境下的发展探路，并通过"鲶鱼效应"刺激各类企业不断变革提升创新活力。

科技型中小企业位于创新系统边缘，对外界环境变化敏感，调整灵活，是颠覆性创新的侦察兵、先行者；科技型中小企业专业化发展，占据细分市场，可成为市场的"隐形冠军"；科技型中小企业数量众多，可集聚相当数量的科技人员。

据此可知，科技型中小企业的特征主要涉及六个方面，即科技创新特征、经济特征、组织结构特征、管理制度特征、学习适应特征、高风险性特征。

(1) 科技创新特征。科技型中小企业作为一类高技术中小企业，与一般意义上的普通小微企业相比，科技创新是科技型中小企业的本质特征，具有高新技术在企业价值活动中能够充分渗透并发挥作用的显著特点。科技型中小企业绝大部分从事高科技产品的研制、开发、生产和服务，技术领域涵盖电子信息、先进制造、生物医药、新材料、新能源、节能环保等战略性新兴产业。科技型中小企业的技术与产品附加值高于传统产业中的中小企业，研究开发投入比例较高，拥有新技术或新产品、新工艺、新流程、新商业模式，具有高成长、高科技、高风险等特征，通常用于研发的经费占销售收入的比重达到5%以上，研发人员占员工总数的比重在10%以上[157]，具备较强的技术创新能力。

科技型中小企业的科技创新特征主要表现在六个方面：一是科技型中小企业技术含量较高，以高新技术为支撑、以开发自有产品为主；二是创新是科技型中小企业的本质特征，富有创新精神的企业主把知识创新转化为技术创新，进而通过科技型中小企业这一载体实现产业创新；三是科技经济一体化机制基本形成，企业内部基本上融研究开发和生产经营于一体，企业内部容易形成"市场＞利润＞研发＞新产品＞市场"的良性循环盈利机制；四是科技型中小企业是学习型组织，具有天然的学习性；五是内部资源的局限使得它们十分重视利用外部资源和构建企业战略联盟、虚拟企业、技术创新网络等企业网络；六是科技型中小企业的创新适应性和市场适应性都较为突出，面对市场风险和不确定性，它们必须随着市场、技术的变化及时做出必要的适应性调整，这一特征使它们更易于通过局部交互产生群体智能，促成科技型中小企业群体智能涌现成为一种可能。

(2) 经济特征。科技型中小企业以科技成果商品化、产业化为目标，追求经济效益最大化。它们始终坚持以市场为导向，使产业发展与科技活动紧密结合，企业内部融研究开发和生产经营于一体，以建立"市场→利润→研发→新产品→市场"的良性循环盈利机制为目标，较好地解决科技与经济相脱节的难题。一般而言，企业的专利产品、新产品的销售收入和技术性服务收入之和占企业销售总额的50%以上。

(3) 组织结构特征。科技型中小企业一般趋于小型化，初创期的从业人员大多只有几人或十几人，随着企业发展壮大，从业人员逐步增加，但一般不会超过100人。由于组织结构精悍，成员间的沟通协调方便高效，极大提升了科技型中小企业的管理效率。科技型中小企业的从业人员多以掌握一定核心技术的研发和技术人员为主，直接从事研发的科技人员占从业人员的比例不低于10%；其中具有大专以上学历的科技人员占从业人员总数的比例不低于30%；在一些知识密集、技术密集行业，科技人员甚至超过50%。

(4)管理制度特征。正是由于科技型中小企业的组织结构简单精练,它们形成了区别于传统企业的运行机制和管理特征。在运行机制方面,科技型中小企业通常都具有以市场为导向的经营机制、独立自主的决策机制和更为有效的激励约束机制;在管理制度方面,它们更多地表现为灵活而富有弹性的机构设置,更加注重企业人力资源管理,着力培育鼓励创新的内部环境和强调员工间的协作配合等。

(5)学习适应特征。科技型中小企业是学习型组织,具有天然的学习性。它们的创新适应性和市场适应性都比较突出。面对市场风险和不确定性,它们可根据市场和其他环境的变化,灵活地调整自身的经营策略、合作与竞争行为,在成长过程中不断地学习并对其层次结构和功能结构进行完善[158]。

(6)高风险性特征。科技型中小企业要产出具有商业开发前景的项目成果,需要大量资金投入和研发支出,技术孵化期长,商业风险大。从提出高新技术设想、创造性地探索研究,到形成新的理论、方法和技术,再到成果产业化,需要经历相当长的时期。在这一时期内,它们可能面临技术风险、产品风险、市场风险、经营风险等各种风险,实现完全产业化转变的失败可能性大,项目淘汰率高。

二、科技型中小企业集群的定义及外部特征

群体是系统科学的一个概念,是由许多个体成员组成的复杂适应系统。群体中的每一个成员都可被视为一个简单的动力系统,并且具有一定自主活动的能力,属于简单 Agent(个体)的类型。群体中的成员之间以某种拓扑结构实现相互通信,每个成员通过通信系统获得其他成员的运动信息,对自身运动做出决策,并影响整个群体的行为。

科技型中小企业集群满足复杂适应系统的条件,是一个复杂适应系统。从这个角度看,科技型中小企业集群具有组织有机性、系统开放性、资源完善性、竞合并存性、文化根植性等特征。

(1)组织有机性。组织有机性表现为集群内部各组织之间存在的某种特定关联性,它们相互协调以一种特殊方式来完成产品的生产和销售过程。集群地域上的广度提供了一个空间来发展各种不同类型、不同产业的科技型中小企业,从而能够保持作为复杂适应系统的内部成员多样性。这是集群创新性发展和具备适应能力的关键必要条件。组织有机性能够优化资源配置,带来更高效率,从而使企业个体获得市场竞争优势。

(2)系统开放性。系统开放性表现在集群的演进依赖于其本身的自组织,各种不同主体经过变异和适者生存的淘汰,逐步形成对外界变化高度灵敏的系统结

构。在此过程中，集群不断与外界交换信息、资源和服务等，企业个体获取信息更为便捷和迅速，使得企业能够更迅速地进行资源配置与整合，并通过知识和资本的沉淀产生一定的发展路径依赖。

（3）资源完善性。资源完善性表现在集群提供的完善、配套的公共资源体系，能够为科技型中小企业的科技创新活动提供坚实的环境支撑。对于传统中小企业集群，或者游离于集群之外的科技型中小企业，公共资源不足成为制约企业生产经营活动的瓶颈。集聚状态下的科技型中小企业集群，由于企业分布的地理集中性、产业链的紧密关联性及集群效益的社会性，必然会吸引政府、高校、科研机构、金融机构和各类服务机构为其生存发展提供必要而充足的各种公共资源。

（4）竞合并存性。竞合并存性表现在集群内部企业存在一定的分工合作关系，特别是制造业集群，不仅有原材料、半成品供应商、最终产品供应商，还有销售企业和提供辅助性产品和服务的相关机构。对于处在产业链不同位置的企业，这种弹性或柔韧性促成了它们之间的互动，从而表现为一种协作关系；对于产业链相同位置的企业，则衍生出一种竞争关系。这种多赢共享性形成了集群成员利益的一致性。

（5）文化根植性。文化根植性表现在科技型中小企业及其他经济主体之间根植于共同的地域社会文化氛围，不仅使知识、技术等信息在集群内迅速传播与扩散，而且使信息可信、可解释并充满价值。文化根植性使科技型中小企业集群更容易形成一种相互依存的产业关联、共同的创新文化和共同遵守的行业规范，可以在市场主体之间形成有效的快速反馈机制，形成共同协调、解决问题的制度安排。

对外部特征的分析可知，科技型中小企业集群演进在诸多因素共同作用下体现出明显的非线性特点，高效率的组织生产和信息交换使得科技型中小企业集群呈现出多维度的复杂性。这既为研究科技型中小企业集群演化规律带来了困难，也在某种程度上提供了更有效的解决复杂问题的路径。因为，如果把科技型中小企业集群视为一个整体，作为复杂适应性系统来看待，那么它无须通过特别先进的技术创造、行政命令或谈判来降低整个系统的复杂性。集群可以采用一种动态的分布式学习过程来促使单个企业自发地相互交流和相互影响，通过企业间的交互产生"涌现"，以此来处理时间和空间所带来的各种复杂性。

三、科技型中小企业集群演进的逻辑

科技型中小企业集群演进的概念十分抽象，本书以"创新涌现"为例，对科技型中小企业集群的群体智能涌现流程进行分析，如图 2-1 所示。

信息沟通 集体学习 创新机会识别 创新目标确定	合作项目确定 合作伙伴筛选 合作体形成	信息沟通确定 资源整合 协同运作 创新管理过程	创新目标完成 创新利益分配 创新溢出	创新合作目标、模式、效果评价 合作体解体
交流	竞争	合作	分享	评价

图 2-1　科技型中小企业间交互流程示意图

（1）交流阶段。在交流阶段，科技型中小企业通过正式或非正式渠道的信息沟通、人员接触进行集体学习。这种学习包括企业精英成员之间的学习、普通员工之间的学习及正式组织之间的学习，在这种信息交流和学习过程中碰撞出创新火花，识别创新机会，确定创新目标。

（2）竞争阶段。在竞争阶段，最先洞察到创新机会并确认了创新目标的企业，通过进一步的分析和论证进行创新决策，将其具体化为创新项目；然后进行合作伙伴的寻找和筛选，在此基础上建立与能力要求匹配的网络型创新组织或虚拟创新组织，做好创新工作的前期准备。在这一阶段，企业间的竞争性最强，主要体现在：一是对创新机遇的敏感和把握。谁能最早地敏锐捕捉到创新机遇，并准确和及时地把握它，谁就最可能是成功者。二是在寻找和筛选合作伙伴过程中的竞争。合作者的创新能力、拥有的资源、合作经验、合作精神、信誉等都是至关重要的因素。

（3）合作阶段。在合作阶段，合作伙伴选定以后，接下来就是确定合作模式，进行资源整合，从而进入实质性的创新合作阶段。在这一阶段，如何有效地配置资源及合作者之间的默契变得非常重要。

（4）分享阶段。在分享阶段，创新目标已经按计划完成，参加创新合作的各企业可能通过多种方式分享创新成果。这些可能的方式有建厂生产新产品、改进生产工艺、转让技术及申请知识产权等。不管采用哪种方式，创新利益一般按参与合作的要素进行分配。同时，集群中那些未能直接参加该轮创新合作的企业，也可以从溢出效应中受益。

（5）评价阶段。在评价阶段，主要对创新合作的目标、模式、效果进行正式或非正式评价，总结合作过程中的经验，分析合作过程中存在的问题，指出合作过程中应改进的地方，最后合作体解体，群内企业可进入新一轮创新合作的循环。

上述五个阶段的划分只是为了说明问题的方便所做的一种逻辑分段，事实上它们之间并没有严格的界限，它们之间的先后关系也是非线性的。在上述流程中，竞争阶段与合作阶段无疑是最为核心的环节。

四、科技型中小企业的个体目标和行为选择

面对市场环境的变化、企业自身属性、政府政策支持等诸多外部环境，在市场规则中科技型中小企业根据自身目标做出企业个体行为。科技型中小企业受外部环境影响明显，对成长环境、公共服务、政府管理等外部环境要求较高，同时科技型中小企业还面临着资金短缺、成本过高、市场环境不佳等问题，因此科技型中小企业的目标主要包括脱离危险期、进入高速成长等。科技型中小企业通过企业决策逐步积累资本、技术、劳动力等要素，改变自身属性，脱离中小企业危险期，加快中小企业发展成长速度。科技型中小企业更为具体的个体目标则是通过企业个体决策的制定，获得更高的利润和收益。

为实现个体目标，科技型中小企业采取的个体行为主要包括进出产业集群、扩大生产规模、开展科技创新、减少销售环节、增加研发投入、申请财政补贴、申请税收减免、招聘熟练技工、选择厂址等。其中，是否进入或退出企业集群、是否开展科技创新、是否扩大产品生产规模是科技型中小企业最为主要的行为选择。

（1）是否进入或退出企业集群，关系着科技型中小企业能否享受企业集群带来的公共基础设施、更加良好的经营环境，以及集群带来的规模效益和企业间互动带来的技术外溢，进一步加快科技型中小企业的创新发展。

（2）是否开展科技创新，关系着科技型中小企业市场竞争力的提高，以及面对未来市场的变动，能否应对市场风险，促进企业脱离危险期，加快发展。

（3）是否扩大产品生产规模，直接影响到科技型中小企业的利润大小，在集群中，生产规模的扩大或者缩小将影响企业的市场占有率及集群中产品的价格。

第二节　群体智能涌现

一、群体智能涌现模型

群体智能系统的本质在于实现群体目标，而非个体目标。真正能够被具体控制的却又是个体目标。因此，群体目标与个体目标的关系，成为影响群体智能涌现结果是否达到群体目标的重要因素。蚁群和鸟群的结构比较简单，群体目标与个体目标都比较易于实现。在群体目标表达比较复杂的情况下，如何定位与获取个体目标就成为一个难题。为此，本书引入 COIN 方法作为描述这一过程的形式逻辑。

COIN 方法的基本原理如下：个体在没有任何中央控制角色的情况下，分别追求各自目标函数的最大化，通过数次迭代后获得聚类集成结果，成功实现群体目标函数的最大化。在 COIN 方法中，设置个体（Agent）、环境参数（WL）、个体目标函数（PU）和群体目标函数（GU）四个基本概念。

将要解决的任务总结成群体目标函数 GU，GU 是 WL 的函数，也是群体智能涌现的结果：

$$GU = GU(WL) \qquad (2\text{-}2)$$

个体目标函数则表达为

$$PU = PU(WL) \qquad (2\text{-}3)$$

COIN 方法是一个通过群体目标函数得到个体目标函数的算法，所获得的个体目标与群体目标方向一致，而且不同的个体之间不存在相互抵消的现象。其优点是能够确保个体目标与群体目标之间密切相关，因此也能够确保群体智能涌现结果能够完成群体目标。当然，COIN 方法获取到的个体目标函数复杂度仍然较高，还不能完全体现群体智能系统设计简单这个特点。同时，这种形式化的方法仍然不能在实际中得到细化，也是阻碍其获得更大应用的主要障碍。

二、群体智能涌现过程

从社会性昆虫群体到人体免疫系统、神经网络系统、互联网和全球经济系统等，都存在着复杂的涌现现象。涌现同时也是群体智能的重要特征。尽管群体中个体的结构和功能都非常简单，但是通过相互通信和协调组成群体系统，同时涌现出一些整体的性质和新的功能，这种智能本身也是群体系统中涌现的结果。科技型中小企业在集群环境下呈现出的既竞争又合作的协同竞争关系，与社会性昆虫群体的群体智能涌现同样有异曲同工之处。在生物群落中，有机体既竞争又协作，促进了相互依赖和协调。例如，同一种群的不同个体之间为争夺有限的资源进行竞争，而在抵御外敌方面又采取协作行为，最终促进了生物群落稳定发展。正如生物种群一样，竞争在企业集群内普遍存在，竞争使得企业个体始终保持足够的动力及高度的警觉和灵敏性，并在竞争中发展壮大；集群内企业个体之间的关系主要是协作关系，竞争对手不是敌手而是伙伴。

根据科技型中小企业的特点和群体智能的理论逻辑分析，自下而上的分布式控制应用于去中心化集群系统，必然会产生涌现现象。企业集群的演进是从简单到复杂，从低级到高级，从小系统到巨系统的不断进化、涌现的过程。在这个过程中，伴随着低层次、小系统所没有的新性质的涌现。可见，科技型中小企业的集群演进与群体智能涌现密切相关。

作为一种"组织的组织"，科技型中小企业集群可以从整体上被视为智能涌现的主体，其"智能"可以理解为"集群在知识和资源相对不足的情况下，通过个体交互与群体协同适应环境变化，实现进化的机理、能力与效果"。如果把科技型中小企业的集群演进看成智能涌现的过程，那么智能涌现的内涵可以被理解为：集群中的企业和机构，基于共享的经济、社会、文化及制度环境，在解决共同面对的问题时协调行动而产生的知识积累过程。具体表现为宏观和微观的量变与质变：群体内部各行为主体根据市场和其他环境的变化，能够灵活地调整自身的经营策略、合作与竞争行为，在个体成长过程中不断学习并促成智能涌现；群体具有良好的一致性和稳定性、群体内的专业化分工程度高、企业间学习和信息交流频繁、群体整体"体积"不断扩大、群体内部新个体不断衍生、群体功能与层次不断提升、群体从无序进化到有序、群体发展水平从低级进化到高级等。

科技型中小企业集群整体上会因各组成部分的相互连接和互动呈现出新特性，这种新特性只有整体上的企业集群才具备，集群内的任何企业个体都不具备。为了便于从一般意义上分析科技型中小企业集群演进的智能涌现规律，本书忽略产业类型、发展水平等变量之间的差异，仅将科技型中小企业集群认为是地理位置相对比较集中的一组相同或相似产业的科技型中小企业群体。集群中有很多同质企业和关联企业，竞争与协作的关系可以发生在两个企业之间，也可以发生在多个企业之间，还可能是企业与大学或科研机构之间。本书所指的集群内企业间的关系特指发生在两个企业间的关系。科技型中小企业集群演进与群体智能涌现的关系见图2-2。

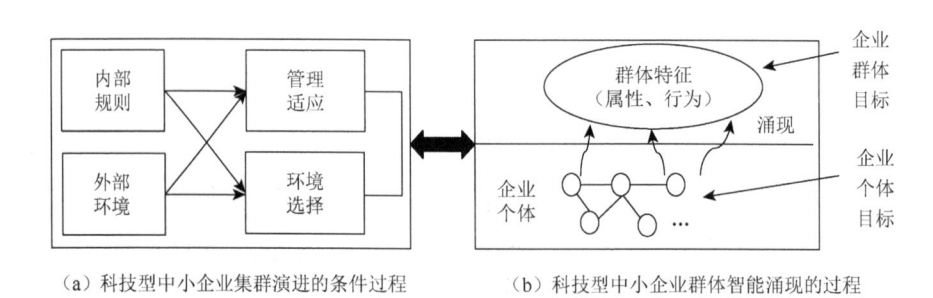

（a）科技型中小企业集群演进的条件过程　　（b）科技型中小企业群体智能涌现的过程

图2-2　科技型中小企业集群演进与群体智能涌现的关系

具体来说，智能涌现可以在五个方面有所反映。

（1）经济利益的涌现。集群内企业比非集群内企业有显著的市场竞争优势、更多易得的市场机会、更低的交易成本等，而且企业间能够便捷地实现信息、知识的快速流通和共享。

（2）企业核心竞争力的涌现。集群赋予企业很强的抗风险能力、内部协调能力、外部协调能力、创新能力等。

（3）集群整体竞争力的涌现。集群内的信任关系将企业和支撑机构联结成柔性的有机整体和技术创新网络，使集群整体显现出很强的竞争力。

（4）集群创新能力的涌现。单个科技型中小企业的创新能力很难匹敌集群整体的系统创新力。

（5）集群品牌的涌现。区域企业集群整体的知名度和优势让企业共享品牌，企业个体不必通过花巨资来创建自己的品牌。

集群演进的过程即科技型中小企业集群总体目标的实现过程，同时科技型中小企业群体智能涌现出现在集群内企业个体目标、集群总体目标的实现和交互过程中，见图2-3。

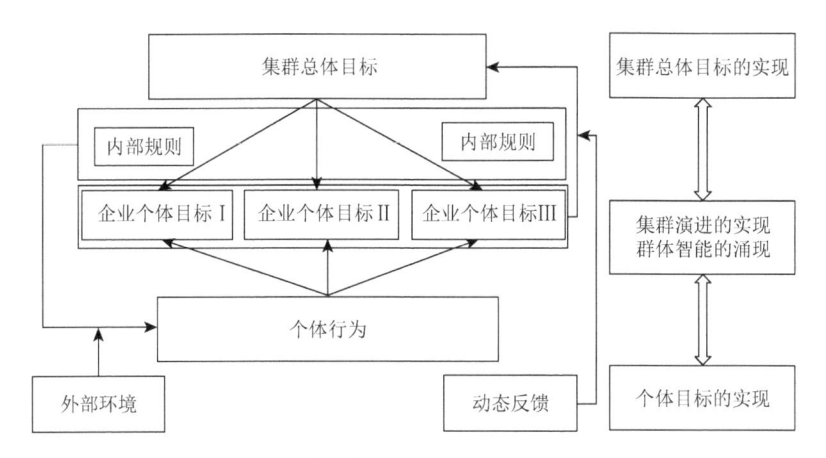

图2-3 科技型中小企业集群演进和群体智能涌现过程模式图

实际上，本书认为群体目标（GU）不仅是环境参数（WL）的函数，更是个体目标（PU）的函数，因此群体目标（GU）函数［式（2-2）］可拓展为式（2-4），群体目标（GU）函数与个体目标（PU）呈现出正相关关系。

$$GU = GU(WL, PU) \quad (2\text{-}4)$$

$$\frac{\partial_{(GU)}}{\partial_{(PU)}} = \frac{\partial_{(GU(WL,PU))}}{\partial_{(PU)}} > 0 \quad (2\text{-}5)$$

如果控制其他因素不变，伴随个体目标函数值的提高，群体目标函数值同样提高，当企业个体目标实现最大化，科技型中小企业集群往往能够实现集群总体目标的最大化，同样科技型中小企业集群的群体智能也相应得到涌现。

群体智能是追求系统智能的最大化。群体智能涌现建立在个体目标函数和环境调控上，而最终落脚点是环境参数集的最优化。以群体智能理论为基础的组织管理模式在内在机制上与传统组织管理模式有着本质不同。传统的组织管理属于"命令—控制"模式，缺乏灵活性，组织的健壮性和学习能力都比较低下。

正是群体智能的涌现，才使得群体在某种程度上可以应对并解决单个成员无法单独解决的问题，实现组织管理模式走向智能涌现。例如，科技型中小企业集群的群体智能涌现不仅能够促进集群对市场和周边环境的适应，又能使集群整体的功能弥补企业在市场竞争中的弱势地位。又如，在集群系统成长演进过程中，在市场、技术、人员、资金等多种机制的作用下，当条件成熟时，敢于冒险的企业家便不断地创立新的企业，或在原有企业中诞生、繁衍新的企业，企业的创立并非在外部指令或行政干预的情况下发生。换言之，当一个群体可以利用群体行为，以群体中任何个体都无法完成的方式共同解决问题时，群体行为就变成群体智能，涌现的过程也就得以完成。集群演进使得科技型中小企业可以在更广阔领域及其相应复杂结构上获得、利用、存储大量的资源，科技型中小企业集群的群体智能涌现正是其演进的最佳说明。

综上所述，科技型中小企业集群演进中的群体智能涌现，是在外部环境、内部规则约束下的企业个体，通过反馈、选择、学习、适应等非线性互动而产生共同化的过程。对科技型中小企业集群的群体智能涌现过程的分析，可以进一步分解为科技型中小企业集群外部环境、内部规则、企业个体目标、集群总体目标实现的分析。

第三章 科技型中小企业个体目标实现的博弈分析

科技型中小企业群体智能涌现于集群演进的过程，集群演进的过程也是集群内企业个体目标和集群总体目标的实现过程。为实现企业个体目标，企业必须根据外部环境和内部规则，在是否进入企业集群、是否扩大生产规模、是否进行技术创新、是否退出企业集群等选择过程中进行决策。

伴随市场经济制度的进一步完善和 IT 的进一步发展，市场在资源配置、价格制定中将发挥更大作用。同时，市场主导、信息完全是科技型中小企业集群的重要群体目标，基于此，本书提出假设 3-1。

假设 3-1：科技型中小企业集群内各企业在完全信息条件下进行企业决策选择。

利润最大化是企业发展的经营目标，利润大小是衡量企业决策是否成功的重要标准，基于此，本书提出假设 3-2。

假设 3-2：科技型中小企业以利润最大化为所有决策的衡量标准。

在每一期企业行为的选择过程中，各企业或同时决策，或虽然并非同时决策，但是企业并不知道其他企业的选择，基于此，为进一步简化科技型中小企业集群内企业个体行为的选择，本书提出假设 3-3。

假设 3-3：科技型中小企业集群内各企业采取静态博弈。

科技型中小企业集群中各企业属于同类产业在地理空间上的集中，因此产品具有同质性，基于此，本书提出假设 3-4。

假设 3-4：在没有新技术使用的情况下，集群内外各企业提供同质产品或服务。

第一节 进入集群的决策机制研究

学术界将企业加入集群后相比不加入集群状态实现的额外收益定义为集群剩余。集群剩余越大表明集群的优越性越明显，如果集群剩余很小甚至为负值，表明企业加入集群无任何竞争优势可言。企业以利润最大化为经营目标，利润大小是衡量企业在集群内外发展状况好坏的最重要标准。本书借鉴产业组织理论中豪泰林价格差异模型和集群剩余理论，对集群内外企业的盈利状况进行深入剖析，为企业是否进入集群的选择提供决策依据。

一、进入集群的类型和成本

设 D 为企业需求量，Q 为产品生产数量，P 为产品价格，C 为边际成本，R 为营业收入，π 为企业利润，λ 为用距离衡量的位置参数，n 为集群内企业数量。

（一）企业进入集群的类型

根据企业进入集群的方式，可分为潜在企业进入市场同时进入集群、集群外的企业变换位置进入集群两种类型。潜在企业进入市场同时进入集群是潜在企业直接在科技型中小企业集群内部创办企业；集群外的企业变换位置进入集群是由于企业自身发展战略的转变，企业根据自身发展规划和企业政策，主动选择从集群外进入集群。针对集群外的企业变换位置进入集群的类型中企业和集群的地理位置，本书提出假设 3-5。

假设 3-5：企业 A 和企业集群 B 分别位于城市的两端，即集群 B 位于 $\lambda=0$ 处，企业 A 位于 $\lambda=1$ 处。

（二）企业进入集群的成本

已有企业和潜在企业进入集群开始生产产品，首先面对的是生产成本，本书提出假设 3-6。

假设 3-6：集群 A 中每家厂商提供产品的边际成本为 C_A，集群外的厂商提供产品的边际成本为 C_B。

消费者在集群内或集群外企业购买商品的过程中面临旅行成本，消费者与企业间的距离决定着企业能否得到市场份额，基于此，本书提出假设 3-7～假设 3-10。

假设 3-7：消费者每次购买商品的旅行成本与距离企业或集群的距离成正比，单位距离上的附加成本为 t。

假设 3-8：在集群内部，消费者更换购买厂家不会再支付额外的旅行成本。

假设 3-9：科技型中小企业集群内部各企业均分集群获得的市场份额。

假设 3-10：消费者均匀分布在线性城市 $[0,1]$ 的区间内，分布密度为 1。

二、完全信息下是否进入集群的静态博弈

在完全信息条件下，企业 A 进入集群前的需求量为 $D_A=1-\lambda Q$，集群内单个企业的需求量为 $D_B=\lambda Q/n$，则消费者在消费选择中的均衡满足在集群内和集群

外的总价格相同：

$$P_A + C_C(1-\lambda Q) = P_B + C_C \frac{\lambda Q}{n} \tag{3-1}$$

$$\lambda = \frac{n(P_A - P_B + C_C)}{QC_C(n+1)} \tag{3-2}$$

其中，C_C 表示消费者购买产品的附加成本。那么企业 A 和集群 B 内企业的需求函数为

$$D_A(P_A, P_B) = 1 - \lambda Q = 1 - \frac{n(P_A - P_B + C_C)Q}{QC_C(n+1)} = 1 - \frac{n(P_A - P_B + C_C)}{C_C(n+1)} = \frac{nP_B - nP_A + C_C}{C_C(n+1)} \tag{3-3}$$

$$D_B(P_A, P_B) = \frac{\lambda Q}{n} = \frac{n(P_A - P_B + C_C)Q}{QC_C(n+1)n} = \frac{P_A - P_B + C_C}{C_C(n+1)} \tag{3-4}$$

则企业 A 进入集群前的利润和集群内单个企业的利润为

$$\pi_A(P_A, P_B) = (P_A - C_A)D_A(P_A, P_B) = (P_A - C_A)\frac{nP_B - nP_A + C_C}{C_C(n+1)} \tag{3-5}$$

$$\pi_B(P_A, P_B) = (P_B - C_B)D_B(P_A, P_B) = (P_B - C_B)\frac{P_A - P_B + C_C}{C_C(n+1)} \tag{3-6}$$

由于各厂商独立制定价格，为求厂商利润最大化，需对利润函数求导，利润最大化的一阶条件为

$$\frac{\partial \pi_A(P_A, P_B)}{\partial P_A} = \frac{\partial (P_A - C_A)\frac{nP_B - nP_A + C_C}{C_C(n+1)}}{\partial P_A} = \frac{nP_B + nC_A - 2nP_A + C_C}{C_C(n+1)} = 0 \tag{3-7}$$

$$\frac{\partial \pi_B(P_A, P_B)}{\partial P_B} = \frac{\partial (P_B - C_B)\frac{P_A - P_B + C_C}{C_C(n+1)}}{\partial P_B} = \frac{P_A - 2P_B + C_C + C_B}{C_C(n+1)} = 0 \tag{3-8}$$

则企业退出集群后与原集群内企业博弈的纳什均衡为

$$\begin{cases} P_A^* = \dfrac{2nC_A + nC_B + (n+2)C_C}{3n} \\ P_B^* = \dfrac{nC_A + 2nC_B + (2n+1)C_C}{3n} \end{cases} \tag{3-9}$$

则利润均衡解为

$$\begin{cases} \pi_A^* = (P_A^* - C_A)\dfrac{nP_B^* - nP_A^* + C_C}{C_C(n+1)} = \dfrac{[n(C_B - C_A) + (n+2)C_C]^2}{9n(n+1)C_C} \\ \pi_B^* = (P_B^* - C_B)\dfrac{P_A^* - P_B^* + C_C}{C_C(n+1)} = \dfrac{[n(C_A - C_B) + (2n+1)C_C]^2}{9n^2(n+1)C_C} \end{cases} \tag{3-10}$$

比较两均衡利润即可得出企业 A 是否进入集群的策略，即若 $\pi_A^* > \pi_B^*$，企业 A 将选择不进入集群；若 $\pi_A^* < \pi_B^*$，企业 A 将选择进入集群中；若 $\pi_A^* = \pi_B^*$，企业 A 将持保留态度，继续观测市场的变化。

集群剩余如下：

$$\begin{aligned}
&\pi_A^* - \pi_B^* \\
&= (P_A^* - C_A)\frac{nP_B^* - nP_A^* + C_C}{C_C(n+1)} - (P_B^* - C_B)\frac{P_A^* - P_B^* + C_C}{C_C(n+1)} \\
&= \frac{[n(C_B - C_A) + (n+2)C_C]^2}{9n(n+1)C_C} - \frac{[n(C_A - C_B) + (2n+1)C_C]^2}{9n^2(n+1)C_C} \\
&= \frac{n^2(1-n)(C_A - C_B)^2 + 2n(n^2 + 4n + 1)C_C(C_A - C_B) + (1 - n^3)C_C^2}{9n^2(n+1)C_C}
\end{aligned} \quad (3\text{-}11)$$

集群剩余即企业 A 进入集群时能够获得的额外收益，其中 $9n^2(n+1)C_C > 0$ 恒成立，分子则可视为 $(C_A - C_B)$ 的函数。科技型中小企业集群中存在规模经济，厂商的信息搜寻、交易、运输等成本都会降低，而在集群外则无法享受这些集群带来的"优惠"，因此可以推断，$C_A - C_B > 0$ 恒成立。

当 $\pi_A^* - \pi_B^* = 0$ 时，解方程可得

$$\begin{cases} \Delta C_1^* = (C_A - C_B)_1^* = \dfrac{(\sqrt{n} - 1)^2(n - \sqrt{n} - 1)C_C}{n(n-1)} \\ \Delta C_2^* = (C_A - C_B)_2^* = \dfrac{(\sqrt{n} + 1)^2(n + \sqrt{n} + 1)C_C}{n(n-1)} \end{cases} \quad (3\text{-}12)$$

根据方程结果，则当 $(C_A - C_B)_1^* < (C_A - C_B) < (C_A - C_B)_2^*$ 时，$\pi_A^* - \pi_B^* > 0$；当 $0 < (C_A - C_B) < (C_A - C_B)_1^*$ 或者 $(C_A - C_B)_2^* < (C_A - C_B)$ 时，$\pi_A^* - \pi_B^* < 0$。

由此可以得出企业选择是否进入集群决策的临界条件。解方程结果反映了集群内外企业的边际成本的差额与集群规模及消费者购买产品的附加成本之间的关系，根据这一关系，理性企业将在不同状态下做出不同的选择，其决策如表 3-1 所示。

表 3-1 理性企业进入集群的决策选择

企业	$\Delta C_1^* < \Delta C < \Delta C_2^*$	$0 < \Delta C < \Delta C_1^*$ 或 $\Delta C > \Delta C_2^*$	$\Delta C = \Delta C_1^*$ 或 $\Delta C = \Delta C_2^*$
集群外企业	变换位置，进入集群	继续在集群外经营	选择集群内外均可
潜在企业	选择进入集群内经营	独立于集群外经营	选择集群内外均可

可以看到，ΔC_1^* 和 ΔC_2^* 由集群规模和消费者购买产品的附加成本共同决定，而附加成本受到道路基础设施、燃油价格、距离等客观因素的影响，集群规模 n 则

取决于科技型中小企业的发展时间和发展趋势、行业发展环境和吸引力等因素。但这些因素并非企业个体能控制的内生变量,故企业能做的就是时刻关注这些因素的变化,从而做出理性决策。

将 ΔC_1^* 和 ΔC_2^* 看作 n 的函数,将 ΔC_1^* 和 ΔC_2^* 对 n 求导,可得

$$g(n)_1 = \frac{d\Delta C_1^*}{dn} = \frac{d\left[\left(\sqrt{n}-1\right)^2\left(n-\sqrt{n}-1\right)C_C \big/ n(n-1)\right]}{dn} = \frac{3n\sqrt{n}-4n+\sqrt{n}+2}{2n(\sqrt{n}+1)^2}C_C$$

(3-13)

$$g(n)_2 = \frac{d\Delta C_2^*}{dn} = \frac{d\left[\left(\sqrt{n}-1\right)^2\left(n+\sqrt{n}+1\right)C_C \big/ n(n-1)\right]}{dn} = \frac{3n\sqrt{n}-4n-\sqrt{n}+2}{2n(\sqrt{n}+1)^2}C_C$$

(3-14)

在集群规模 $n>1$ 的情况下,我们才能称企业集群存在,因此 $g(n)_1>0$,$g(n)_2<0$,则 ΔC_1^* 为增函数,ΔC_2^* 为减函数。

由于企业的边际成本是前定的,首先,当初始状态为 $\Delta C_1^*<\Delta C<\Delta C_2^*$ 时,企业 A 将选择进入企业集群中,集群规模会进一步扩大,随着 n 的增大,ΔC_1^* 也会逐渐增大,同时 ΔC_2^* 会逐渐减小,则企业 A 选择进入集群的决策范围越来越小。当 ΔC_1^* 或 ΔC_2^* 变化到与 ΔC 相等时,则企业 A 将不再选择进入企业集群中。其次,当 $0<\Delta C<\Delta C_1^*$ 或 $\Delta C>\Delta C_2^*$ 时,企业 A 将会留在集群外经营,甚至有企业选择退出集群,企业规模将会不断缩小,随着 n 的不断缩小,ΔC_1^* 不断缩小,ΔC_2^* 不断扩大,则企业 A 选择留在集群外的决策范围也越来越小,当 ΔC_1^* 或 ΔC_2^* 变化到与 ΔC 相等时,企业 A 将停止选择进入集群的决策。因此,企业集群在 $\Delta C=\Delta C_1^*$ 或 $\Delta C=\Delta C_2^*$ 时的状态为一个稳态的均衡,无论是进入集群的决策阶段还是留在集群外的决策阶段,都在不断向均衡状态趋近。在这种状态下,只有当技术进步使得企业边际成本产生变化,或是消费者购买产品的附加成本出现波动时,该均衡才会被打破,从而开始新一轮的博弈决策变化过程,直到达到新的均衡为止。

第二节 生产数量的决策机制研究

一、生产数量决策环境与基本假设

基于科技型中小企业集群市场环境的基本假设,集群内各企业生产单一非同质产品,集群内有足够多的生产企业,同时企业能够自由进入和退出,各企业能够自主定价。基于科技型中小企业生产数量的决策环境,本书提出假设 3-11。

假设 3-11：市场需求决定企业生产数量，单个企业生产决策受行业中其他企业生产决策的影响，并根据其他企业决策行为调整自身的生产定价，不同企业间生产决策信息由产品价格传递。

二、完全信息条件下的决策机制

以主营业务净收入作为企业绩效的衡量指标，可知

$$\begin{cases} R_i = P_i \times Q_i - C_i \\ Q_i = Q_i(P_i, P_{j(j \neq i)}) \\ C_i = C_i(Q_i) \end{cases} \quad (3\text{-}15)$$

其中，R_i 为第 i 家企业的主营业务净收入；P_i 为第 i 家企业的产品价格；Q_i 为第 i 家企业的产品生产数量；C_i 为第 i 家企业的生产固定成本。

不同企业生产决策存在迟滞效应，可得决策方程组：

$$\begin{cases} \dfrac{\partial R_i}{\partial P_i} = \dfrac{\partial Q_i}{\partial P_i} P_i + Q_i - \dfrac{\partial C_i}{\partial Q_i} \dfrac{\partial Q_i}{\partial P_i} = 0 \\ i = 1, 2, 3, \cdots, n \end{cases} \quad (3\text{-}16)$$

其中，n 为市场中总企业个数；排名顺序表示决策优先等级，如第 i 家企业决策要早于第 $i+1$ 家企业决策。决策较早的企业已经预知其他企业的跟随决策，故整体方程的最优解即为所有方程联立解。

所有企业面临线性的需求函数，且存在不变的边际成本，则净收入方程为

$$\begin{cases} R_i = P_i Q_i - C_i \\ Q_i = q_i - a_i P_i + \sum_{j=1, j \neq i}^{n} a_j P_j \\ C_i = c_i + b_i Q_i \end{cases} \quad (3\text{-}17)$$

其中，R_i、P_i、Q_i、C_i 分别为第 i 家企业的主营业务净收入、产品价格、产品生产数量、生产固定成本；其余均为常数。

由于利润函数为凹函数，那么一阶条件为利润最大化的充要条件：

$$\begin{pmatrix} -2a_1 & a_2 & \cdots & a_n \\ a_1 & -2a_2 & \cdots & a_n \\ \vdots & \vdots & & \vdots \\ a_1 & a_2 & \cdots & -2a_n \end{pmatrix} \begin{pmatrix} P_1 \\ P_2 \\ \vdots \\ P_n \end{pmatrix} = \begin{pmatrix} q_1 - b_1 a_1 \\ q_2 - b_2 a_2 \\ \vdots \\ q_n - b_n a_n \end{pmatrix} \quad （3\text{-}18）$$

容易发现，只要 $a_i \neq 0$，左边系数矩阵①就满秩，其存在逆矩阵；那么该方程存在唯一解：

$$\vec{p} = X^{-1} \times \vec{q} \tag{3-19}$$

根据价格可以确定均衡时的产量：

$$\begin{cases} \vec{Q} = \vec{q} + M\vec{p} \\ M = \begin{pmatrix} -a_1 & a_2 & \cdots & a_n \\ a_1 & -a_2 & \cdots & a_n \\ \vdots & \vdots & & \vdots \\ a_1 & a_2 & \cdots & -a_n \end{pmatrix} \end{cases} \tag{3-20}$$

第三节 科技创新的决策机制研究

科技型中小企业在集群中既存在合作关系，也存在激烈的竞争。作为科技型企业，科技创新是企业寻求生产与发展、提高竞争力的重要途径。在实际市场运行过程中，科技创新可按进入市场的时间先后分为领先创新和跟随创新。领先创新能够为企业带来技术先发优势，但也面临着高成本、长周期的问题。跟随创新能吸取领先创新者成功的经验和教训，破译或引进购买领先创新的核心技术和技术秘密，生产出在性质、质量、价格等方面具有竞争力的产品，但也面临着成本和市场份额的劣势。在企业决定科技创新的过程中，除考虑自身在研究、开发、设计、生产制造、销售等方面知识和能力的支持外，还必须考虑外部环境、产品类型、竞争态势、产品的创新程度等条件。因此，可用博弈论的相关内容，分析企业在科技创新中的决策过程。

一、科技创新环境与基本假设

根据科技型中小企业集群基本假设，集群内各企业以利润最大化为发展经营目标，以利润大小为衡量企业科技创新决策是否成功的重要标准，同时科技型中小企业在完全信息条件下完成是否进行科技创新的静态博弈选择。

基于科技型中小企业集群内企业科技创新环境，本书考虑这样一类产品市场，在创新之前，企业 A、企业 B 完全垄断某一类产品市场，在每一时间节点上，市场需求量均为 Q，两企业平分市场份额。企业 A、企业 B 为同一科技型中小企业集群中的企业，两企业在创新前的原产品是同质、同价、同成本的，价格、成本、

---

① 本书矩阵、向量涉及字母均用白体表示。

每件产品的利润为 P_{old}、C_{old}、R_{old}；由于企业 A、企业 B 相继开始科技创新，两企业新产品也是同质、同价、同成本的，价格、成本、每件产品的利润为 P_{new}、C_{new}、R_{new}，有 $R_{new} > R_{old}$。市场中成本、价格、利润、时间等数据和生产、利润函数为企业 A、企业 B 共知的信息。关于企业 A 和企业 B 的科技创新过程，本书提出假设 3-12。

假设 3-12：若企业 A 先开展科技创新，领先创新研发成本为 C_f，研发周期为 L_f，新产品在 L_f 时刻进入市场；企业 B 在企业 A 开始进行科技创新时获知这一消息，并考虑是否跟随创新，若决定跟随创新，则在 $t = b$ 时刻开始研发，研发成本为 C_s，研发周期为 L_s，有 $C_f > C_s$，$L_f > L_s$。企业 B 在企业 A 的新产品进行开发时便获知企业 A 将要开发新产品，但不知道企业 A 开发的新产品类型，直到企业 A 的新产品投入市场，企业 B 才知道企业 A 开发的新产品。产品的寿命周期为 L，寿命周期从企业 A 进行研发的时刻（即 $t = 0$）开始计算，产品寿命的终止受到很多因素影响，如其他新产品进入市场等因素。

二、完全信息条件下的创新利润均衡点

根据是否创新和创新先后，企业 A、企业 B 的创新过程包括三种情况，即均不创新、同时单独创新、企业 A 领先创新且企业 B 跟随创新。

（一）均不创新

若企业 A、企业 B 均不创新，在时间区间 $[0, L]$ 中有相同的利润：

$$R_A = R_B = \frac{Q}{2}(P_{old} - C_{old})L = \frac{Q}{2}R_{old}L \qquad (3-21)$$

其中，R_A、R_B 为企业 A、企业 B 在时间区间 $[0, L]$ 的利润总和；Q 为总产量。

（二）同时单独创新

首次科技创新的研发周期相同，均在 L_f 时刻将新产品投入市场，而在时间区间 $[0, L_f]$ 中，企业 A、企业 B 的客户均使用原产品，在 $[L_f, L]$ 使用新产品，两企业获得的利润相同：

$$\begin{aligned} R_A = R_B &= \frac{Q_{new}}{2}(P_{new} - C_{new})(L - L_f) + \frac{Q_{old}}{2}(P_{old} - C_{old})L_f - C_f \\ &= \frac{Q_{new}}{2}R_{new}(L - L_f) + \frac{Q_{old}}{2}R_{old}L_f - C_f \end{aligned} \qquad (3-22)$$

（三）企业 A 领先创新且企业 B 跟随创新

在跟随创新投资不变的前提下，假设企业 B 在 b 点开始跟随创新，因此企业 B 新产品进入市场的时刻为 $b+L_s$，企业 A 新产品进入市场的时刻为 L_f，如图 3-1 所示。

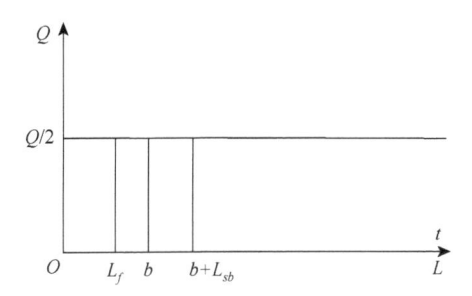

图 3-1　企业 A 领先创新且企业 B 跟随创新示意图

在不丧失客户的条件下，企业 A 的客户在区间 $[0, L_f]$ 中使用原产品，在区间 $[L_f, L]$ 使用新产品，企业 B 的客户在区间 $[0, b+L_s]$ 使用原产品，在区间 $[b+L_s, L]$ 使用新产品，则企业 A 的利润为

$$R_A = \frac{Q_{\text{new}}}{2}(P_{\text{new}} - C_{\text{new}})(L - L_f) + \frac{Q_{\text{old}}}{2}(P_{\text{old}} - C_{\text{old}})L_f - C_f$$
$$= \frac{Q_{\text{new}}}{2}R_{\text{new}}(L - L_f) + \frac{Q_{\text{old}}}{2}R_{\text{old}}L_f - C_f$$
（3-23）

可见，此时企业 A 的利润水平与企业 A、企业 B 两企业同时创新的利润相同。企业 B 的利润为

$$R_B = \frac{Q_{\text{new}}}{2}(P_{\text{new}} - C_{\text{new}})(L - b - L_s) + \frac{Q_{\text{old}}}{2}(P_{\text{old}} - C_{\text{old}})(b + L_s) - C_s$$
$$= \frac{Q_{\text{new}}}{2}R_{\text{new}}(L - b - L_s) + \frac{Q_{\text{old}}}{2}R_{\text{old}}(b + L_s) - C_s$$
（3-24）

在不丧失客户的条件下，当 $R_A = R_B$ 时，市场出现均衡：

$$R_A = R_B = \frac{Q_{\text{new}}}{2}R_{\text{new}}(L - L_f) + \frac{Q_{\text{old}}}{2}R_{\text{old}}L_f - C_f$$
$$= \frac{Q_{\text{new}}}{2}R_{\text{new}}(L - b - L_s) + \frac{Q_{\text{old}}}{2}R_{\text{old}}(b + L_s) - C_s$$
（3-25）

前文已经假设市场生产总量和销售总量始终为 Q，则 $Q_{\text{new}} = Q_{\text{old}} = Q$，有

$$\frac{Q}{2}(R_{old} - R_{new})L_f - C_f = \frac{Q}{2}(R_{old} - R_{new})(b + L_s) - C_s \quad （3-26）$$

$$b = \frac{2(C_f - C_s)}{Q(R_{new} - R_{old})} + L_f - L_s \quad （3-27）$$

如果企业 B 在企业 A 的新产品进入市场后立即开始模仿，即 $b = L_f$，则利润均衡条件为

$$C_f - C_s = \frac{Q(R_{new} - R_{old})}{2} \quad （3-28）$$

由于企业 B 的利润为

$$\begin{aligned} R_B &= \frac{Q_{new}}{2}(P_{new} - C_{new})(L - b - L_s) + \frac{Q_{old}}{2}(P_{old} - C_{old})(b + L_s) - C_s \\ &= \frac{Q_{new}}{2}R_{new}(L - b - L_s) + \frac{Q_{old}}{2}R_{old}(b + L_s) - C_s \\ &= \frac{Q}{2}b(R_{old} - R_{new}) + \frac{Q}{2}R_{new}(L - L_s) + \frac{Q}{2}R_{old}L_s - C_s \end{aligned} \quad （3-29）$$

其中，$R_{old} - R_{new} < 0$，$b \geqslant L_f$，故 $b = L_f$ 时，企业 B 的利润最大。

三、竞争条件下科技创新的博弈分析

在完全信息条件下，企业 A 和企业 B 的博弈矩阵如表 3-2 所示。

表 3-2　完全信息条件下企业 A 和企业 B 的博弈矩阵

企业创新选择		企业 B	
		创新	不创新
企业 A	创新	（R_1, R_2）	（R_1, R_3）
	不创新	（R_3, R_1）	（R_3, R_3）

其中，

$$R_1 = \frac{Q}{2}R_{new}(L - L_f) + \frac{Q}{2}R_{old}L_f - C_f$$

$$R_2 = \frac{Q}{2}R_{new}(L - L_f - L_s) + \frac{Q}{2}R_{old}(L_f + L_s) - C_s \quad （3-30）$$

$$R_3 = \frac{Q}{2}R_{old}L$$

企业 A 不创新而企业 B 创新时，可理解为企业 A 不创新，而企业 B 领先创新，因此存在以下三种均衡情况。

（1）当 $R_1 > R_3$ 时，企业 A 选择领先创新为最优策略，而企业 B 有跟随创新和不跟随创新两种选择。当 $R_2 > R_3$ 时，企业 B 选择跟随创新，均衡点为（创新，创新）；当 $R_2 < R_3$ 时，企业 B 选择不跟随创新，均衡点为（创新，不创新）；当 $R_2 = R_3$ 时，企业 B 选择跟随创新或者不跟随创新的结果相同，均衡点为（创新，创新）、（创新，不创新）。

（2）当 $R_1 < R_3$ 时，企业 A 的选择为不创新，则企业 B 面临领先创新或者不创新两个选择，由于 $R_1 < R_3$，则企业 B 同样选择不创新，因此均衡点为（不创新，不创新）。

（3）当 $R_1 = R_3$ 时，企业 A 选择领先创新或者不创新的利润一致，而企业 B 面临三种选择，即创新、不创新、无所谓。首先，当 $R_2 > R_3 = R_1$ 时，企业 B 选择创新，则均衡点为（创新，创新）、（不创新，创新）；其次，当 $R_2 < R_3 = R_1$ 时，企业 B 选择不创新，则均衡点为（创新，不创新）、（不创新，不创新）；当 $R_2 = R_3 = R_1$ 时，企业 B 选择创新或者不创新的利润一致，无法判断企业 A 和企业 B 是否选择创新。

第四节 退出集群的决策机制研究

科技型中小企业集群是多个相同或相关科技型中小企业在地理上集聚发展而来的企业集群，集群内各企业能自由进入集群或者退出集群，已经在集群内的企业是否退出、何时退出集群也需要科技型中小企业做出决策。

一、退出类型与退出成本

（一）退出类型

根据企业退出集群的方式，退出可分为被动退出和主动退出。被动退出是由于市场演变和企业自身经营，企业面临破产或者经营困难，就会被动地退出企业集群。主动退出是由于企业自身发展战略的转变，或者政府产业政策的实施或者转变，企业根据自身发展规划和企业政策，主动选择退出企业集群，单独经营或者开辟新的产品。

（二）退出成本

企业退出集群的退出成本主要包括以下两个方面。

（1）企业退出集群，可能会丧失原有客户，导致企业的销售额下降。

（2）企业退出集群，原有共享基础设施和服务不能共同获得，因此需要投入更多成本来保证生产和销售。

基于科技型中小企业退出集群的类型和成本，科技型中小企业集群内企业是否退出集群的假设同假设 3-2～假设 3-5。

二、完全信息下的静态博弈

在完全信息条件下，企业 A 退出集群后需求量为 $D_A = 1 - \lambda Q$，集群内单个企业的需求量为 $D_B = \lambda Q / n$，则消费者在消费选择中的均衡满足在集群内和集群外的总价格相同：

$$P_A + C_C(1-\lambda Q) = P_B + C_C \frac{\lambda Q}{n} \quad (3-31)$$

$$\lambda = \frac{n(P_A - P_B + C_C)}{QC_C(n+1)} \quad (3-32)$$

则企业 A 和集群内企业的需求函数为

$$D_A(P_A, P_B) = 1 - \lambda Q = 1 - \frac{n(P_A - P_B + C_C)Q}{QC_C(n+1)} = 1 - \frac{n(P_A - P_B + C_C)}{C_C(n+1)} = \frac{nP_B - nP_A + C_C}{C_C(n+1)} \quad (3-33)$$

$$D_B(P_A, P_B) = \frac{\lambda Q}{n} = \frac{n(P_A - P_B + C_C)Q}{QC_C(n+1)n} = \frac{P_A - P_B + C_C}{C_C(n+1)} \quad (3-34)$$

则企业 A 退出集群后的利润和集群内单个企业的利润为

$$\pi_A(P_A, P_B) = (P_A - C_A)D_A(P_A, P_B) = (P_A - C_A)\frac{nP_B - nP_A + C_C}{C_C(n+1)} \quad (3-35)$$

$$\pi_B(P_A, P_B) = (P_B - C_B)D_B(P_A, P_B) = (P_B - C_B)\frac{P_A - P_B + C_C}{C_C(n+1)} \quad (3-36)$$

由于各厂商独立制定价格，为求厂商利润最大化，需对利润函数求导，利润最大化的一阶条件为

$$\frac{\partial \pi_A(P_A, P_B)}{\partial P_A} = \frac{\partial (P_A - C_A)\frac{nP_B - nP_A + C_C}{C_C(n+1)}}{\partial P_A} = \frac{nP_B + nC_A - 2nP_A + C_C}{C_C(n+1)} = 0 \quad (3-37)$$

$$\frac{\partial \pi_B(P_A, P_B)}{\partial P_B} = \frac{\partial (P_B - C_B)\frac{P_A - P_B + C_C}{C_C(n+1)}}{\partial P_B} = \frac{P_A - 2P_B + C_C + C_B}{C_C(n+1)} = 0 \quad (3-38)$$

则企业退出集群后与原集群内企业博弈的纳什均衡为

$$\begin{cases} P_A^* = \dfrac{2nC_A + nC_B + (n+2)C_C}{3n} \\ P_B^* = \dfrac{nC_A + 2nC_B + (2n+1)C_C}{3n} \end{cases} \quad (3\text{-}39)$$

则利润均衡解为

$$\begin{cases} \pi_A^* = (P_A^* - C_A)\dfrac{nP_B^* - nP_A^* + C_C}{C_C(n+1)} = \dfrac{[n(C_B - C_A) + (n+2)C_C]^2}{9n(n+1)C_C} \\ \pi_B^* = (P_B^* - C_B)\dfrac{P_A^* - P_B^* + C_C}{C_C(n+1)} = \dfrac{[n(C_A - C_B) + (2n+1)C_C]^2}{9n^2(n+1)C_C} \end{cases} \quad (3\text{-}40)$$

比较两均衡利润即可得出企业 A 是否退出集群的策略，即若 $\pi_A^* > \pi_B^*$，企业 A 将选择退出集群；若 $\pi_A^* < \pi_B^*$，企业 A 将选择留在集群中；若 $\pi_A^* = \pi_B^*$，企业 A 将持保留态度，继续观测市场的变化。

$$\begin{aligned} &\pi_A^* - \pi_B^* \\ &= (P_A^* - C_A)\dfrac{nP_B^* - nP_A^* + C_C}{C_C(n+1)} - (P_B^* - C_B)\dfrac{P_A^* - P_B^* + C_C}{C_C(n+1)} \\ &= \dfrac{[n(C_B - C_A) + (n+2)C_C]^2}{9n(n+1)C_C} - \dfrac{[n(C_A - C_B) + (2n+1)C_C]^2}{9n^2(n+1)C_C} \\ &= \dfrac{n^2(1-n)(C_A - C_B)^2 + 2n(n^2 + 4n+1)C_C(C_A - C_B) + (1-n^3)C_C}{9n^2(n+1)C_C} \end{aligned} \quad (3\text{-}41)$$

企业 A 退出集群时能够获得的额外收益中 $9n^2(n+1)C_C > 0$ 恒成立，式（3-41）的分子则可视为 $(C_A - C_B)$ 的函数。科技型中小企业集群中存在规模经济，厂商的信息搜寻、交易、运输等成本都会降低，而在集群外则无法享受这些集群带来的"优惠"，因此可以推断，$C_A - C_B > 0$ 恒成立。

当 $\pi_A^* - \pi_B^* = 0$ 时，解方程可得

$$\begin{cases} (C_A - C_B)_1^* = \dfrac{(\sqrt{n}-1)^2(n-\sqrt{n}-1)C_C}{n(n-1)} \\ (C_A - C_B)_2^* = \dfrac{(\sqrt{n}+1)^2(n+\sqrt{n}+1)C_C}{n(n-1)} \end{cases} \quad (3\text{-}42)$$

则当 $(C_A - C_B)_1^* < (C_A - C_B) < (C_A - C_B)_2^*$ 时，$\pi_A^* - \pi_B^* > 0$；当 $0 < (C_A - C_B) < (C_A - C_B)_1^*$ 或者 $(C_A - C_B)_2^* < (C_A - C_B)$ 时，$\pi_A^* - \pi_B^* < 0$。

由此可以得出企业选择是否退出集群决策的临界条件。解方程结果反映了集群内外企业的边际成本的差额与集群规模及消费者购买产品的附加成本之间的关系，根据这一关系，理性企业将在不同状态下做出不同的选择，其决策如表 3-3 所示。

表 3-3　理性企业退出集群的决策选择

$\Delta C_1^* < \Delta C < \Delta C_2^*$	$0 < \Delta C < \Delta C_1^*$ 或 $\Delta C > \Delta C_2^*$	$\Delta C = \Delta C_1^*$ 或 $\Delta C = \Delta C_2^*$
继续在集群中经营	退出集群，独立经营	选择集群内外均可

可以看到，ΔC_1^* 和 ΔC_2^* 由集群规模和消费者购买产品的附加成本共同决定，而附加成本受到道路基础设施、燃油价格、距离等客观因素的影响，集群规模 n 则取决于科技型中小企业的发展时间和发展趋势、行业发展环境和吸引力等因素。但这些因素并非企业个体能控制的内生变量，故企业能做的就是时刻关注这些因素的变化，从而做出理性决策。

将 ΔC_1^* 和 ΔC_2^* 看作 n 的函数，将 ΔC_1^* 和 ΔC_2^* 对 n 求导，可得

$$g(n)_1 = \frac{d\Delta C_1^*}{dn} = \frac{d\left[\frac{(\sqrt{n}-1)^2(n-\sqrt{n}-1)C_C}{n(n-1)}\right]}{dn} = \frac{3n\sqrt{n}-4n+\sqrt{n}+2}{2n(\sqrt{n}+1)^2}C_C \quad (3-43)$$

$$g(n)_2 = \frac{d\Delta C_2^*}{dn} = \frac{d\left[\frac{(\sqrt{n}+1)^2(n+\sqrt{n}+1)C_C}{n(n-1)}\right]}{dn} = \frac{3-n\sqrt{n}-4n-\sqrt{n}+2}{2n^2(\sqrt{n}+1)^2}C_C \quad (3-44)$$

在集群规模 $n > 1$ 的情况下，我们才能称企业集群存在，因此 $g(n)_1 > 0$，$g(n)_2 < 0$，则 ΔC_1^* 为增函数，ΔC_2^* 为减函数。

由于企业的边际成本是前定的，首先，当初始状态为 $\Delta C_1^* < \Delta C < \Delta C_2^*$ 时，企业 A 将选择继续留在企业集群中，而且集群外的企业还会选择进入集群，集群的规模会进一步扩大，随着 n 的增大，ΔC_1^* 也会逐渐增大，同时 ΔC_2^* 会逐渐减小，则企业 A 选择留在企业的决策范围越来越小。当 ΔC_1^* 或 ΔC_2^* 变化到与 ΔC 相等时，则企业 A 将不再留在企业集群中。其次，当 $0 < \Delta C < \Delta C_1^*$ 或 $\Delta C > \Delta C_2^*$ 时，企业 A 将会退出集群，同时企业规模将会不断缩小，随着 n 的不断缩小，ΔC_1^* 不断缩小，ΔC_2^* 不断扩大，则企业 A 选择退出集群的决策范围也越来越小，当 ΔC_1^* 或 ΔC_2^* 变

化到与 ΔC 相等时,企业 A 将停止选择退出集群的决策。因此,企业集群在 $\Delta C=\Delta C_1^*$ 或 $\Delta C=\Delta C_2^*$ 时的状态为一个稳态均衡。无论是保留在集群的决策阶段还是在退出集群的决策阶段,都在不断向均衡状态趋近。只有当技术进步使得企业边际成本产生变化,或是消费者购买产品的附加成本出现波动时,该均衡才会被打破,从而开始新一轮的博弈决策变化过程,直到达到新的均衡为止。

第四章 科技型中小企业集群的群体智能涌现的环境调控

尽管科技型中小企业集群的群体智能涌现具有自发性质,但绝不意味着完全排斥人为主观的影响和政府的积极作用,而是要求人们采用新的设计工具和理念来管理智能涌现的过程。科技型中小企业位于创新系统边缘,调整更加灵活,对外界环境变化更加敏感,是颠覆性创新的侦察兵、先行者,因此科技型中小企业集群的群体智能涌现更加依赖于它所处的环境条件,只有"在适当的环境中,群体的智慧才有可能大于群体中最优秀的个体"。将群体智能应用到科技型中小企业集群研究的关键集中在两个方面:一是探讨组织群体内或群体间的相互关系;二是探讨组织与环境之间的关系。通过对环境的设计和管理可以间接地影响智能涌现的动态过程。

如果将科技型中小企业集群演进看成一种智能涌现,那么企业与环境之间的关系不是对立的,而是协同的、合作的、互动的。集群内企业所面临的外部环境因素错综复杂,良好的群外环境是科技型中小企业集群的群体智能涌现的必要外部条件。环境设计在一定程度上可以类比为经济学中的机制设计。

从群体智能视角看科技型中小企业集群演进,应该是一种群体无中心现象。从表面看,群体智能视角下的科技型中小企业进化似乎呈现出一种管理"失控"的状态,充满了不确定性和不可控性。然而,这种看似没有全局目的性和中央控制者的管理"失控"状态,却能够造就众多个体在同一环境中组合起来涌现出群体智能,使得企业集群内的企业个体能够快速地、灵活地响应动态变化的环境。群体智能理论认为,"无须一个核心指挥者来监督整个自组织过程,需要的只是一套适当且简单的局部规则"。这种管理"失控"状态恰恰是科技型中小企业集群演进的动力和创新的源泉。因此,科技型中小企业集群演进的外部环境和内部规制对企业集群的良好运转至关重要,通过两者的共同作用能够激发集群的智能涌现并推动集群演进。

第一节 科技型中小企业集群的群体智能涌现与环境的关系

企业通过正式或非正式的契约发生联系,进而形成比较稳定的伙伴关系就是一种集群存在的形式,这时的企业集群构成了一个系统,这一系统内各个企业构成了集群系统的子系统，每一个子系统都能以自身为出发点，利用自身的资源与能力来发展或完善自己。许多企业的自我成长都是利用自身的资源来成长壮大，提升自身竞争能力的，这实际上构成了一种企业自循环。在图 4-1 中，企业 A 依靠自身所拥有的资源（人力、财力、设备、管理等），通过自身各部门之间的相互配合、相互合作来增强与扩大自身规模，这是企业自循环的过程。在此过程中，起主导作用的是企业自身的核心能力，企业利用自身的核心能力使之与其他企业资源匹配，充分发挥其他资源的效率来增强自身竞争优势，从而使自己发展与壮大。

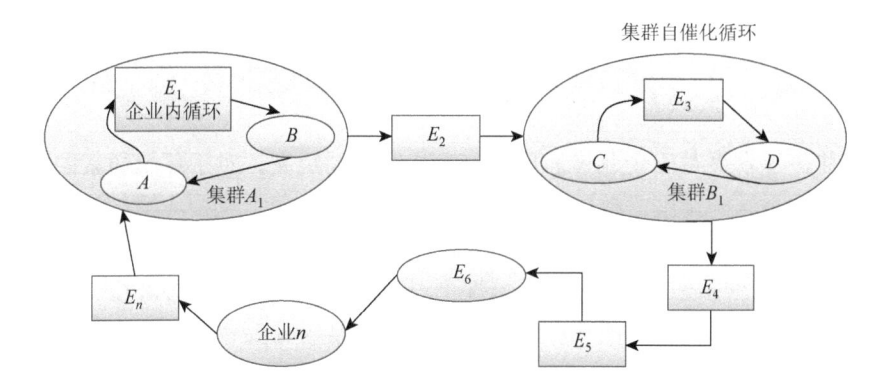

图 4-1　科技型中小企业集群演进的交叉催化循环

$E_1 \sim E_n$ 表示不同的环境，既包括内部环境，也包括外部环境

同时，集群内企业之间通过相互竞争、相互合作不断产生非线性相互作用，它必须从外界环境中的其他企业吸收原材料、设备、资金、人员等资源，同时把自身生产的产品服务输送给客户或其他企业，这些企业之间的相互合作与竞争所形成的联系就构成了一个新的经营环境与环境系统，即集群的外部环境。企业集群向外部环境吸收负熵，排出正熵，对环境产生影响，并通过新的环境系统与其他集群发生联系。在图 4-1 中，集群 A_1 内企业与外部环境 E_1 发生物质、能量、信息的交换，通过自身的经营来影响企业 B 的经营，它们之间有可能是供应关系、竞争关系或其他关系，这是一种交叉催化作用。企业 A 和企业 B 在长时间的相互作用、相互影响过程中，通过正式的或非正式的契约形成一种伙伴关系，这种伙伴关系就形成了集群 A_1。企业 A 和企业 B 之间通过资源互补、相互学习、核心能力的相互支持及伙伴之间的有效合作与竞争关系，使得集群 A_1 的资源得到更合理的、更有效的配置，在集群内部形成一种集群自催化循环。

在图 4-1 中，集群 A_1 同外界环境进行着物质、能量、信息的交换，通过外部环境 E_2 与集群 B_1 发生作用，进行竞争或交换资源等活动，影响着集群 B_1 的发展。这一过程是集群间的交叉催化循环过程。在交叉催化循环过程的影响下，集群 B_1

通过自身资源的重新配置形成新的自催化循环。这一自催化循环又会对环境 $E_1, E_2, \cdots, E_n$ 产生影响，进而对集群 A_1 产生作用，影响 A_1 的发展。企业个体与环境和其他企业之间进行的循环交互，不仅推动集群 A_1 和集群 B_1 向更高层次的系统循环演进，而且让企业 A、企业 B、企业 C、企业 D……都能从自己的行为及与其他企业的协同中，寻找到更加适合环境的优化方案，这就形成了集群演进的交叉催化循环过程。这一过程不断循环下去最终形成企业个体和环境之间及企业个体之间的共同适应。正是这种自循环与交叉催化循环的作用使得企业集群向更高层次演进[11]。

第二节 科技型中小企业集群演进的环境因素

目前，学术界对于企业集群环境并没有统一的定义。对于环境要素的分类，也存在多种不同的角度：按照集群与环境的关系可以分为重要环境与次要环境；按照环境对集群的影响可以分为有利环境与不利环境；按照环境的形成可以分为自生环境与人工环境；按照环境的属性可以分为自然环境与社会环境。对科技型中小企业集群演进的智能涌现产生影响的环境因素，主要包括地理区位环境、法制政策环境、社会文化环境、技术环境、市场环境等。这些环境因素又可分类为宏观、中观和微观三个层次，它们相互交织、相互作用、相互制约而构成有机整体，见图 4-2。

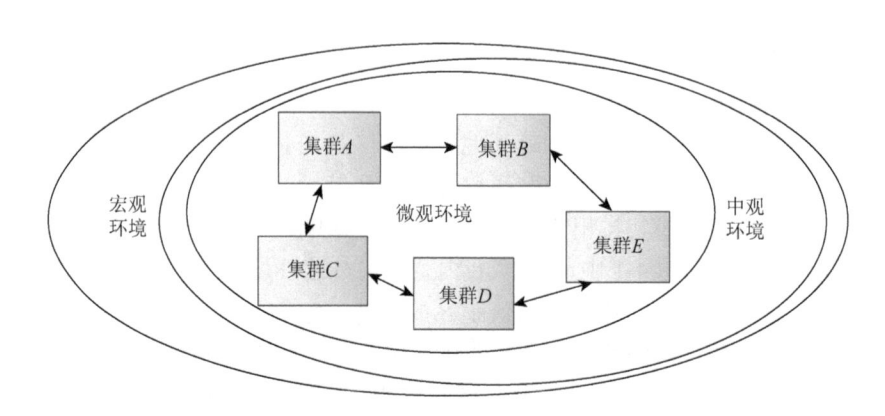

图 4-2 集群演进的环境因素

一、宏观环境因素

科技型中小企业集群演进的宏观环境包括需求环境、制度环境、法律和政策环境、基础设施环境、人文环境等因素。

（一）需求环境

需求环境是一个触发因素，可促使某一集群在一个特殊地域生成，再加上环境中政策、市场、社会文化、技术等重要因子的支持，往往能够推动企业集群迅速而优质地成长起来。科技型中小企业绝大部分分布在高新技术产业和战略性新兴产业，其产品具有明显的高科技属性、市场专有性与消费客群定向性。一方面，企业对于环境的要求相对于其他行业中小企业更高，集群演进式的成长使其未来成长空间更大。另一方面，高科技产品的高更新与高替代特点，也使得科技型中小企业所面临的需求市场异常活跃，从而带给其产品研发与创新的压力也较其他行业中小企业要大。因此，能否准确而及时地把握来自需求环境中的变化趋势，成为决定科技型中小企业能否在激烈的市场竞争中生存发展的关键。

（二）制度环境

经济区域的制度环境会对科技型中小企业集群演进产生重要影响。例如，地方保护主义实力的削减会为企业的生产专业化与物流规模化创造有利条件。与其他国家或国际组织签订的双边或者多边协议，可为科技型中小企业集群开拓出更具国际价值链、国际产业链取向的发展空间。发达国家的发展实践表明，良好的制度环境是科技型中小企业实现集群演进的保障，而制度缺陷是阻碍高科技产业发展的最主要因素。制度环境在技术创新集群演化的全过程中都很重要。作为技术创新环节的最终实现者，科技型中小企业在很大程度上决定了一个区域的高新技术发展水平，其中涵盖了与人力资本、智力资本、信息资本等密切相关的网络型要素，也意味着产业制度、信用制度、市场机制、宽松的行业准入、市场秩序、市场体系等政策型要素的配置，这些都是科技型中小企业集群演进中不可缺少的要素。

（三）法律和政策环境

科技型中小企业集群演进离不开健全的法律体系与有利的政策环境。区域内各项优势要素的有机整合与适时应用，除了网络化成员企业之间的通力协作以外，更需要外部的法律保障与政策支持。完善的法律和政策环境为科技型中小企业集群演进的其他宏观环境的实施提供保障，而其他宏观环境又影响着科技型中小企业政策制度的内容与目标。因此，可以从法律环境和政策环境两方面建立科技型中小企业集群演进的外层网络层。对科技型中小企业而言，在实现集群演进的过程中如何科学界定成员企业之间的产权关系与竞合领域，如何准确地划分彼此之间的利益分配与风险责任，都需要借助公司法、财产法、公平竞争法、破产法等系统的法律架构加以理顺和框定。此外，包括产业、金融、财政、税收、外贸等经济政策在内的政策环境，也是影响科技型中小企业集群演进的重要宏观环境因素。

（四）基础设施环境

创新资源集聚的地区往往是交通便利、通信设备先进、公共服务完备的地区。因此，区域的交通、通信等公共设施建设影响创新资源的流动。科技型中小企业集群演进尤其需要高效信息网的搭建与运转。由于科技型中小企业的自身规模与成长需要，在发展过程中会逐渐形成相互集聚与依赖的业态特征。经营性质与成长环境的类似必然会促使一定区域内的科技型中小企业加强彼此之间的信息沟通与联络，以增强对外界变化的迅速响应能力。借助于互联网与各企业之间建立起来的沟通渠道，有关业界信息与政策指令将能够及时到达各科技型中小企业，从而提高其决策的针对性与准确率，为自身的成长与未来集群内企业的成长构筑必要的信息互通平台。提高科技型中小企业集群的信息资源共享能力，能够满足其快速健康成长与集群对业界信息日益增长的迫切需要。

（五）人文环境

科技型中小企业集群演进与地域的文化背景、人文价值观念密切联系。地域群体的家庭观念、教育观念、经济观念、接受挑战和冒险意识等对该区域内的集群行为影响深远。青年一代的创新和接受新事物的意识尤为重要。例如，硅谷地区青年的一个最大特点就是，他们摒弃了传统的对雇主忠诚的思维模式，孜孜不倦地追求在创造中实现自身的价值。人文环境在科技型中小企业集群的成长阶段尤为重要。

二、中观环境因素

科技型中小企业集群演进的中观环境包括科技创新资源、专业人才吸纳能力、与外界的关联程度、创业投资状况等因素。

（一）科技创新资源

对于技术创新来说，区域内科技创新始发资源拥有的多少和强度直接影响该区域对其他技术创新资源的集聚能力，因为在信息经济时代，经济的发展直接依赖于知识的生产、组织、传播与应用，而技术由于自身的价值倍增效应，对资本、人才等的吸附力越来越强。其中，与产业界密切结合的研究型大学对科技型中小企业集群演进特别是集群式创新十分重要。科技创新始发资源在集群的形成阶段、成长阶段及更新阶段都很重要。企业集群持续成长过程是集群不断创新的过程，其中，集群技术创新是一项需要大量资金的复杂技术经济活动。集群保持较大的开放性和弹性，使各种资源要素能够合理流动和优化组合，有助于保持集群持续的创新能力和竞争能力。

（二）专业人才吸纳能力

高素质人才是企业集群实现持续技术创新的关键要素，也是集群技术创新系统的重要支撑力量。对于企业集群演进而言，信息、技术、资金等成长要素的调动与嵌入都依赖于专业化人才的有效运用与科学操控。由于科技型中小企业的规模有限，对于专业化人才的占有能力也必然逊色于大型企业，但如果能够借助于优秀科技型中小企业所显现出来的强劲成长实力与价值实现平台，结合其在集群演进过程中能够提供的更大发展空间，将必然会吸引国内外众多优秀专业人才加盟。因此，科技型中小企业应整合各种有利资源要素，为专业化的人才进驻与固着创造良好的环境。只有人力资源与科研实力实现质的突破，才能为科技型中小企业集群演进铺垫坚实的智能性基础。

（三）与外界的关联程度

根据现代价值链理论，如果一个企业集群能够成为国内产业链的一部分，其产品市场将可以得到充分扩展；如果一个企业集群能够嵌入全球价值链中，成为全球价值链的一部分，则将带动其产品拥有更大的市场，从而为企业集群的持续成长打下基础。随着信息网络技术的不断发展和社会开放程度的逐步提高，科技型中小企业与外界联系越来越紧密，其若要实现网络成长，创建高效的外部联络体系就是必要的现实保证。与以往相比，科技产品的国内外市场竞争越来越激烈，科技产品的技术标准越来越高，只有注重和加强与业界及外部的联系和紧密合作，不断与来自市场、政府、研发，以及法律、税务、培训等的外界资源相整合，形成行之有效的制度网络与机制链条，使各项制度机制与资源要素在空间上并存、在环节上紧扣、在功能上互补，才能为科技型中小企业的集群演进提供坚实的外部联络体制，实现制度架构和机制平台的有效结合。

（四）创业投资状况

创业投资是指高新技术产业化过程中科技成果或发明在商品化、产业化和市场化阶段和环节的资本投入，具有明显的阶段性。风险投资与一般产业投资的区别主要在于它集中于对高新技术成果的产业化起步环节或阶段进行创业投资。在科技型中小企业集群的成长阶段，科技型中小企业大量衍生和大量涌入（加入集群），因此这一阶段风险投资最为重要。

三、微观环境因素

科技型中小企业集群演进的微观环境主要涉及集群内和企业间的信任机制、协同行动、竞争行为、产品及业务的互补性等因素。

（一）信任机制

科技型中小企业集群中由于信任的强化，聚集在一起而彼此接近的企业可以有机会进行较长时间的密切接触，从而有助于企业建立长期而稳固的合作关系，进而降低交易成本。在集群演进过程中，合作节点之间的交易是基于充分信任的互动合作，合作者必须遵守业已建立的行为规范和其他合作者对它的期望，指导合作者行动，企业通过充满弹性的网络模式强化信任与合作的基础。

（二）协同行动

外部经济虽然对科技型中小企业集群演进十分重要，但仅有外部性是不够的，集群要形成真正竞争力还必须重视协同行动。协同性是指集群系统作为整体，具有组成部分不具有的新功能，即产生"1＋1＞2"的效果。有意识的协同能够给集群内企业带来利益趋同与强烈的目标导向。集群内企业之间通过组成正式或非正式的关系，产生联合行动的协同效应，通过有效的群体规则，企业可以在分担研发成本、分散经营风险、增强核心能力等方面获得联合行动带来的协同效应，最终实现群体优势要素资源的高度整合。

(三)竞争行为

科技型中小企业集群的空间集中,提高了竞争强度,同行竞争更趋激烈,迫使科技型中小企业不断创新和降低成本,更为注重产品及业务的性能价格比,更有效地满足和提高目标客户的需求与满意度,提升集群演进所带来的智能涌现效应。同时,集群内竞争障碍的减少和上位意识的作用,会不断出现强有力的新竞争者,随之而来的是创新思想前向、后向、横向传递的模仿效应,使得科技型中小企业始终保持足够的动力及高度的警觉和灵敏性,最终使集群依靠伙伴关系在竞争中成长壮大。

(四)产品及业务的互补性

科技型中小企业集群内企业的互补性可以延展至产品及业务等各个领域,企业的产品质量可以通过互补性得到提高,从服务传递到产品设计、后勤、售后等都能体现出互补效应。在实践中,科技型中小企业集群拥有的各类资源,通过市场机制在集群内企业间实现合理配置,可以使各个企业的被闲置资源发挥最大效用,促进业务单元或者价值链的垂直和水平合作,增强企业和整个价值链的竞争力。

第三节 科技型中小企业集群演进的环境优化

发达国家的经验表明,成长性良好的企业集群除了基于亲缘、友情和诚信上的协同关系外,还得益于企业家的市场机会、洞察力和不断开拓新事业的精神,以及共同参与企业协同民主管理。政府的直接干预比较少,集群内企业能够根据市场、环境的变化,灵活地调整自身的经营策略、合作与竞争行为,组成多层次、多功能的结构。集群在行业协会和政府的帮助下,不断地学习并对其层次结构与功能结构进行重组及完善,促使集群系统从无序进化到有序、从低级进化到高级。

科技型中小企业集群内企业与集群外环境之间存在的协同适应过程在本质上是一个优化过程。对它们之间协同创新关系的定量化描述就成为优化集群演进环境的理论基础。"依据系统的整体性,如果真正能够最大限度地控制其中的一个变量,那么就可以间接地控制其他所有变量"[159]。科技型中小企业集群演进的环境优化目标,是达到德里希·哈耶克所说的"自发的秩序"。

设定科技型中小企业集群内企业与集群外环境之间的适应过程的时间阶段为 $t = 1, 2, \cdots, T$。将科技型中小企业集群的结构描述为一个长度为 L 的集合

$A = \{A_1, A_2, \cdots, A_L\}$，集合中任一元素的可能取值，代表其中某个企业可能存在的状态，描述为（$A_i = \{a_{i1}, a_{i2}, \cdots, a_{ik_i}\}$，$i = 1, 2, \cdots, L$，$K_i$ 表示第 i 位可能取值的数量）。所有元素取值的组合构成了科技型中小企业集群可能存在的整体结构最大空间，故有

$$\Omega = A_1 \times A_2 \times \cdots \times A_L = \prod_1^L A_i \quad (4\text{-}1)$$

下面运算中将使用到的符号见表 4-1。

表 4-1　运算符号

符号	符号含义
t	某一个特定的时间阶段
$A(t)$	处于阶段 t 的集群内企业结构
$E(t)$	处于阶段 t 的综合环境，包括地理区位环境（$E_1(t)$）、法制政策环境（$E_2(t)$）、社会人文环境（$E_3(t)$）、技术环境（$E_4(t)$）、市场环境（$E_5(t)$）等。$E(t)=E_1(t) \times E_2(t) \times E_3(t) \times E_4(t) \times E_5(t)$；随着时间发展，不同环境因素的优劣状况也在发生变化，因此综合环境 $E(t)$ 所体现的信息也会随之变化，并对中小企业集群的发展产生影响
$I(t)$	环境提供的信息；$I(t) = I_1(t) \times I_2(t) \times I_3(t) \times I_4(t) \times I_5(t)$；对于各类环境状态的评价结果采用{好,中,差}来体现
τ_t	在阶段 t 采用的适应计划（推动集群演进的行为）
$M_E(t)$	历史环境提供的信息，可以表示为 $M_E(t) = (I(1), I(2), \cdots, I(t-1))$
u_E	集群内企业结构 $A(t)$ 对综合环境 $E(t)$ 的适应性指数
$U(t)$	集群的适应性指数
$M_\tau(t)$	历史选择，可以表示为 $M_\tau(t) = (\tau(1), \tau(2), \cdots, \tau(t-1), \tau(t))$

在适应计划的作用下，集群内企业将会生成新的结构：

$$\tau_t(A_i(t), I(t)) \to A_i(t+1) \quad (4\text{-}2)$$

集群演进过程不可能隔断历史，因此在集群内企业生成新的结构时，还要考虑环境变化的历史信息，即

$$A_i(t+1) = \tau_t(A_i(t), I(t), M_E(t)) \quad (4\text{-}3)$$

适应计划应当提供环境历史信息的继承与扬弃的合理处理方式，即

$$M_E(t+1) = \{\tau_t, M_E(t), I(t)\} \quad (4\text{-}4)$$

集群内企业结构 $A(t)$ 对综合环境 $E(t)$ 的适应性指数表示为

$$u_{E,t}(A_i(t)) = u_{E,t}(A_i(t), E(t)) \quad (4\text{-}5)$$

以式（4-5）为基础，在 t 阶段环境提供的信息可以表示为

$$I(t) = u_{E,t}(A(t)) \quad (4\text{-}6)$$

当群外环境和集群均发生变化时,适应计划也需要进行适应性调整,使得集群内企业获得最好的适应性。适应计划的调整应当考虑当前集群内企业结构 $A_i(t)$、综合环境 $E(t)$、环境提供的信息 $I(t)$ 和历史选择 $M_\tau(t)$,可表示如下:

$$\tau(t+1) = \omega(A_i(t), E(t), I(t), M_E(t), M_\tau(t)) \quad (4-7)$$

随着群内企业结构和环境的变化,适应性指数也需要进行调整:

$$u_{E,t+1} = \tau_t(u_{E,t}, A_i(t), I(t)) \quad (4-8)$$

在整个适应过程中,集群的适应性指数可以表示为

$$U(T) = \sum_{i=1}^{T} u_{E,t} \quad (4-9)$$

集群的适应过程与适应计划序列 $M_\tau(T)$ 紧密相关,因此在适应计划 $M_{\tau 1}(T) = (\tau_1(1), \tau_1(2), \cdots, \tau_1(T))$ 下,集群内单个企业适应过程的适应性指数表示为

$$U(T, M_{\tau 1}(T)) = \sum_{t=1}^{T} u_{E,t}(\tau_1(t)) \quad (4-10)$$

类似可以得到 $A_2, A_3, \cdots, A_n$ 的适应性指数。通过式(4-11)可以得到企业的最佳适应性指数:

$$U^*(T) = \max_{\tau_i \in J}\{U(M_{\tau_i}(T))\} \quad (4-11)$$

当企业适应计划 $M_{\tau_1}(T) = (\tau_1(1), \tau_1(2), \cdots, \tau_1(T))$ 满足式(4-12)的条件时,称为满意的适应计划:

$$\lim_{T \to \infty}\left[\frac{U(M_{\tau_i}(T))}{U^*(T)}\right] = 1 \quad (4-12)$$

当每个企业都能采取满意的适应计划,得到最佳适应性指数的时候,可以认为集群的适应计划就是最优的。因为集群的适应计划没有判断标准,只能从个体来反映集群,即

$$\max(A) = \sum_{i=1}^{n} \max(A_i) \quad (4-13)$$

将上述描述加以汇总,就可以得到描述集群内企业与集群外环境之间适应过程的数学模型。

第四节 科技型中小企业集群的群体智能涌现的环境参数

根据 COIN 方法的基本原理,个体在没有任何中央控制角色的情况下,分别追求各自目标函数的最大化,通过数次迭代后获得聚类集成结果,成功实现群体目标函数的最大化。在 COIN 方法中,根据个体(Agent)、环境参数(WL)、个体目标(PU)和群体目标(GU)之间的关系,得到群体目标函数:

$$GU = GU(WL, PU) \qquad (4-14)$$

可见群体目标（GU）函数不仅是环境参数（WL）的函数，更是个体目标（PU）的函数。同时，也做出了合理的假设。

假设 4-1：群体目标（GU）函数与个体目标（PU）呈现正相关关系。

该假设表明，如果控制其他因素不变，伴随个体目标函数值的提高，群体目标函数值同样提高；当企业个体目标实现最大化，科技型中小企业集群往往能够实现集群总体目标函数值的最大化，科技型中小企业集群的群体智能也相应得到涌现。

另外，个体目标（PU）函数也是环境参数（WL）的函数，则式（4-14）可以进一步化为

$$GU = GU(WL, PU) = GU(WL, PU(WL)) = GU(WL) \qquad (4-15)$$

结合群体目标函数最大化的一阶条件：

$$\frac{\partial_{(GU)}}{\partial_{(WL)}} = \frac{\partial_{(GU(WL,PU))}}{\partial_{(WL)}} = \frac{\partial_{(GU(WL))}}{\partial_{(WL)}} \qquad (4-16)$$

不难得出，伴随科技型中小企业集群环境参数（WL）的优化，科技型中小企业集群的群体智能效果逐步改善，最终实现群体智能效果最大化，则：

$$\frac{\partial_{(GU)}}{\partial_{(WL)}} = \frac{\partial_{(GU(WL,PU))}}{\partial_{(WL)}} = \frac{\partial_{(GU(WL))}}{\partial_{(WL)}} > 0 \qquad (4-17)$$

因此，科技型中小企业集群的群体智能涌现最终落脚到环境参数集的优化上。如果控制其他因素不变，伴随环境参数的优化，群体目标函数值同样提高，当环境参数实现最优化，科技型中小企业集群往往能够实现集群总体目标函数值的最大化，即科技型中小企业集群的群体智能能够得到涌现。根据科技型中小企业集群内企业实现个体目标博弈过程中影响企业决策实现个体目标最大化的外部环境，能够获得科技型中小企业集群最优环境参数集。

一、基础环境参数集

伴随市场经济制度的进一步完善，以及 IT 的进一步发展，市场在资源配置、价格制定中将发挥更大作用。同时，市场主导、信息完全是科技型中小企业集群的重要群体目标，基于科技型中小企业集群个体目标和总体目标实现条件，得到科技型中小企业集群基础环境参数集（BE），共包括基础设施（IB）、配套设施（SF）、政府政策（GP）、信息交流（EI）五个方面（表 4-2）。

表 4-2 科技型中小企业集群的群体智能涌现基础环境参数测度指标

一级指标	二级指标	三级指标	预测方向
基础环境参数集（BE）	基础设施（IB）	办公区域租金（OR）	负向
		企业面积/办公区位数（ZB）	正向
		交通通达度（TA）	正向
	配套设施（SF）	中介服务机构占集群内企业数量的比重（IS）	正向
		金融机构密集度（FI）	正向
		贷款在科技活动经费筹集中所占比重（LS）	负向
		区域内集群附近科研机构及高校数量（SC）	正向
	政府政策（GP）	财政资金在科技活动经费筹集中所占比重（FC）	正向
		税收减免占应缴税费比重（TD）	正向
		当年针对性政策文本数量（PD）	正向
	信息交流（EI）	线上平台数量（OP）	正向
		企业交流会次数（ME）	正向
		企业平均市场调查费用（MR）	正向

（1）办公区域租金（OR）即科技型中小企业集群中厂房、办公楼的租金高低。办公区域租金关系到科技型中小企业的生产成本，租金越高导致企业生产成本越高，进而影响到科技型中小企业是否进入企业集群、是否扩大生产规模、是否参与科技创新、是否退出企业集群的决策，直接影响科技型中小企业个体目标的最大化，进而影响科技型中小企业集群群体目标的最大化，最终关系到群体智能涌现的最大化。

（2）企业面积/办公区位数（ZB）即科技型中小企业整体面积同办公区位数的比值。企业面积/办公区位数表现了科技型中小企业工作发展环境舒适度，科技型中小企业作为科技类企业对于工作环境要求更高，因此企业面积/办公区位数在一定层面反映了科技型中小企业的科技创新和工作环境的舒适度，进而影响到科技型中小企业个体目标的实现，最终影响到科技型中小企业群体智能的涌现。

（3）交通通达度（TA）即科技型中小企业集群内交通运输的通达度。交通通达度越高，一方面有利于企业节约生产成本，促进科技型中小企业集群的群体智能涌现；另一方面有利于消费者节约旅行成本，有利于扩大集群服务范围，提高市场占有率，进而提高科技型中小企业集群营利能力，有利于科技型中小企业个体目标和集群群体目标的实现，以及集群的群体智能涌现。

（4）中介服务机构占集群内企业数量的比重（IS）用以测度科技型中小企业

集群内中介服务机构的服务能力。科技型中小企业规模较小，在经营过程中若企业自主完成部分业务，如财务、法律、专利等，则对于专业水平要求较高，同时成本较高，因此科技型中小企业往往将此类业务交由专业机构完成。中介服务机构作为科技型中小企业集群配套服务机构，服务能力越强，越有利于科技型中小企业节约成本，保证科技型中小企业的正常高效运转，越有利于科技型中小企业集群的群体智能涌现。

(5) 金融机构密集度 (FI) 即科技型中小企业集群中金融服务机构的数量。融资难是科技型中小企业普遍面临的问题，金融机构密集度的高低一定程度上反映了科技型中小企业集群内企业获取金融服务的难易程度。金融服务能力的提高有利于科技型中小企业获得资金支持，有利于科技型中小企业的成长，最终有利于群体智能的涌现。

(6) 贷款在科技活动经费筹集中所占比重 (LS) 反映了科技型中小企业在科技活动中获得的金融支持力度。一般而言，贷款难是科技型中小企业面临的重要困难，贷款难易度一定程度上反映了科技型中小企业金融支持力度的大小。伴随贷款门槛的降低，科技型中小企业进行科技创新、扩大生产规模的能力扩大，有利于科技型中小企业个体目标的实现，进而关系到科技型中小企业群体智能的涌现。

(7) 区域内集群附近科研机构及高校数量 (SC) 反映了科技型中小企业集群的科技发明、创新创业的环境。科技创新是科技型中小企业发展过程中最主要的活动，因此良好的创新创业环境，科研机构、高校的分布一方面有利于企业享受科研机构和高校的知识溢出效用，另一方面有利于科技型中小企业和集群中科技型、创新型高端人才的积累，提高科技型中小企业和集群的核心竞争力，有利于群体智能的涌现。

(8) 财政资金在科技活动经费筹集中所占比重 (FC) 反映了地方政府对于科技型中小企业的财政资金支持力度。科技型中小企业生产经营过程中，为扩大生产规模、进行科技创新，往往面临资金短缺等困难，地方财政资金对于科技创新活动的支持有利于减轻科技型中小企业的生产经营压力，促进科技型中小企业的成长。

(9) 税收减免占应缴税费比重 (TD) 反映了地方政府对于科技型中小企业的税收支持力度。税收减免力度越大，意味着科技型中小企业税负压力越小，企业营利能力越强，越有利于科技型中小企业个体目标的实现和资本的积累，有助于科技型中小企业集群群体目标的实现和群体智能的涌现。

(10) 当年针对性政策文本数量 (PD) 反映了地方政府对于科技型中小企业集群的政策支持力度和政策环境。一般而言，伴随政府对科技型中小企业集群发展关注度的提高，以及配套政策体系的逐步完善，科技型中小企业能够获得更加完善的配套政策，企业发展环境得到改善，有助于科技型中小企业个体目标的实现和群体智能的涌现。

（11）线上平台数量（OP）即科技型中小企业网上宣传和交流平台的数量。伴随互联网时代的来临，无论是生产者还是消费者对于科技型中小企业的了解往往来自互联网上宣传和交流平台，同时科技型中小企业发展政策的获取同样大多来自线上平台，因此线上平台的完善有利于科技型中小企业集群的信息共享和信息交流，有利于科技型中小企业做出最有利于实现个体目标的决策，是科技型中小企业集群的群体智能涌现的重要环境参数之一。

（12）企业交流会次数（ME）即科技型中小企业举办的产品交流会、技术交流会等活动的次数。通过企业交流会，同一行业企业或生产上下游企业能够了解到市场技术水平和市场发展环境，有利于信息共享和信息交流，进一步扩大技术溢出效应，进而有助于科技型中小企业个体目标的实现和群体智能的涌现。

（13）企业平均市场调查费用（MR）即科技型中小企业获取市场信息的费用。对于市场的调查有利于了解市场对产品的需求走向，有利于对市场规模的预估，有利于科技型中小企业的科学决策，以及确定生产规模、科技创新、进出市场的策略，有利于促进科技型中小企业实现个体目标，企业集群实现群体目标，进而实现群体智能效用最大化。

二、企业个体参数集

企业个体发展能力（DA）既是企业个体目标的重要指标，同时其他企业的个体发展能力也是科技型中小企业集群内企业进行个体行为决策的外部环境参数，因为同一集群内企业生产经营策略的选择难免受到其他企业生产经营策略的影响。企业个体发展能力作为环境参数影响到其他企业的决策，关系着企业个体目标、群体目标的实现，影响到科技型中小企业集群的群体智能涌现。本书从营运能力（OC）、创新能力（IA）两方面来测度科技型中小企业个体发展能力，如表4-3所示。

表4-3 科技型中小企业集群内企业个体发展能力测度指标

一级指标	二级指标	三级指标	预测方向
企业个体发展能力（DA）	营运能力（OC）	营利能力（PE）	正向
		成本控制能力（CC）	正向
		流动资产利润率（CR）	正向
		总资产利润率（TR）	正向

续表

一级指标	二级指标	三级指标	预测方向
企业个体发展能力（DA）	创新能力（IA）	研发人员总数（RP）	正向
		研发活动经费占经营成本比重（R&D）	正向
		新申请专利数量占集群新申请专利数量比重（PA）	正向
		拥有专利数量占集群专利拥有数量比重（HP）	正向
		新产品销售收入占产品总销售收入比重（NR）	正向

（1）营利能力（PE）即科技型中小企业生产经营过程中盈利水平的高低。企业营利能力越高意味着企业个体目标的实现能力越强，越有利于集群群体目标的实现和群体智能的涌现。同时，科技型中小企业营利能力越高，应对市场风险的能力越高，越有利于企业的成长，有助于企业集群的扩大和发展。

（2）成本控制能力（CC）反映了科技型中小企业节约成本的能力和水平。成本的节约有利于提高科技型中小企业的盈利水平，扩大科技型中小企业的决策空间，进而有利于科技型中小企业个体目标的实现，最终有利于科技型中小企业集群群体目标的实现和群体智能的涌现。

（3）流动资产利润率（CR）是科技型中小企业利润与流动资产总额的比例。以高技术产品为主要产品的科技型中小企业的流动资产占有较大比例，流动资产利润率一定程度上反映了科技型中小企业的生产率水平，科技型中小企业流动资产利润率越高表明企业科技创新回报率越高，越有利于企业个体目标的实现，有助于群体智能的涌现。

（4）总资产利润率（TR）即科技型中小企业总资产回报率，全面反映了科技型中小企业的投资回报率。总资产利润率越高，表明科技型中小企业市场竞争力越强，生产决策过程中选择空间越大，越有利于实现企业个体目标，进而有助于科技型中小企业群体智能的涌现。

（5）研发人员总数（RP）是科技型中小企业中专门从事科技创新工作的员工总数。研发人员是科技型中小企业科技创新的人力资本，是科技创新的生力军，一般情况下，研发人员数量越多越有利于科技创新成果的形成，有利于科技型中小企业竞争力的提升，有助于企业个体目标的实现，有助于群体智能的涌现。

（6）研发活动经费占经营成本比重（R&D）即科技型中小企业研发活动经费在企业生产经营成本中所占的比重。其代表了科技型中小企业科技创新的资金支持力度，研发活动经费的增加有助于科技型中小企业开展科技创新活动，有助于提高科技型中小企业的科技创新能力，实现企业个体发展目标，增强市场竞争力。

（7）新申请专利数量占集群新申请专利数量比重（PA）即专利申请数量在集群中的竞争力水平。一般而言，科技创新能力越强的企业科技创新产品规模越大，新申请专利数量也越大,新申请专利数量占集群新申请专利数量的比重越高;企业的科技创新生产力在集群中的竞争力越强,越有利于科技型中小企业个体目标的实现,越有利于科技型中小企业的成长和进一步发展,有助于群体智能效用最大化。

(8)拥有专利数量占集群专利拥有数量比重(HP)反映了科技型中小企业在集群中的实际技术竞争力。拥有专利数量越多的企业,其产品市场竞争力越强,市场话语权越大,越有助于企业实现个体目标,进而关系到群体智能效用最大化的实现。

(9)新产品销售收入占产品总销售收入比重(NR)直观反映了科技型中小企业科技创新收益率的高低。新产品销售收入占产品总销售收入比重越高表明科技型中小企业科技创新的新陈代谢越强,科技创新活动越多,新产品的生产数量和营利能力越强,表明企业市场发展潜力越强,越有利于科技型中小企业的进一步发展和规模的进一步扩大,进而关系到群体智能的涌现。

三、智能涌现的环境调控机理

基于科技型中小企业群体智能进化环境参数集,可得集群环境参数函数:

$$\begin{aligned} WL &= WL(BE, DA) = WL(BE(IB, SF, GP, EI), DA(OC, IA)) \\ &= WL(OR, ZB, TA, IS, FI, LS, SC, FC, TD, PD, OP, ME, \\ &\quad MR, PE, CC, CR, TR, RP, R\&D, PA, HP, NR, OF) \end{aligned} \quad (4\text{-}18)$$

其中,OF 表示除本书中主要环境参数外其他影响科技型中小企业群体智能涌现的外部环境。因此,科技型中小企业群体智能进化的函数方程可改写为

$$\begin{aligned} GU &= GU(WL, PU) = GU(WL, PU(WL)) = GU(WL) \\ &= GU(BE, DA) = GU(BE(IB, SF, GP, EI), DA(OC, IA)) \\ &= GU(OR, ZB, TA, IS, FI, LS, SC, FC, TD, PD, OP, ME, \\ &\quad MR, PE, CC, CR, TR, RP, R\&D, PA, HP, NR, OF) \end{aligned} \quad (4\text{-}19)$$

根据前文,科技型中小企业群体目标(GU)函数与环境参数(WL)正向相关,即伴随科技型中小企业集群外部环境的改善,集群群体目标值同样得到改善。换言之,通过改善科技型中小企业外部环境,提高外部环境参数综合指数,即可实现科技型中小企业集群群体目标值的提高,进而群体智能得以涌现。

第五节 科技型中小企业集群演进的复杂网络分析

根据本章的前述分析可知,集群创新系统是以科技型中小企业集群为基础并结合规制安排而组成的创新网络与机构。因此,科技型中小企业群体智能涌现需

要先后经历企业自循环、集群自催化循环和集群之间的交叉催化循环等过程,物质、能量与信息的交换不仅发生在企业自身各部门之间、同一集群内的企业之间、集群与集群之间,也发生在集群与环境之间。科技型中小企业集群在演进的过程中,面临的环境因素既有需求环境、制度环境、法律和政策环境、基础设施环境和人文环境等宏观环境因素,也有科技创新资源、专业人才吸纳能力、与外界的关联程度、创业投资状况等中观环境因素,此外,还有集群内和企业间的信任机制、协同行动、竞争行为、产品及业务的互补性等微观环境因素,呈现出复杂的层级结构。不难看出,科技型中小企业群体智能进化的环境调控机理,呈现出鲜明的复杂网络特征。

科技型中小企业集群演化与集群内企业的学习过程密切相关。集群内企业的学习过程实际上就是知识转移、知识溢出的过程。其中,知识溢出是知识无意识地传播,发生于任何可能的知识交流过程中。作为一种"组织的组织",科技型中小企业集群可以从整体上被视为学习的主体,集群学习的内涵则可以被理解为"集群内的企业和机构,基于共享的社会文化氛围和制度环境,在解决共同面对的问题时协调行动而产生的知识积累过程,其结果表现为集群整体知识基础的拓展和竞争能力的改善"[4]。

因此,作为一种类生物种群系统,科技型中小企业集群要保持演变进化的关键要素是,集群内企业之间必须保持一定的差异性,形成功能完善的分工协作的开放型网络。基于上述推演过程及前人的研究成果,考虑到科技型中小企业集群竞争力的培育以集群学习为基础,因而对于集群学习环境的网络特征研究就显得尤为必要,本节就是根据这样的构思,展开对于科技型中小企业复杂网络集群的研究,深入了解复杂网络的分布特征,并提供熵值测度算法,为第五章的实证分析提供理论基础。

一、科技型中小企业集群的网络描述

在开始深入分析之前,先对复杂网络的一般概念和基本要素进行介绍。科学家钱学森给出了复杂网络的一个较严格的定义:具有自组织、自相似、吸引子、小世界、无标度中部分或全部性质的网络称为复杂网络[160]。

具体的符号定义方式如下:设 $V_i(i=1,2,\cdots,n)$ 为产品、服务和信息输出企业(简称产出企业), $W_j(j=1,2,\cdots,m)$ 为产品、服务和信息输入企业(简称吸收企业);产出企业与吸收企业之间的联系用邻接矩阵 $A=[a_{ij}](i=1,2,\cdots,n;j=1,2,\cdots,m)$ 表示, a_{ij} 仅有两个状态,取 1 代表产出企业与吸收企业之间存在联系,取 0 代表产出企业与吸收企业之间不存在联系;遵循一定的方法为 a_{ij} 赋予权重 r_{ij} ,表示节点间关联强度（即流量），权重 r_{ij} 组成权重矩阵 $R=[r_{ij}](i=1,2,\cdots,n;j=1,2,\cdots,m)$；最终，$V$、$W$、$A$ 和 R 组成一个空间，构成科技型中小企业集群空间结构网络，记作 $G=(V,W,A,R)$。

（一）节点

节点为科技型中小企业集群空间结构网络中的职能主体（科技型中小企业）。主体的职能则依据产品、服务和信息产出量与吸收量的差值 Δi 来识别，即 $\Delta i = P_i - C_i$，其中 P_i 为某时点 i 企业产品、服务和信息产出量，C_i 为该时点 i 企业的吸收量。根据差值与0的关系，可将节点分为三种类型：当 $\Delta i \approx 0$ 时，即 $P_i \approx C_i$，i 企业为基本自给型节点；$\Delta_i < 0$ 时，即 $P_i < C_i$，i 企业为输入型节点；$\Delta_i > 0$ 时，即 $P_i > C_i$，i 企业为输出型节点。

（二）出度与入度

产出企业与吸收企业之间的产品、服务和信息交互形成联系，表示联系的指标分为出度和入度。

出度定义为在第 t 年内与产出企业相连的有向线段的数量和，代表第 t 年产出企业建立的输出联系的数量。其公式为

$$N^{\text{out}}(t) = \sum a_{ij}(a_{ij}=0或1) \quad (4-20)$$

入度定义为在第 t 年内与吸收企业相连的有向线段的数量和，代表第 t 年吸收企业建立的输入联系的数量。其公式为

$$N^{\text{in}}(t) = \sum a_{ij}(a_{ij}=0或1) \quad (4-21)$$

（三）权重

在当前的科技型中小企业集群网络中，仅考虑产出企业与吸收企业间的联系数量是远远不够的。少数企业间的联系数量少，但产品、服务与信息的流量规模巨大，单条联系路径上的交流强度巨大；而绝大多数企业分摊了剩余的联系路径，单条联系路径上的流量规模很小。因此，仅对出度和入度的数量进行分析还不能准确描述科技型中小企业集群复杂网络的结构特征，流量规模不均衡的情况无法从单一的出度和入度指标中展现出来，必须对每一条联系路径赋予权重以表征联系的强度，权重即流量。

（四）科技型中小企业集群空间网络的均质性

科技型中小企业集群空间网络描述的一个重要指标是企业集群空间网络的均质性。

均质性指随机、均匀的分布，最普遍的均匀分布网络为随机网络，其是一种理想化的空间结构。实际研究中，非均质网络的应用更为广泛，最早始于对万维网拓扑结构的研究发现。1998 年，印第安纳州圣母大学的巴拉巴斯（A. L. Barabasi）教授及其团队发现，万维网的结构特征与传统的随机网络理论有很大的差异，分布情况比后者描述的要复杂得多。节点与连接不是随机、均匀分布的，而是遵循幂律分布的，即分布曲线不再是钟形曲线而是一条不断递减的曲线。具体表现为，万维网的结构被少数链接极多的网站主宰，大量网站仅有很少的几个链接、部分网站具有中等数量的链接、极少的几个网站则占据了网络中绝大部分的链接。该团队将具有这种特征的网络定义为非均质网络，也称为非标度网络或无标度网络，并首次提出了非均质网络模型（BA 模型）。在后续的研究中，该团队发现这样的非均质性具有很强的泛化性，在万维网之外的领域中也具有很贴合实际情况的应用，自此，学术界对于非均质网络的研究兴起。

从分布上看，非均质网络的不均匀性或者说非同质性表现为结构中"核心节点"与"末梢节点"的差别。前者数量仅占整个网络节点中的极少数，但是拥有网络中大部分的连接，起主导作用；后者虽然占据网络节点数量的较大比例，但其拥有的连接在总连接数量中占据的比例极低。连接度分布曲线不断递减，每个节点与其他 k 个节点相连的概率呈现幂律分布的特征。

为了刻画科技型中小企业集群网络均质性的演化规律，本书引入研究复杂网络异质性的网络结构熵和所含信息量的权重熵。结构熵反映了网络的均匀程度，结构熵的值越小，复杂网络的异质性越大，即网络结构中少数核心顶点具有大量连接而大多数顶点只有很少的连接，系统越有序，越不均匀；反之，结构熵越大，均质性越大，相当于网络随机连接，各个节点的重要度大致相当，系统越无序，越均匀。与之相对，权重熵则反映了指标所含有的信息量，信息熵越小，说明指标的变异程度越大，所含的信息量越大，应该赋予的权重就越大。

二、科技型中小企业集群的网络熵值测度算法

复杂网络起初在自然科学领域的应用比较广泛，且其中的多数网络都体现出高度的异构性——网络结构不均衡性。例如，对于病毒传播和灾害蔓延等的研究，都与网络的异构性不无关系。不过近年来，随着国际贸易、产业集群等主体日益

多元、联系日益密切,复杂网络特征日益明显,社会科学领域对于复杂网络的研究也开始兴起。

熵作为系统无序程度的度量,凭借其独特的内涵已被应用于统计物理学、信息论及其他广义系统,成为复杂系统研究的重要工具,是目前测度网络异构性的重要指标。采用何种形式的熵来反映网络特征,一直是复杂网络研究者关注的焦点。目前,有关网络熵的度量方法大致可以分为两类:一类基于信息论,主要是从信息搜索视角提出的目标熵、搜索信息熵、接受信息熵、隐藏信息熵、交换信息熵、权重熵等;另一类侧重反映网络结构特征,是根据网络中的"连接"分布,提出的度分布熵、剩余度熵及网络结构熵等。

复杂网络常用结构熵来测度集群的基本统计特征,包括小世界特征、无标度特征、群落特征,刻画的是网络结构分布的不均衡性,也称为异质性、非均质性。此外,在不同节点之间也有关联强度的差异,在复杂网络中常用权重熵来测度各节点之间关联强度的大小。本部分针对结构熵和权重熵的测度算法进行详细介绍,是为后文实证研究的重要理论依据。

(一)结构熵的定义与计算

节点的连接度从某种意义上决定了节点在网络中的重要程度,因此,在采用网络结构熵来定量研究复杂网络的非同质性之前,需要先给出节点重要度的定义。

定义 4.1 我们称

$$I_i = \frac{\sum_j a_{ij}}{\sum_{i,j} a_{ij}}, \quad i=1,2,\cdots,n; j=1,2,\cdots,m \tag{4-22}$$

为第 i 个节点的重要度;a_{ij} 取 0 或 1,为第 i 个节点的连接度。

当 $a_{ij}=0$ 时,该节点对我们的讨论没有意义,常剔除,故我们假设至少存在一个 i,使得 $a_{ij}>0$,从而 $I_i>0$。

熵是"无序"的度量。如果网络是随机连接的,各个节点的重要度大致相当,那么我们认为网络是"无序的"。反之,如果网络是非标度的,网络中有少量"核心节点"和大量"末梢节点",节点的重要度存在差异,我们认为这种网络是"有序的"。下面我们提出网络结构熵的概念,用网络结构熵来定量地度量这种"序"。

定义 4.2 我们称

$$E = -\sum_i I_i \times \ln I_i, \quad i=1,2,\cdots,n \tag{4-23}$$

为网络结构熵;I_i 为第 i 个节点的重要度。

不难证明，当网络完全均匀时，即 $I_i = 1/n$ 时，E 取最大值：

$$E_{\max} = -\sum_i \frac{1}{n} \times \ln \frac{1}{n} = \ln n \qquad (4\text{-}24)$$

因为我们假设剔除 0 连接点后剩余的 $a_{ij} > 0$ 且 a_{ij} 为整数，所以当网络中所有节点都与某一个中心节点相连（不妨设都与第一个节点相连），即 $\sum_j a_{ij} = n-1$，$\sum_j a_{kj} = 1 (k \neq 1)$ 时网络最不均匀，网络结构熵最小。即当 $I_1 = 1/2$，$I_k = 1/2(n-1)$ $(k \neq 1)$ 时，有

$$E_{\min} = \frac{\ln 4(n-1)}{2} \qquad (4\text{-}25)$$

为了排除节点数目 n 对 E 的影响，我们将网络结构熵进行归一化。

定义 4.3 我们称

$$E_{\text{std}} = \frac{E - E_{\min}}{E_{\max} - E_{\min}} \qquad (4\text{-}26)$$

为网络的标准结构熵，显然 $0 \leqslant E_{\text{std}} \leqslant 1$。

值得注意的是，在以上定义中，网络结构熵是由连接度分布确定的，二者的关系并非对立的而是互为补充的。类比随机变量，网络结构熵相当于随机变量的数字特征，而连接度分布相当于该随机变量的概率分布函数。引入网络结构熵度量复杂网络的"序"，并不意味着用网络结构熵代替连接度分布，而是利用网络结构熵更加精确概括地呈现复杂网络的非同质性。

（二）权重熵的定义与计算

节点与节点之间的关联强度的权重值从某种意义上决定了该对节点之间流量在网络中的重要程度，因此，在定义网络权重熵来定量研究复杂网络的信息分布之前，需要先给出节点之间流量重要度的定义。

定义 4.4 我们称

$$K_i = \frac{\sum_j r_{ij}}{\sum_{i,j} r_{ij}}, \quad i = 1, 2, \cdots, n; j = 1, 2, \cdots, m \qquad (4\text{-}27)$$

为第 i 个节点所涉及流量的重要度；r_{ij} 为第 i 个节点与第 j 个节点之间关联强度的权重值。

定义 4.5 我们称

$$J = -\sum_i K_i \times \ln K_i, \quad i = 1, 2, \cdots, n \qquad (4\text{-}28)$$

为网络权重熵；K_i 为第 i 个节点所涉及流量的重要度。

不难证明，当系统完全均质时，即 $K_i = 1/n$ 时，J 取最大值：

$$J_{\max} = -\sum_i \frac{1}{n} \times \ln\frac{1}{n} = \ln n \qquad (4\text{-}29)$$

当网络中所有节点都与某一个中心节点相连，即空间结构强度集中于该中心节点时，信息分布最不均匀，此时系统信息熵取最小值 $J_{\min}$。

同样，为了排除节点数目 n 对 J 的影响，我们将网络结构熵进行归一化。

定义 4.6 我们称

$$J_{\text{std}} = \frac{J - J_{\min}}{J_{\max} - J_{\min}} \qquad (4\text{-}30)$$

为网络的标准权重熵，显然 $0 \leqslant J_{\text{std}} \leqslant 1$。

三、科技型中小企业集群的网络结构分类

为了深刻揭示科技型中小企业集群内在的系统动力机制，更好地促进我国科技型中小企业集群发展，发挥集群的竞争力优势，需要从空间结构和功能特征入手，对科技型中小企业集群的网络结构进行理论分析。作为某一特定领域相互联系的企业和机构在地理位置上集中的现象，科技型中小企业集群具有地理接近性和关系接近性两个重要特征[161]。Powell 等认为，与传统的块状经济和经济地理侧重地理接近性研究不同，改进后的集群研究更加关注建立在地理接近性关系上的关系接近性，集群被理解为一种超越企业的网络组织[162]。

按照组织间互动关系的内容，集群网络可以分为投入-产出网络、劳动力网络和技术合作网络。这些网络包括了组织间生产、人员和技术层面的互动，也涵盖了组织间的合作关系与竞争关系，成为集群网络进一步划分的主要依据。在科技型中小企业集群中，根据组织间互动关系的范围和频率，可以将集群网络的结构属性分为小世界特征、无标度特征和群落特征三类，如图 4-3 所示。

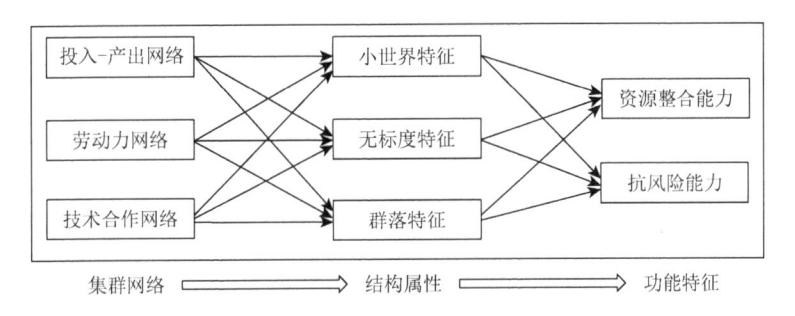

图 4-3 科技型中小企业集群网络分类

（一）关系集聚的小世界特征

在科技型中小企业集群中，组织间的互动关系广泛而频繁，使得集群网络通常有着较高的集聚程度。本部分结合对温州鞋革业、北京中关村 IT 业等著名科技型中小企业集群的分析，具体考察集群内各关系网络的结构属性。

以温州鞋革业集群为例，集群内密集的企业间互动在投入-产出网络和劳动力网络中都有着明显的体现，如作为鞋革原材料的聚氨酯 90% 都是温州本地的制革企业供应的。在温州中国鞋都，几乎全部的制鞋企业都使用了温州本地生产的制鞋设备。同样，企业间劳动力的流动也相当频繁，温州鞋革业集群内几乎每家企业都认为有着每年 5% 的劳动力流动，有的甚至高达 20%，中小企业的流动主体一般以操作工人为主，而大企业则以高级技工及管理人员流动为主。相比较而言，温州鞋革业集群的技术合作网络没有完全成熟，但开始逐步形成，集群内已经成立了中国鞋都图书馆、中国鞋都技术学院等专业技术机构，不过目前组织间的技术合作密度并不高。

北京中关村 IT 业集群技术合作网络发达，集群的雏形源于中国科学院与北京海淀区联合创立的几家科技企业，集群的发展始于 1987 年国务院发布的"双放"政策。在这一背景下，科研机构进一步放活，科技人员进一步放宽，企业与大专院校、科研院所之间开始了广泛的合作，人员的流动也更为频繁，中国科学院成为最主要的源头。相比较而言，北京中关村 IT 业在投入-产出网络上的互动关系较少，但随着集群的发展，北京中关村 IT 业在投入-产出网络上的联系也开始密集起来。例如，中关村软件企业共同成立出口联盟，在接包国际业务的同时，一些企业也开始了自身的业务流程外包，主要的选择对象是集群内的小型企业。同时，政府也逐步加强集群内的产业链建设，通过一系列的政策措施促进大企业带动小企业、以用带研的产业链条建设。

由于集群产业背景和发展阶段的不同，特定集群网络的小世界特征也不尽相同。一般来说，传统产业的科技型中小企业集群的投入-产出网络小世界特征较为明显。随着集群的发展，技术合作网络逐渐形成和发展；高技术产业的科技型中小企业集群的技术合作网络具有更为明显的密集特征，往往投入-产出网络是随着集群的发展成熟才开始逐步形成的。对于集群而言，劳动力网络连接一般都非常密集，组织间有着频繁的人员流动，代表了集群内普遍存在的竞争关系。

结合集群生命周期的动态特征来看，科技型中小企业集群在形成期和成长期往往以一种网络为主导迅速发展，主导网络的密集程度高，小世界特征显著；在步入成熟期之后，网络往往向横向扩展，多种形式的网络逐步发展，密集程度日益增加，集群试图通过多种形式的企业间联系实现集群能力的拓展，多个网络的小世界特征逐渐显现，在一定程度上体现了集群网络自组织、自适应的特点。

（二）连接分布的无标度特征

科技型中小企业集群的网络在总体上具有密集的关系连接，但组织间互动关系的分布并不是均匀的。网络中的一些个体会有大量连接，成为网络的集散节点，而大部分组织的连接数目是有限的。这些集散节点有的是集群中的核心企业，有的是专业市场或政府公共部门、科研院所，在集群的演化发展过程中扮演着重要角色。例如，在北京中关村IT业集群中，以中国科学院等为首的科研院所、大专院校成为技术合作网络的中心枢纽。网络集散节点的形成主要来源于择优连接机制，在集群网络中，组织选择连接对象是有意识的过程，组织会倾向选择连接数目较多的网络节点。择优连接机制的存在一方面是时间的原因，通常集群中形成较早的组织有较长的时间来积累与其他组织的关系连接；另一方面，集群内也存在着节点间的竞争，一些组织通过先进的技术、富有竞争力的产品和良好的管理，在非常短的时间内能够获得大量的关系连接。

在集群中，集散节点的连接数目远远超出了一般的节点，并且网络主要由这些集散节点所支配，这种结构属性称为无标度特征。传统网络理论认为网络连接是随机设置的，大部分节点的连接数目会大致相同，即节点的分布方式会遵循泊松分布，有一个特征性的"平均数"[163]。但复杂网络中占少数的集散节点拥有大量的连接，而大部分节点的连接数目非常有限，这就使得传统网络理论所指出的有特征意义的多数节点大致相同的连接数——"平均数"不见了，于是这种网络被称为"无标度网络"[161]。

无标度特征本身与小世界特征是紧密联系在一起的，这从对密集网络的进一步分析中得出，因此具有小世界特征的网络的无标度特征更为明显。例如，温州鞋革业集群的投入-产出网络和北京中关村IT业集群的技术合作网络中存在明显的集散节点，而对于集群中初始发展的网络而言集散节点并不显著，因为集散节点的形成存在一个时间累积过程。

（三）集群网络的群落特征

对科技型中小企业集群网络的进一步分析可以得出，集群内节点在特定群体中集聚程度更高一些，这使得网络呈现出一定的群落特征。同样以温州鞋革业集群为例，温州鞋革业投入-产出网络在地理上可以进一步划分为永嘉、瑞安、平阳、龙湾、瓯海、鹿城等群落，在投入-产出关系上各个群落内部连接也更为紧密。从龙湾温州经济技术开发区来看,区内鞋材企业70%以上的客户和鞋革企业50%以上的客户均来源于开发区内。北京中关村IT业集群网络同样呈现出明显的区县结构特征,分别集聚分布于北京海淀区、昌平区、丰台区等。

科技型中小企业集群的小世界特征和择优连接机制在一个特定的群体内表现得更为明显,在群落中节点与节点之间有着更为密集的关联边,而群落与群落之间的密集程度则相对低一些。这个更小的群落可能从地理的角度划分,也可能存在着别的连接机制,使得集群可以被划分为更小的群落,这对于集群网络结构的进一步细分具有重要意义。

四、科技型中小企业集群的网络功能分类

科技型中小企业复杂网络集群的投入-产出网络、劳动力网络和技术合作网络不同程度地存在着复杂网络的一些结构特征,这些特征不仅表明了集群网络的总体特征及其演化趋势,也作用于集群网络的功能,一方面体现在对集群资源整合能力的影响上,另一方面则表现为抗风险能力的变化。

(一)科技型中小企业集群资源整合能力

科技型中小企业集群对于资源的结构性整合是集群竞争优势的重要来源。这种资源整合既包括有形资源通过产业链的衔接,也包括信息、知识、技术等无形资源通过正式、非正式渠道的传播和整合。在网络图中,连接节点间的边刻画了组织间的互动关系,代表了资源整合的具体路径。因此,集群网络的结构特征,特别是边的统计性质与集群网络的资源整合能力有着密切关系,其中网络的平均最短路径代表了资源整合的效率,集聚系数对应于资源整合的广度,如果网络同时具有较小的平均最短路径和较高的集聚系数(即网络具有小世界效应),则表明网络上的资源整合过程同时存在着很宽的广度和很高的效率。

小世界网络比规则网络具有更高的资源流动性和更广的资源整合范围,即具有小世界特征的网络具有更强的资源整合能力。这在某种程度上代表了集群的竞争优势,如图4-4所示。上文分析中,温州鞋革业集群的投入-产出网络具有小世界特征,这大大提高了生产要素在网络上的整合强度、广度和集群的生产能力,使得温州鞋革业集群在生产上具有很强的竞争优势,占有全国25%以上的市场份额。温州鞋革业正式技术合作网络并没有形成密集的互动特征,技术合作能力缺乏,自主创新能力不足,集群的技术扩散更多的是通过劳动力网络的传递,大量出现的是模仿式创新,甚至是侵犯知识产权的模仿。

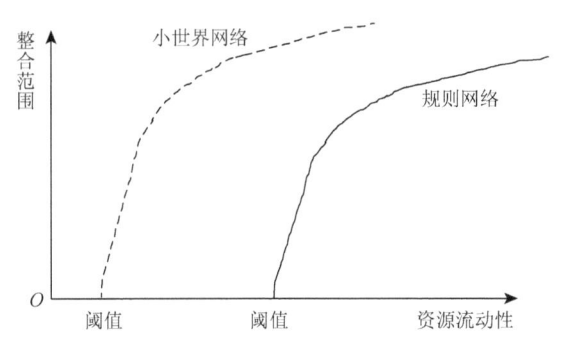

图 4-4　不同结构网络的资源整合能力

另外，集群网络的无标度特征对资源整合效应的影响主要体现在集散节点的作用上，集散节点作为网络的枢纽，在资源整合过程中发挥着支配性的作用，成为资源依赖、协调与控制及组织学习的龙头。因此，集散节点的运作效率对于集群资源整合能力具有重要影响。网络的群落特征表明资源整合效应在特定群落中体现得更为明显，在群落中资源的流动性更为平滑，资源整合的效率更高。

（二）科技型中小企业集群抗风险能力

事实上，科技型中小企业集群构成的企业网络是一把双刃剑，在带来资源整合效应的同时也存在着负面的作用，可能把企业锁定于非生产性的关系，或者是阻止企业寻求更为有效的合作伙伴，带来集群发展的风险[161]。从内生角度而言，集群网络的结构属性给集群风险带来三个方面的影响：小世界特征可能导致网络的锁定效应，但网络本身具有一定的抗风险能力；无标度特征使得企业网络在具有抗风险能力的同时，也具有健壮性（鲁棒性）和脆弱性的双重特征。

网络的小世界特征可能导致网络的锁定效应。网络结构如果具有过高的集聚系数可能会导致网络结构的僵化，阻碍集群网络与外来资源和信息的交流，一方面是由于网络成员受到资源有限的制约，另一方面是由于密集网络往往对于其成员有着忠诚性的要求。因此，随着网络集聚程度的增强，原来开放的网络形态可能趋于闭合，网络因此倾向保守和封闭，导致集群对市场需求变化的应对能力和创新能力下降。从这个角度而言，科技型中小企业集群对于区域发展是一种带有风险的战略，特别是在经济衰退和产业调整等外在环境变动中，网络的锁定效应可能会引发集群的结构性风险和周期性风险。

但由于集散节点的存在，科技型中小企业集群构成的企业网络本身具有一定的抗风险能力，表现出对节点故障的健壮性（鲁棒性）和脆弱性的双重特征。

（1）健壮性（鲁棒性）。在集群网络中，非集散节点（度分布较小的节点）数目远大于集散节点,发生故障的概率也远高于集散节点。与集散节点相比,非集散节点只拥有少量的连接,因而非集散节点的故障不会对网络结构产生重大的影响(图 4-5)。两个非集散节点的故障并不会影响到整个网络的连通性。在科技型中小企业集群中也可以观察到,虽然有大量的企业进入和退出,但这并没有严重地影响到集群的发展,这些企业的退出也并没有对集群整体网络造成大的影响。

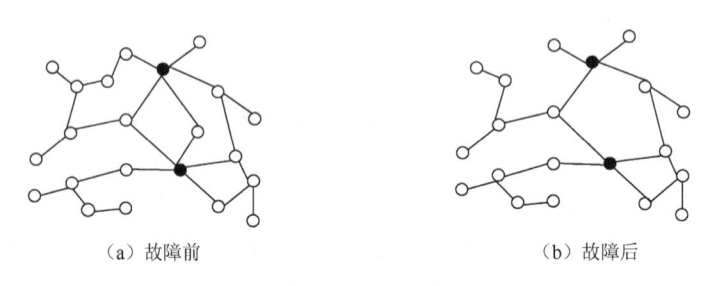

(a) 故障前　　　　　　　　　(b) 故障后

图 4-5　无标度网络中非集散节点的故障

拥有较多连接边的黑色节点为集散节点,拥有较少连接边的白色节点为非集散节点

(2) 脆弱性。由于集散节点在网络连通性中的支配作用,网络形成了对集散节点的依赖,使集群面对集散节点的故障时可能会不堪一击,网络表现出相当的脆弱性,少数集散节点的故障会将整个网络割裂成许多子网络,严重影响剩余节点的连通。网络两个集散节点的故障可将连通的网络分为五个互不相连的"孤岛"(图 4-6),这表明科技型中小企业集群构成的企业网络在抗风险能力方面具有脆弱的一面,也表明了集群网络潜在的风险,即一旦发生集散节点的故障,集群就可能面临严重的衰退。

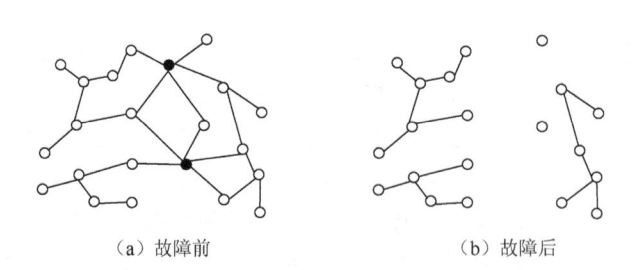

(a) 故障前　　　　　　　　　(b) 故障后

图 4-6　无标度网络中集散节点的故障

拥有较多连接边的黑色节点为集散节点,拥有较少连接边的白色节点为非集散节点

需要指出的是,集群的群落结构特征在一定程度上能够弱化集群网络的这种脆弱性。群落特征意味着集散节点也是分散的,网络其实介于规则网络与无标度网络之间,风险也介于规则网络与无标度网络之间,这弱化了集群网络的脆弱性

特征，增强了网络自身的抗风险能力。网络中两个集散节点的故障可能会破坏某个网络群落的连通性，但这种破坏往往是局部的，网络的其余部分仍然能够保持较好的完整性（图 4-7）。

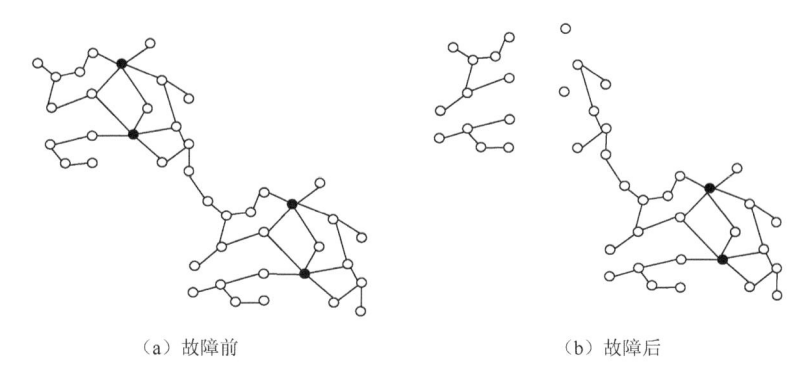

（a）故障前　　　　　　　　　　（b）故障后

图 4-7　群落结构网络中集散节点的故障

拥有较多连接边的黑色节点为集散节点，拥有较少连接边的白色节点为非集散节点

第五章　典型区域"群体智能指数"的实证分析[①]

　　科技型中小企业群体智能涌现需要先后经历企业自循环、集群自催化循环和集群之间的交叉催化循环等过程，物质、能量与信息的交换不仅发生在企业自身各部门之间、同一集群内的企业之间、集群与集群之间，也发生在集群与环境之间。考虑到智能涌现的特点——"只有在适当的环境中，群体的智慧才有可能大于群体中最优秀的个体"，特定区域内群体智能涌现依赖于它所处的环境条件，带有强烈的区域色彩，因而从区域的视角研究测算"群体智能指数"就显得十分必要。

　　空间区域是科技型中小企业集聚式发展的载体，也是科技型中小企业群体智能涌现的基础环境。在同一区域内，科技型中小企业与集群面临着相同或类似的宏观、中观和微观环境。宏观层面，同一区域内的企业之间地理接近，所处的需求环境、制度和政策环境、基础设施环境相同，因此能够密切合作，进行面对面的交流，这样就非常有利于各种新思想、新观念、新技术和新知识的传播，由此形成知识的溢出效应，获取"学习经济"，增强企业的研究和自主创新能力，激发群体智能涌现。中观层面，同一区域内的科技型中小企业间具有较强的空间接近性、共同的产业文化背景与相近的科创资源禀赋，不仅可以加强它们之间的显性知识的传播与扩散，而且更重要的是可以加强隐性知识的传播与扩散，并通过隐性知识的快速流动与扩散进一步促进显性知识的流动与扩散。微观层面，同一区域的产业集群内企业之间关联性强、集中程度高，发生在集群内的竞争压力、追赶效应、模仿效应等会使群体智能涌现发生的频率上升，创新要素的利用效率得到提高，从而提高群体智能水平。

　　在科技型中小企业集群发展区域空间载体基础上，根据科技型中小企业群体智能进化的环境调控机理，通过对外部环境参数的优化，在科技型中小企业内部决策机理的作用下，群体智能得以涌现。从空间区域角度来看，科技型中小企业集群与区域空间表现出一定重叠性，国家中心城市、国家高新区、国家大学科技园和省域高新区是科技型中小企业相对集聚的空间单元。鉴于实证研究的代表性和数据可得性，本书以国家中心城市、国家高新区、国家大学科技园和省域高新区等科技型中小企业集聚的典型空间载体代替企业集群，完成"群体智能指数"

[①] 数据说明：本章所采集的公开数据均截至 2018 年。

的实证研究。本章以度量企业群体有序性和复杂性为标尺，采用熵权-TOPSIS 模型模拟科技型中小企业间的网络化交互关系，利用最优环境参数集，选取区域"群体智能指数"测度指标，测算不同空间尺度科技型中小企业集群的"群体智能指数"，评估特定空间范畴内科技型中小企业群体智能涌现潜力。

第一节 研 究 方 法

为科学分析科技型中小企业区域"群体智能指数"，本书选用熵权-TOPSIS 模型，按照国家中心城市、国家高新区、国家大学科技园及省域高新区四类空间尺度采集统计数据，测度不同空间尺度下科技型中小企业集群的"群体智能指数"，在实证研究中探索特定空间内群体智能涌现的可能性。

TOPSIS 模型是一种逼近理想解的排序方法，也称为优劣解距离法，主要根据研究对象与正理想解和负理想解的距离进行相对优劣的评价，该方法能够客观全面地反映各方案的综合评价值，然后根据综合评价值的大小对各方案进行排序，通过在目标空间中定义一个测度，以此测量目标靠近正理想解和远离负理想解的程度来评估研究区域的群体智能水平。本书引入改进的 TOPSIS 模型来进行研究，相对于传统综合指数法更具科学性、客观性、准确性。

在采用 TOPSIS 模型评价群体智能水平的过程中，需先确定各指标对应权重，以准确测算各层次及整体智能涌现的具体水平。确定权重的方法主要包括三类：第一类是主观赋权法，由研究者或专家根据经验判定各指标的相对重要性，主要有层次分析法和德尔菲法。第二类是客观赋权法，即不事先判定指标的相对重要性，而是根据指标数值的关联度与波动特征由指标自身确定权重，主要有主成分分析法、熵值法、变异系数法。第三类是主观与客观相结合的组合赋权法。其中熵值法对数据挖掘利用充分，既可反映总体智能涌现水平，又可反映部分智能涌现水平，群体智能涌现水平评价指标体系中每个指标都有极其重要的智能支撑作用，无法主观臆断某一指标在群体智能涌现过程中所发挥作用的大小，因此本书选择熵值法确定各指标权重。

在信息论中，熵是对不确定性的一种度量，熵值与不确定性成正比，与信息量成反比。熵值越大，不确定性就越大，信息量就越小；熵值越小，不确定性就越小，信息量就越大（表 5-1）。根据熵的特性，可以通过计算熵值来判断一个方案的随机性及无序程度，也可以用熵值来判断某个指标的离散程度，指标的离散程度越大，该指标对综合评价的影响越大。因此，可根据各项指标的变异程度，利用信息熵这个工具，计算出各个指标的权重，为多指标综合评价提供依据。熵权-TOPSIS 模型具体计算过程如下。

表 5-1　熵值与权重的对应关系

熵值大	不确定性大	信息量小	效用值小	权重小
熵值小	不确定性小	信息量大	效用值大	权重大

一、熵权法确定指标权重

第一步，无量纲正向化处理。

假设有 n 个评估对象，k 个指标，X_{ij} 为第 i 个对象第 j 个指标的指标值，Y_{ij} 为标准化值。

正向指标（值越大越好）：

$$Y_{ij} = \frac{X_{ij} - \left\{\min_{i}\frac{X_{ij}}{j}\right\}}{\left\{\max_{i}\frac{X_{ij}}{j}\right\} - \left\{\min_{i}\frac{X_{ij}}{j}\right\}}, \quad i=1,2,\cdots,n; j=1,2,\cdots,k \tag{5-1}$$

负向指标（值越小越好）：

$$Y_{ij} = \frac{\left\{\min_{i}\frac{X_{ij}}{j}\right\} - X_{ij}}{\left\{\max_{i}\frac{X_{ij}}{j}\right\} - \left\{\min_{i}\frac{X_{ij}}{j}\right\}}, \quad i=1,2,\cdots,n; j=1,2,\cdots,k \tag{5-2}$$

第二步，计算比重。

$$P_{ij} = \frac{Y_{ij}}{\sum_{i=1}^{n} Y_{ij}}, \quad i=1,2,\cdots,n; j=1,2,\cdots,k \tag{5-3}$$

第三步，计算第 j 项指标的信息熵。

$$e_j = -[\ln(n)]^{-1} \times \sum_{i=1}^{n} P_{ij} \times \ln(P_{ij}), \quad j=1,2,\cdots,k \tag{5-4}$$

其中，若 $P_{ij}=0$，则定义 $\lim_{P_{ij} \to 0} p_{ij} \times \ln(p_{ij}) = 0$。

第四步，计算第 j 项指标的权重。

$$W_j = \frac{1-e_j}{k - \sum_{j=1}^{k} e_j}, \quad j=1,2,\cdots,k \tag{5-5}$$

二、TOPSIS 模型计算贴近度

第一步，计算标准化数据决策矩阵。

$$S = \left[S_{ij} \right]_{n \times k} = \left[w_j \times Y_{ij} \right]_{n \times k} \tag{5-6}$$

第二步，确定正理想解集和负理想解集。

$$\text{正理想解集}: \left\{ S_j^+ \right\} = \left\{ \max_i \frac{S_{ij}}{j} \right\}, \quad j = 1, 2, \cdots, k \tag{5-7}$$

$$\text{负理想解集}: \left\{ S_j^- \right\} = \left\{ \min_i \frac{S_{ij}}{j} \right\}, \quad j = 1, 2, \cdots, k \tag{5-8}$$

正理想解集即所有评估对象各指标得分最大值的集合，负理想解集即所有评估对象各指标得分最小值的集合。

第三步，计算第 i 个评估对象与正理想解集的欧氏距离和与负理想解集的欧氏距离。

$$d_i^+ = \sqrt{\sum_{j=1}^{k} \left(S_{ij} - S_j^+ \right)^2}, \quad i = 1, 2, \cdots, n \tag{5-9}$$

$$d_i^- = \sqrt{\sum_{j=1}^{k} \left(S_{ij} - S_j^- \right)^2}, \quad i = 1, 2, \cdots, n \tag{5-10}$$

第四步，计算第 i 个评估对象与正理想解的贴近度。

$$\lambda_i = \frac{d_i^-}{d_i^- + d_i^+}, \quad i = 1, 2, \cdots, n; \lambda_i \in (0,1) \tag{5-11}$$

其中，通过测度与负理想集的距离来间接测度与正理想解的贴近度。贴近度值越大，表示评估对象与正理想解集越接近，即群体智能水平越高。

三、指标体系说明

参考科技型中小企业集群的群体智能涌现基础环境参数测度指标和企业个体发展能力测度指标体系，考虑典型区域科技型中小企业发展过程中的差异性和"群体智能指数"实证研究的科学性，从生产规模、营运能力、生产潜力、创新能力四个方面构建典型区域"群体智能指数"实证研究基础指标体系。

（1）生产规模指标主要反映典型区域科技型中小企业发展的基础规模，主要涉及企业规模、从业人员、园区规模、产值规模等相关指标。企业规模类指标主要包括入统企业数、工商注册企业数、高新技术企业数、在孵企业、当年新孵企业等具体三级指标，用以反映典型区域内企业发展规模和数量。从业人员类指标主要包括年末从业人员、管理机构从业人员总数、从业人员数等具体指标，用以反映典型区域从业人员规模。园区规模类指标主要包括入统大学科技园数量、场地面积等具体指标，主要反映典型区域科技型中小企业集群园区和基础设施情况。产值规模类指标主要包括地区生产总值、地区生产总值增速、高新技术产业增加值、税收总额等具体指标，主要反映典型区域的产值情况和水平。

（2）营运能力指标主要反映典型区域科技型中小企业发展的生产营运情况，主要包括营业水平和运营效率等相关指标。营业水平类指标主要包括营业收入、工业总产值、净利润、上缴税费、出口创汇等具体三级指标，主要反映典型区域科技型中小企业集群的生产运营水平。运营效率类指标主要包括高新技术产业增加值占园区工业增加值比重、综合能源消费量、实际开发面积单位工业增加值、人均工业增加值等具体三级指标，主要反映典型区域科技型中小企业发展过程中的效率水平。

（3）生产潜力指标主要反映典型区域科技型中小企业的发展潜力，主要包括资产状况和发展环境两个方面。资产状况类指标主要包括年末资产、年末负债、年末固定资产净值、财政科技投入占公共预算支出比例等具体三级指标，主要反映典型区域科技型中小企业发展过程中的所有者权益水平。发展环境类指标主要包括孵化基金总额，省级以上科技企业孵化器、众创空间数，省级以上科技企业孵化器在孵企业数，工业企业数增幅等具体指标，主要反映科技型中小企业发展的外部环境和企业孵化情况。

（4）创新能力指标主要反映典型区域科技型中小企业创新研发的能力和水平，主要包括科技人员、创新经费、研发主体、发明专利等相关指标。科技人员类指标主要包括科技活动人员、研发人员全时当量、研发人员等具体三级指标，主要反映典型区域科技型中小企业的科技创新人员情况。创新经费类指标主要包括科技活动经费内部支出、研发经费内部支出、工业企业研发经费占销售收入比重等具体指标，主要反映典型区域科技型中小企业的科技创新经费水平情况。研发主体类指标主要包括高新技术企业数、高新技术企业数占区内规模以上企业数比重、企业省级以上研发机构数等具体指标，主要反映典型区域科技型中小企业集群内的科技创新主体情况。发明专利类指标主要包括企业授权发明专利数等具体指标，主要反映典型区域科技型中小企业的科技创新成果。

鉴于科技型中小企业集群在国家中心城市、国家高新区、国家大学科技园和省域高新区等不同空间载体的发展差异和统计制度的差异性，本章在典型区域"群体智能指数"的实证研究过程中，将根据不同区域的典型特征和相关统计数据的差异，对基础指标体系进行适应性调整，具体确定"群体智能指数"测算指标体系。

第二节 国家中心城市的"群体智能指数"

国家中心城市最早在原建设部（现住房和城乡建设部）发布的《全国城镇体系规划（2006—2020年）》提出。根据国家发展和改革委员会的定义，国家中心城市是指居于国家战略要津、肩负国家使命、引领区域发展、参与国际竞争、代表国家形象的现代化大都市。国家中心城市是在直辖市和省会城市层级之上出现的新的"塔尖"，集中了中国和中国城市在空间、人口、资源和政策上的主要优势。《全国城镇体系规划（2006—2020年）》中明确提出了五大国家中心城市，即北京、天津、上海、广州、重庆。2016年以来，国家发展和改革委员会与住房和城乡建设部先后发函支持成都、武汉、郑州、西安建设国家中心城市。因此，本节所提及的国家中心城市包括北京、上海、天津、广州、重庆、郑州、成都、武汉、西安9个城市。此外，为了扩大样本，在上述9个国家中心城市之外，本节的研究对象还增加了5个国家计划单列市，分别是大连、青岛、宁波、厦门、深圳。这些城市的综合实力在全国范围内位居前列，也都是各自区域中最发达的城市。

随着城市经济、社会、文化等各方面的全面提升，人才、资金和技术等创新资源加速向城市集聚，为增强城市创新能力和更广泛的创新成果转移转化提供了更佳的承载平台。随着中国创新驱动战略的深入实施，国家中心城市肩负引领区域创新发展的战略任务，国家中心城市的良好发展将会缩小地区间的发展差距，从而带动辐射地区经济社会的发展。因此，国家中心城市自身的创新能力显得尤为重要。

近年来，上述国家中心城市和重要的计划单列市，不断加大城市创新投入，加大力度支持城市创新活动，扎实建设城市创新空间，大力扶持高校、科研机构加快发展。这些起着领头作用的国家中心城市用于基础研究、应用研究和试验发展的经费支出逐年增加，正在创新驱动发展的道路上快速前进。

除了经费、人才等方面的投入，国家中心城市也致力于创造良好的创新环境，城市创新环境得到大幅改善。例如，北京为鼓励创新，以深化"放管服"改革为契机，加快转变政府职能，进一步简政放权。国家中心城市从科研人员、企业和科技成果转化三个方面重点推进科技改革，充分尊重科技创新和科学研究的规律，深入推进落实科研项目和经费管理各项改革举措，深化改革人才的培养、引进、使用机制。以武汉为例，武汉为优化创新创业环境，从四个方面入手，一是引导高校、科研院所和龙头企业服务创业一线，推动校企之间的合作，共享发展利益；二是提高创新创业服务水平，精简审批服务；三是出台各种支持和保障政策，让创业者安心、放心；四是大刀阔斧地改革，营造良好的商业环境，如专门成立招商局和招才局，把招商和校友联系在一起，同时创新制度吸引高精尖人才。不仅仅是北京与武汉，其他中心城市也积极改善创新环境，为创新活动提供良好的环境。

国家中心城市本身的优势条件，加上对创新发展的大力支持，为创新型企业的集群发展提供了良好的资源条件和环境基础，有利于实现国家中心城市创新型企业集聚式发展和集群良性发展，对于提高国家中心城市发展质量，增强国家中心城市核心竞争力具有重要意义。

一、国家中心城市"群体智能指数"测算指标和数据来源

本部分对 9 个国家中心城市（北京、天津、上海、广州、重庆、成都、武汉、郑州、西安）和 5 个计划单列市（大连、青岛、宁波、厦门、深圳）进行区域"群体智能指数"的实证分析。因为郑州的数据缺失，所以本部分对除郑州外的 13 个国家中心城市和计划单列市（下文统称国家中心城市）的数据进行测算。从科技型中小企业集群最优环境参数集和群体智能进化的环境调控机理出发，根据数据可得性，本部分将国家中心城市"群体智能指数"测算指标体系进行调整，如表 5-2 所示。由于实际统计数据难以获得，本部分在对国家中心城市"群体智能指数"的测算中，对测算指标进行调整，从生产规模、营运能力、生产潜力和创新能力四个方面对国家中心城市"群体智能指数"进行测算和比较研究。

表 5-2 国家中心城市"群体智能指数"测算指标体系

一级指标	二级指标	三级指标	单位	预测方向
"群体智能指数"	生产规模	入统企业数	个	正向
		年末从业人员	人	正向
	营运能力	营业收入	万元	正向
		工业总产值	万元	正向
		净利润	万元	正向
		上缴税费	万元	正向
		出口创汇	万美元	正向
	生产潜力	年末资产	万元	正向
		年末负债	万元	负向
	创新能力	科技活动人员	人	正向
		研发人员	人	正向
		研发人员全时当量	人年	正向
		科技活动经费内部支出	万元	正向
		研发经费内部支出	万元	正向

入统企业数、年末从业人员分别从企业数和从业人数两个方面反映了国家中心城市企业生产规模；营业收入、工业总产值、净利润、上缴税费、出口创汇 5 个指标反映了国家中心城市企业生产经营过程中的营运能力；年末资产和年末负债从正负两个方面对国家中心城市生产潜力进行评估；科技活动人员、研发人员、研发人员全时当量、科技活动经费内部支出、研发经费内部支出从科研人员和科研经费两个方面对国家中心城市创新能力进行评估。本部分测算国家中心城市"群体智能指数"的数据来自 2008~2018 年《中国火炬统计年鉴》。

二、国家中心城市"群体智能指数"测算结果及分析

2008~2018 年，国家中心城市取得了巨大发展（表 5-3），进入统计规模的企业数从 31 712 个增长到 62 132 个，年均增长率为 6.96%，就业人数从约 489 万人增长到约 1 031 万人，年均增长率为 7.75%。从营运能力来看，2018 年国家中心城市企业总收入约为 128 564 亿元，工业总产值约为 75 679 亿元，净利润约为 9 490 亿元，上缴税费约为 6 269 亿元，出口创汇约为 2 071 亿元，2008~2018 年的年均增长率分别为 12.21%、9.07%、14.30%、13.44%、3.12%。

表 5-3 国家中心城市主要企业经济指标统计表

年份	入统企业数/个	年末从业人员/人	营业收入/万元	工业总产值/万元	净利润/万元	上缴税费/万元	出口创汇/万美元
2008	31 712	4 889 498	406 244 127.6	317 560 641.4	24 943 764.0	17 758 265.6	15 225 988.1
2009	30 612	4 303 716	405 054 119.0	312 918 062.5	22 889 435.6	23 894 247.8	14 630 748.1
2010	12 765	3 668 314	355 385 289.1	276 554 455.3	27 288 899.0	18 082 194.5	10 931 858.6
2011	15 055	4 744 338	528 460 787.1	420 477 624.4	42 360 922.9	27 055 311.5	15 279 896.6
2012	18 596	5 600 687	592 789 502.2	451 791 727.7	46 674 381.7	31 269 053.5	19 144 937.8
2013	20 880	6 017 220	631 073 986.5	493 506 447.7	47 890 024.6	33 109 425.1	17 560 668.7
2014	24 924	6 685 938	745 371 770.3	575 591 787.4	55 573 838.4	36 778 954.9	19 183 688.1
2015	23 948	5 795 056	740 146 250.0	515 304 596.9	54 164 379.7	38 228 207.1	15 597 403.5
2016	35 323	7 864 250	906 816 596.4	613 398 519.6	71 282 362.3	46 117 429.3	18 224 420.4
2017	47 490	9 058 146	1 076 399 095.4	712 944 239.2	84 543 526.3	54 966 616.1	17 016 713.0
2018	62 132	10 309 706	1 285 639 711.2	756 788 282.0	94 903 593.2	62 692 983.4	20 710 278.7
年均增长率	6.96%	7.75%	12.21%	9.07%	14.30%	13.44%	3.12%

资料来源：2008~2018 年《中国火炬统计年鉴》

根据熵权-TOPSIS 模型可得国家中心城市"群体智能指数"各指标权重,如表 5-4 所示。在国家中心城市群体智能涌现过程中,生产规模、营运能力、创新能力发挥了重要作用,三者贡献率接近 90%;从三级指标来看,科技活动经费内部支出在国家中心城市群体智能涌现过程中发挥了重要作用,贡献率超过 10%。可见,对于国家中心城市而言,科技活动经费内部支出在科技型中小企业集群的发展过程中发挥了重要的引领作用。

表 5-4 国家级中心城市"群体智能指数"测算指标权重

一级指标	二级指标	三级指标	单位	权重
"群体智能指数"	生产规模(0.140 3)	入统企业数	个	0.076 3
		年末从业人员	人	0.064 0
	营运能力(0.348 8)	营业收入	万元	0.070 1
		工业总产值	万元	0.062 6
		净利润	万元	0.067 1
		上缴税费	万元	0.065 3
		出口创汇	万美元	0.083 7
	生产潜力(0.107 7)	年末资产	万元	0.088 0
		年末负债	万元	0.019 7
	创新能力(0.403 2)	科技活动人员	人	0.076 5
		研发人员	人	0.066 9
		研发人员全时当量	人年	0.064 4
		科技活动经费内部支出	万元	0.110 2
		研发经费内部支出	万元	0.085 2

资料来源:2008~2018 年《中国火炬统计年鉴》

(一)国家中心城市生产规模指数评价与分析

选取入统企业数、年末从业人员对 2018 年国家中心城市生产规模指数进行测度,反映 13 个国家中心城市在企业数、就业人数方面的集群规模。如表 5-5 所示,13 个国家中心城市平均生产规模指数为 0.281 123 6,其中仅 4 个国家中心城市生产规模指数超过平均水平,9 个国家中心城市生产规模指数低于平均水平,由此可见,虽然国家中心城市总数和生产规模取得了很大发展,但 13 个国家中心城市生产规模差距较大,地区差异明显。具体而言,北京、深圳、上海、广州 4 个国家中心城市生产规模指数位居前列，入统企业数、年末从业人员在全国处于领先水平，从生产规模指数绝对值来看，北京与其他中心城市仍然存在较大差距；宁波、西安、青岛、厦门、大连 5 个国家中心城市生产规模指数均小于 0.1，入统企业数、年末从业人员在 13 个国家中心城市中生产规模指数竞争力相对不足。

表5-5　2018年国家中心城市生产规模指数测算结果及排名

序号	国家中心城市	生产规模	排名
1	大连	0	13
2	宁波	0.095 230 1	9
3	厦门	0.051 040 3	12
4	青岛	0.071 197 3	11
5	深圳	0.750 471 8	2
6	北京	1	1
7	天津	0.203 216 3	5
8	上海	0.527 419 3	3
9	重庆	0.148 439 7	6
10	广州	0.456 432 7	4
11	成都	0.130 017 9	8
12	武汉	0.138 300 6	7
13	西安	0.082 841 2	10
—	平均值	0.281 123 6	—

资料来源：2008~2018年《中国火炬统计年鉴》

（二）国家中心城市营运能力指数评价与分析

选取营业收入、工业总产值、净利润、上缴税费、出口创汇等指标对国家中心城市营运能力指数进行测算和评估，定量反映国家中心城市在盈利、税收、国际贸易等方面的营运能力。如表 5-6 所示，2018 年我国 13 个国家中心城市营运能力指数平均值为 0.278 656 5，13 个国家中心城市中有 4 个国家中心城市营运能力指数高于平均水平，9 个国家中心城市营运能力指数低于平均水平，可见国家中心城市营运能力整体较弱，地区差异较为明显。具体而言，深圳、上海、北京 3 个国家中心城市营运能力位居前列，中心城市盈利、税收、国际贸易综合水平高于其他国家中心城市；青岛、成都、厦门、西安、大连 5 个国家中心城市营运能力指数均小于 0.1，营运能力相对靠后，有待进一步提高；广州、重庆两个国家中心城市营运能力接近平均水平，从我国 13 个国家中心城市营运能力排名来看，广州、重庆的排名仍然处于领先地位。

表 5-6　2018 年国家中心城市营运能力指数测算结果及排名

序号	国家中心城市	营运能力	排名
1	大连	0.012 404 0	13
2	宁波	0.159 266 5	7
3	厦门	0.077 723 7	11
4	青岛	0.088 546 7	9
5	深圳	0.890 739 5	1
6	北京	0.613 196 5	3
7	天津	0.163 594 0	6
8	上海	0.740 521 1	2
9	重庆	0.277 138 0	5
10	广州	0.283 744 3	4
11	成都	0.081 649 3	10
12	武汉	0.158 159 4	8
13	西安	0.075 851 1	12
—	平均值	0.278 656 5	—

资料来源：2008~2018 年《中国火炬统计年鉴》

（三）国家中心城市生产潜力指数评价与分析

选取国家中心城市年末资产、年末负债两个指标对 2018 年国家中心城市生产潜力指数进行测度和分析，反映国家中心城市生产营运的后备力量。如表 5-7 所示，2018 年 13 个国家中心城市生产潜力指数平均值为 0.314 105 092，共 3 个国家中心城市生产潜力指数水平高于平均水平，10 个国家中心城市生产潜力指数低于平均水平，可见从生产潜力角度来看，我国国家中心城市生产潜力指数整体水平仍然不足。具体而言，北京、深圳、上海 3 个国家中心城市生产潜力水平处于全国领先水平，生产潜力较大。但从生产潜力指数绝对值来看，北京生产潜力指数与其他国家中心城市生产潜力指数差距仍然较大，排名前 3 的城市与排名第 4 及之后的城市差距过大，可见我国国家中心城市生产潜力指数水平的区域差异明显。

表 5-7　2018 年国家中心城市生产潜力指数测算结果及排名

序号	国家中心城市	生产潜力	排名
1	大连	0.180 377 200	13
2	宁波	0.186 925 582	10
3	厦门	0.182 772 180	12
4	青岛	0.183 853 681	11
5	深圳	0.644 233 954	2
6	北京	0.817 227 820	1
7	天津	0.236 965 785	5
8	上海	0.629 942 980	3
9	重庆	0.203 325 823	6
10	广州	0.239 343 948	4
11	成都	0.192 752 064	8
12	武汉	0.198 124 332	7
13	西安	0.187 520 850	9
—	平均值	0.314 105 092	—

资料来源：2008～2018 年《中国火炬统计年鉴》

（四）国家中心城市创新能力指数评价与分析

选取科技活动人员、研发人员、研发人员全时当量、科技活动经费内部支出、研发经费内部支出对国家中心城市创新能力指数进行测算和分析，从科技人员、科技经费两方面分析国家中心城市的创新能力。如表 5-8 所示，2018 年国家中心城市创新能力指数平均值为 0.236 847 478，共 4 个国家中心城市创新能力高于平均水平，9 个国家中心城市创新能力低于平均水平，由此可见我国国家中心城市创新能力整体水平相对不足，区域差异较大。具体而言，北京、上海、深圳、广州 4 个国家中心城市创新能力水平在 13 个国家中心城市中处于领先水平，从创新能力绝对值来看，大部分国家中心城市创新能力指数距离北京创新能力指数水平仍有较大差距；宁波、厦门、青岛、大连 4 个国家中心城市创新能力相对靠后，均小于 0.1。可见我国国家中心城市创新能力区域差异较大，整体水平有待进一步提高。

表 5-8 2018 年国家中心城市创新能力指数测算结果及排名

序号	国家中心城市	创新能力	排名
1	大连	0	13
2	宁波	0.064 253 443	10
3	厦门	0.038 517 543	11
4	青岛	0.031 703 580	12
5	深圳	0.554 740 683	3
6	北京	0.740 743 739	1
7	天津	0.177 759 032	5
8	上海	0.614 433 523	2
9	重庆	0.117 083 550	8
10	广州	0.327 419 807	4
11	成都	0.107 540 051	9
12	武汉	0.175 316 415	6
13	西安	0.129 505 853	7
—	平均值	0.236 847 478	—

资料来源：2008～2018 年《中国火炬统计年鉴》

（五）国家中心城市"群体智能指数"评价与分析

选取生产规模、营运能力、生产潜力、创新能力 4 个方面 14 个指标对我国 13 个国家中心城市"群体智能指数"进行实证测算，基于外部环境参数和国家中心城市生产营运能力量化分析我国 13 个国家中心城市群体智能涌现程度。如表 5-9 所示，国家中心城市"群体智能指数"平均值为 0.267 241 7，其中有 4 个国家中心城市"群体智能指数"水平高于平均水平，9 个国家中心城市"群体智能指数"低于全国平均水平，可见我国大多数国家中心城市群体智能水平有待进一步提高，外部环境参数有待进一步优化。具体来看，北京、深圳、上海、广州 4 个国家中心城市"群体智能指数"水平在全国领先，从"群体智能指数"水平绝对值来看，北京"群体智能指数"水平领先于我国其他中心城市，我国其他国家中心城市大多与北京的差距仍然较大；青岛、厦门、大连 3 个国家中心城市"群体智能指数"水平相对不足，排名暂时靠后，优化国家中心城市外部环境参数，促进国家中心城市群体智能涌现的任务仍然较重；重庆、天津、武汉 3 个国家中心城市群体智能指数水平从全国排名来看处于优势地位，但没有达到"群体智能指数"的平均值，与前 3 名的城市差距仍然较大。

表 5-9 2018 年国家中心城市"群体智能指数"测算结果及排名

序号	国家中心城市	"群体智能指数"	排名
1	大连	0.065 457 7	13
2	宁波	0.122 374 6	8
3	厦门	0.085 704 9	12
4	青岛	0.087 809 7	11
5	深圳	0.650 094 4	2
6	北京	0.712 738 2	1
7	天津	0.184 369 0	6
8	上海	0.643 079 0	3
9	重庆	0.194 258 9	5
10	广州	0.323 028 5	4
11	成都	0.117 296 7	10
12	武汉	0.168 589 2	7
13	西安	0.119 340 7	9
—	平均值	0.267 241 7	—

资料来源：2008~2018 年《中国火炬统计年鉴》

综上所述，我国的国家中心城市群体智能水平地区差异明显，生产规模、营运能力、生产潜力、创新能力整体水平仍有待提高，9 个城市低于全国平均水平，可见虽然我国的国家中心城市数量和生产规模得到快速提升，但各国家中心城市群体智能水平提高空间仍然较大，在国家中心城市数量增加的同时，未来我国应更加注重国家中心城市发展质量的提高，增强国家中心城市核心竞争力，优化外部环境参数，促进国家中心城市群体智能涌现，实现国家中心城市整体和国家中心城市内企业的集聚式发展和集群良性发展。

第三节 国家高新区的"群体智能指数"

国家高新区系国家高新技术产业开发区，为国务院于 1988 年开始陆续批准成立的国家级高科技园区。国家高新区是以智力密集和开放环境条件为依托，主要依靠国内的科技和经济实力，充分吸收和借鉴国外先进科技资源、资金和管理手段，通过实施高新技术产业的优惠政策和各项改革措施，实现软硬环境的局部优化，最大限度地把科技成果转化为现实生产力而建立起来的集中区域。截至

2019 年,国家已批复建设 169 家国家高新区。上述国家高新区共计实现生产总值 12.2 万亿元,上缴税费 1.9 万亿元,分别占 GDP 的 12.3%、税收收入的 11.8%。坚持以创新为第一动力,以科技创新带动产业发展,成为国家高新区发展的鲜明特色。国家高新区的建设使我国跟上了全球高新技术产业发展的步伐,对我国经济社会的发展产生了长期深远的影响。近年来,国家高新区依托国家级大中小企业融通发展特色载体,不断完善大型通用关键仪器、设备、实验室等对外服务平台,着力充实资源,提高设备使用率,使各类服务平台真正建得全、用得好;以企业需求为导向建设共享平台,使各类设备都能精准契合企业发展需求,切实解决部分小微企业关键仪器设备买不起、用不起的问题,有效避免了资源闲置浪费;通过众创空间、孵化器和加速器的建设,为小微企业的孵化培育、成长、扶持和成熟壮大,提供全生命周期的、方方面面的专业化服务,推进科技型中小企业健康成长。

一、国家高新区"群体智能指数"测算指标和数据来源

从科技型中小企业集群最优环境参数集和群体智能进化的环境调控机理出发,根据数据可得性,本部分将国家高新区"群体智能指数"测算指标体系进行调整,如表 5-10 所示。由于实际统计数据难以获得,本部分在对国家高新区"群体智能指数"的测算中,对测算指标进行调整,从生产规模、营运能力、生产潜力和创新能力四个方面对国家高新区"群体智能指数"进行测算和比较研究。

表 5-10 国家高新区"群体智能指数"测算指标

一级指标	二级指标	三级指标	单位	预测方向
"群体智能指数"	生产规模	工商注册企业数	个	正向
		高新技术企业数	个	正向
		年末从业人员	人	正向
	营运能力	营业收入	万元	正向
		工业总产值	万元	正向
		净利润	万元	正向
		上缴税费	万元	正向
		出口创汇	万美元	正向
	生产潜力	年末资产	万元	正向
		年末负债	万元	负向

续表

一级指标	二级指标	三级指标	单位	预测方向
"群体智能指数"	创新能力	科技活动人员	人	正向
		研发人员	人	正向
		研发人员全时当量	人年	正向
		科技活动经费内部支出	万元	正向
		研发经费内部支出	万元	正向

工商注册企业数、高新技术企业数、年末从业人员从企业数和从业人数两个方面反映了国家高新区企业生产规模；营业收入、工业总产值、净利润、上缴税费、出口创汇 5 个指标反映了国家高新区企业生产经营过程中的营运能力；年末资产和年末负债从正负两个方面对国家高新区生产潜力进行评估；科技活动人员、研发人员、研发人员全时当量、科技活动经费内部支出、研发经费内部支出从科研人员和科研经费两个方面对国家高新区创新能力进行评估。本部分测算国家高新区"群体智能指数"的数据均来自科学技术部火炬高技术产业开发中心统计数据。

二、国家高新区"群体智能指数"测算结果及分析

1995～2018 年，我国的国家高新区取得了巨大发展（表 5-11）。国家高新区数从 52 个增长到 169 个，年均增长率为 5.26%；入统企业数从 12 980 个增长到 120 057 个，年均增长率为 10.16%；年末从业人员从 99.1 万人增长到 2 091.6 万人，年均增长率为 14.18%。从营运能力来看，2018 年国家高新区企业营业收入为 346 213.9 亿元，工业总产值为 222 525.5 亿元，净利润为 23 918.1 亿元，上缴税费为 18 650.5 亿元，出口创汇为 5 631.2 亿美元，1995～2018 年的年均增长率分别为 26.59%、24.64%、26.50%、27.57%、25.69%。

表 5-11 国家高新区主要企业经济指标统计

年份	国家高新区数/个	入统企业数/个	年末从业人员/万人	营业收入/亿元	工业总产值/亿元	净利润/亿元	上缴税费/亿元	出口创汇/亿美元
1995	52	12 980	99.1	1 529	1 402.6	107.4	69.0	29.3
1996	52	13 722	129.1	2 300.3	2 142.3	140.5	97.7	43.0
1997	53	13 681	147.5	3 387.8	3 109.2	206.6	143.3	64.8
1998	53	16 097	183.7	4 839.6	4 333.6	256.2	220.8	85.3
1999	53	17 498	221.0	6 775.0	5 944.0	398.7	338.6	119.0

续表

年份	国家高新区数/个	入统企业数/个	年末从业人员/万人	营业收入/亿元	工业总产值/亿元	净利润/亿元	上缴税费/亿元	出口创汇/亿美元
2000	53	20 796	250.9	9 209.3	7 942.0	597.0	460.2	185.8
2001	53	24 293	294.3	11 928.4	10 116.8	644.6	640.4	226.6
2002	53	28 338	348.7	15 326.4	12 937.1	801.1	766.4	329.2
2003	53	32 857	395.4	20 938.7	17 257.4	1 129.4	990.0	510.2
2004	53	38 565	448.4	27 466.3	22 638.9	1 422.8	1 239.6	823.8
2005	53	41 990	521.2	34 415.6	28 957.6	1 603.2	1 615.8	1 116.5
2006	53	45 828	573.7	43 320.0	35 899.0	2 128.5	1 977.1	1 361.0
2007	54	48 472	650.2	54 925.2	44 376.9	3 159.3	2 614.1	1 728.1
2008	54	52 632	716.5	65 985.7	52 684.7	3 304.2	3 198.7	2 015.2
2009	56	53 692	810.5	78 706.9	61 151.4	4 465.4	3 994.6	2 007.2
2010	83	55 243	960.3	105 917.3	84 318.2	6 855.4	5 446.8	2 648.0
2011	88	57 033	1 073.6	133 425.1	105 679.6	8 484.2	6 816.7	3 180.6
2012	105	63 926	1 269.5	165 689.9	128 603.9	10 243.2	9 580.5	3 760.4
2013	114	71 180	1 460.2	199 648.9	151 367.6	12 443.6	11 043.1	4 133.3
2014	115	74 275	1 527.6	226 754.5	169 936.9	15 052.5	13 202.1	4 351.4
2015	146	82 712	1 719.0	253 662.8	186 018.3	16 094.8	14 240.0	4 732.7
2016	146	91 093	1 805.9	276 559.4	196 838.7	18 535.1	15 609.3	4 389.5
2017	156	103 631	1 940.7	307 057.5	202 826.6	21 420.4	17 251.2	4 780.7
2018	169	120 057	2 091.6	346 213.9	222 525.5	23 918.1	18 650.5	5 631.2
年均增长率	5.26%	10.16%	14.18%	26.59%	24.64%	26.50%	27.57%	25.69%

资料来源：根据科学技术部火炬高技术产业开发中心统计数据整理

从我国四大区域来看，2018年国家高新区各主要企业经济指标东部地区均领先于中部、西部和东北地区（表5-12）。具体而言，工商企业注册数、高新技术企业数、年末从业人员、营业收入、净利润、上缴税费、出口创汇、年末资产、年末负债、科技活动人员、研发人员等指标，东部地区占全国比重始终超过50%，相比而言，中部地区、西部地区、东北地区的国家高新区发展水平较东部地区仍有较大差距，地区差异明显。

表5-12 2018年国家高新区主要企业经济指标统计（分区域）

经济指标	单位	总计	东部地区	中部地区	西部地区	东北地区
工商注册企业数	个	2 317 764	1 400 421	362 409	434 100	120 834
高新技术企业数	个	62 792	43 123	9 969	7 649	2 051
年末从业人员	人	20 915 695	12 523 830	3 982 781	3 399 008	1 010 076
营业收入	万元	3 462 138 791.9	2 135 386 101.8	612 941 844.5	540 305 701.2	173 505 144.4

续表

经济指标	单位	总计	东部地区	中部地区	西部地区	东北地区
工业总产值	万元	2 225 255 074.7	1 256 606 664.7	467 170 810.5	372 063 202.8	129 414 396.7
净利润	万元	239 180 961.2	150 774 497.2	40 469 477.0	34 721 306.2	13 215 680.8
上缴税费	万元	186 505 013.8	108 369 453.0	30 264 613.5	33 137 873.7	14 733 073.6
出口创汇	万美元	372 637 652.6	268 222 617.5	43 195 251.7	52 385 114.8	8 834 668.6
年末资产	万元	5 278 174 731.5	3 446 175 671.5	783 402 729.3	843 977 151.7	204 619 178.9
年末负债	万元	3 014 318 746.8	1 950 646 429.1	445 875 091.6	500 751 619.5	117 045 606.6
科技活动人员	人	4 280 661	2 804 036	493 309	494 262	489 054
研发人员	人	2 583 635	1 591 527	463 772	310 070	218 266
研发人员全时当量	人年	1 772 053	1 101 546	302 148	221 784	146 575
科技活动经费内部支出	万元	126 750 079.8	95 043 869.6	2 539 383.2	13 767 057.1	15 399 769.9
研发经费内部支出	万元	74 556 951.2	49 061 215.2	9 977 265.9	8 658 787.6	6 859 682.5

资料来源：根据科学技术部火炬高技术产业开发中心统计数据整理

根据熵权-TOPSIS模型可得国家高新区"群体智能指数"各指标权重，如表5-13所示。在国家高新区群体智能涌现过程中，生产规模、营运能力、创新能力发挥了重要作用，三者贡献率超过90%；从三级指标来看，高新技术企业数、年末资产、科技活动经费内部支出在国家高新区群体智能涌现过程中发挥了重要作用。可见，对于国家高新区而言，高新技术企业数、年末资产和科技活动经费内部支出在科技型中小企业集群的发展过程中发挥了重要的引领作用。

表5-13 国家高新区"群体智能指数"测算指标权重

一级指标	二级指标	三级指标	单位	权重
"群体智能指数"	生产规模（0.204 8）	工商注册企业数	个	0.072 3
		高新技术企业数	个	0.083 6
		年末从业人员	人	0.048 9
	营运能力（0.318 5）	营业收入	万元	0.063 5
		工业总产值	万元	0.057 9
		净利润	万元	0.061 5
		上缴税费	万元	0.064 7
		出口创汇	万美元	0.070 9
	生产潜力（0.087 6）	年末资产	万元	0.087 2
		年末负债	万元	0.000 4

续表

一级指标	二级指标	三级指标	单位	权重
"群体智能指数"	创新能力（0.389 1）	科技活动人员	人	0.077 8
		研发人员	人	0.068 7
		研发人员全时当量	人年	0.071 8
		科技活动经费内部支出	万元	0.089 4
		研发经费内部支出	万元	0.081 4

资料来源：根据科学技术部火炬高技术产业开发中心统计数据整理

（一）国家高新区生产规模指数评价与分析

选取工商注册企业数、高新技术企业数、年末从业人员对2018年国家高新区生产规模指数进行测度，反映169个国家高新区在企业数、就业人数方面的集群规模。如表5-14和表5-15所示，169个国家高新区生产规模平均值为0.031 908，其中仅37个国家高新区生产规模指数超过全国平均水平，122个国家高新区生产规模指数低于全国平均水平，由此可见，虽然我国高新区总数和生产规模取得了很大发展，但我国169个国家高新区生产规模差距较大，地区差异明显。具体而言，北京中关村（1）、上海张江（0.262 343）、广东广州（0.215 929）、四川成都（0.197 301）、广东深圳（0.162 492）、湖北武汉（0.158 867）、陕西西安（0.142 829）、苏州工业园（0.118 852）、天津滨海（0.089 682）、广东佛山（0.088 315）10个国家高新区生产规模指数位居全国前十，高新区工商注册企业数、高新技术企业数、年末从业人员在全国处于领先水平，从生产规模指数绝对值来看，北京中关村与其他国家高新区仍然存在较大差距；安徽铜陵狮子山（0.002 282）、四川攀枝花（0.002 204）、安徽淮南（0.002 179）、新疆昌吉（0.002 120）、吉林通化（0.001 779）、宁夏石嘴山（0.001 584）、湖北荆州（0.001 330）、吉林延吉（0.001 201）、内蒙古鄂尔多斯（0.001 130）、山东黄河三角洲（0.000 247）10个国家高新区生产规模指数位居全国后十，高新区工商注册企业数、高新技术企业数、年末从业人员在全国169个国家高新区中生产规模指数竞争力相对不足；山西太原（0.038 649）、山东青岛（0.035 225）、广东中山（0.034 434）、湖北襄阳（0.033 998）、吉林长春（0.032 407）、山东潍坊（0.031 154）、浙江温州（0.030 209）、山东济宁（0.030 176）、河南洛阳（0.029 502）、广西桂林（0.028 665）10个国家高新区接近于我国169个国家高新区生产规模指数平均水平，但从全国排名来看，10个国家高新区生产规模指数处于全国前列。

表 5-14 2018 年国家高新区生产规模指数测算结果

序号	国家高新区	生产规模	序号	国家高新区	生产规模	序号	国家高新区	生产规模
1	北京中关村	1	28	黑龙江大庆	0.013 633	55	浙江绍兴	0.042 668
2	天津滨海	0.089 682	29	上海张江	0.262 343	56	浙江衢州	0.015 243
3	河北石家庄	0.039 132	30	上海紫竹	0.006 938	57	安徽合肥	0.074 692
4	河北唐山	0.007 726	31	江苏南京	0.075 853	58	安徽芜湖	0.017 130
5	河北保定	0.025 827	32	江苏无锡	0.064 339	59	安徽蚌埠	0.013 322
6	河北承德	0.004 119	33	江苏江阴	0.015 998	60	安徽淮南	0.002 179
7	河北燕郊	0.010 494	34	江苏徐州	0.009 370	61	安徽马鞍山慈湖	0.007 819
8	山西太原	0.038 649	35	江苏常州	0.056 257	62	安徽铜陵狮子山	0.002 282
9	山西长治	0.009 075	36	江苏武进	0.027 006	63	福建福州	0.018 167
10	内蒙古呼和浩特	0.008 339	37	江苏苏州	0.061 624	64	福建厦门	0.050 893
11	内蒙古包头	0.018 850	38	江苏昆山	0.051 057	65	福建莆田	0.006 831
12	内蒙古鄂尔多斯	0.001 130	39	苏州工业园	0.118 852	66	福建三明	0.003 546
13	辽宁沈阳	0.053 460	40	江苏常熟	0.013 599	67	福建泉州	0.015 374
14	辽宁大连	0.044 905	41	江苏南通	0.016 817	68	福建漳州	0.014 650
15	辽宁鞍山	0.007 441	42	江苏连云港	0.008 616	69	福建龙岩	0.005 089
16	辽宁本溪	0.002 416	43	江苏淮安	0.004 079	70	江西南昌	0.027 290
17	辽宁锦州	0.004 522	44	江苏盐城	0.010 798	71	江西景德镇	0.010 677
18	辽宁营口	0.008 988	45	江苏扬州	0.009 074	72	江西九江共青城	0.011 069
19	辽宁阜新	0.004 184	46	江苏镇江	0.016 425	73	江西新余	0.010 968
20	辽宁辽阳	0.005 489	47	江苏泰州	0.018 875	74	江西鹰潭	0.005 312
21	吉林长春	0.032 407	48	江苏宿迁	0.005 280	75	江西赣州	0.002 936
22	吉林长春净月	0.020 522	49	浙江杭州	0.086 786	76	江西吉安	0.005 110
23	吉林	0.010 607	50	浙江萧山临江	0.016 055	77	江西宜春丰城	0.004 445
24	吉林通化	0.001 779	51	浙江宁波	0.067 421	78	江西抚州	0.008 449
25	吉林延吉	0.001 201	52	浙江温州	0.030 209	79	山东济南	0.071 711
26	黑龙江哈尔滨	0.026 495	53	浙江嘉兴	0.009 449	80	山东青岛	0.035 225
27	黑龙江齐齐哈尔	0.002 666	54	浙江莫干山	0.009 930	81	山东淄博	0.023 651

续表

序号	国家高新区	生产规模	序号	国家高新区	生产规模	序号	国家高新区	生产规模
82	山东枣庄	0.005 946	112	湖南株洲	0.028 499	142	四川成都	0.197 301
83	山东黄河三角洲	0.000 247	113	湖南湘潭	0.015 287	143	四川自贡	0.012 179
84	山东烟台	0.015 286	114	湖南衡阳	0.012 736	144	四川攀枝花	0.002 204
85	山东潍坊	0.031 154	115	湖南常德	0.006 643	145	四川泸州	0.008 428
86	山东济宁	0.030 176	116	湖南益阳	0.009 331	146	四川德阳	0.005 041
87	山东泰安	0.010 766	117	湖南郴州	0.003 705	147	四川绵阳	0.021 287
88	山东威海	0.027 203	118	湖南怀化	0.004 637	148	四川内江	0.002 777
89	山东莱芜	0.005 532	119	广东广州	0.215 929	149	四川乐山	0.007 379
90	山东临沂	0.010 142	120	广东深圳	0.162 492	150	贵州贵阳	0.044 514
91	山东德州	0.002 470	121	广东珠海	0.055 481	151	贵州安顺	0.003 828
92	河南郑州	0.077 801	122	广东汕头	0.014 066	152	云南昆明	0.020 569
93	河南洛阳	0.029 502	123	广东佛山	0.088 315	153	云南玉溪	0.005 121
94	河南平顶山	0.004 463	124	广东江门	0.024 638	154	云南楚雄	0.006 640
95	河南安阳	0.010 345	125	广东湛江	0.007 145	155	陕西西安	0.142 829
96	河南新乡	0.008 711	126	广东茂名	0.005 153	156	陕西宝鸡	0.028 017
97	河南焦作	0.006 264	127	广东肇庆	0.009 993	157	陕西杨凌	0.008 339
98	河南南阳	0.006 839	128	广东惠州	0.038 975	158	陕西咸阳	0.003 868
99	湖北武汉	0.158 867	129	广东源城	0.007 221	159	陕西渭南	0.003 610
100	湖北黄石大冶湖	0.024 034	130	广东清远	0.011 320	160	陕西榆林	0.006 738
101	湖北宜昌	0.024 456	131	广东东莞	0.023 000	161	陕西安康	0.004 293
102	湖北襄阳	0.033 998	132	广东中山	0.034 434	162	甘肃兰州	0.023 649
103	湖北荆门	0.023 632	133	广西南宁	0.047 712	163	甘肃白银	0.008 799
104	湖北孝感	0.019 898	134	广西柳州	0.026 810	164	青海	0.002 705
105	湖北荆州	0.001 330	135	广西桂林	0.028 665	165	宁夏银川	0.003 001
106	湖北黄冈	0.014 707	136	广西北海	0.005 880	166	宁夏石嘴山	0.001 584
107	湖北咸宁	0.018 156	137	海南海口	0.007 558	167	新疆乌鲁木齐	0.039 146
108	湖北随州	0.008 900	138	重庆	0.068 605	168	新疆昌吉	0.002 120
109	湖北仙桃	0.011 696	139	重庆璧山	0.013 410	169	新疆兵团	0.002 314
110	湖北潜江	0.007 952	140	重庆荣昌	0.004 050	—	平均值	0.031 908
111	湖南长沙	0.077 667	141	重庆永川	0.010 862			

资料来源:根据科学技术部火炬高技术产业开发中心统计数据整理

表 5-15　2018 年我国 169 个国家高新区"群体智能指数"排名

序号	国家高新区	排名	序号	国家高新区	排名	序号	国家高新区	排名
1	北京中关村	1	33	江苏江阴	70	65	福建莆田	122
2	天津滨海	9	34	江苏徐州	99	66	福建三明	151
3	河北石家庄	31	35	江苏常州	21	67	福建泉州	71
4	河北唐山	114	36	江苏武进	47	68	福建漳州	76
5	河北保定	50	37	江苏苏州	20	69	福建龙岩	136
6	河北承德	144	38	江苏昆山	24	70	江西南昌	45
7	河北燕郊	93	39	苏州工业园	8	71	江西景德镇	91
8	山西太原	33	40	江苏常熟	79	72	江西九江共青城	86
9	山西长治	101	41	江苏南通	67	73	江西新余	87
10	内蒙古呼和浩特	110	42	江苏连云港	107	74	江西鹰潭	131
11	内蒙古包头	63	43	江苏淮安	145	75	江西赣州	153
12	内蒙古鄂尔多斯	168	44	江苏盐城	89	76	江西吉安	135
13	辽宁沈阳	23	45	江苏扬州	102	77	江西宜春丰城	141
14	辽宁大连	27	46	江苏镇江	68	78	江西抚州	108
15	辽宁鞍山	116	47	江苏泰州	62	79	山东济南	16
16	辽宁本溪	158	48	江苏宿迁	132	80	山东青岛	34
17	辽宁锦州	139	49	浙江杭州	11	81	山东淄博	54
18	辽宁营口	103	50	浙江萧山临江	69	82	山东枣庄	127
19	辽宁阜新	143	51	浙江宁波	18	83	山东黄河三角洲	169
20	辽宁辽阳	130	52	浙江温州	39	84	山东烟台	73
21	吉林长春	37	53	浙江嘉兴	98	85	山东潍坊	38
22	吉林长春净月	60	54	浙江莫干山	97	86	山东济宁	40
23	吉林	92	55	浙江绍兴	29	87	山东泰安	90
24	吉林通化	164	56	浙江衢州	74	88	山东威海	46
25	吉林延吉	167	57	安徽合肥	15	89	山东莱芜	129
26	黑龙江哈尔滨	49	58	安徽芜湖	66	90	山东临沂	95
27	黑龙江齐齐哈尔	156	59	安徽蚌埠	81	91	山东德州	157
28	黑龙江大庆	78	60	安徽淮南	162	92	河南郑州	12
29	上海张江	2	61	安徽马鞍山慈湖	113	93	河南洛阳	41
30	上海紫竹	120	62	安徽铜陵狮子山	160	94	河南平顶山	140
31	江苏南京	14	63	福建福州	64	95	河南安阳	94
32	江苏无锡	19	64	福建厦门	25	96	河南新乡	106

续表

序号	国家高新区	排名	序号	国家高新区	排名	序号	国家高新区	排名
97	河南焦作	126	122	广东汕头	77	147	四川绵阳	58
98	河南南阳	121	123	广东佛山	10	148	四川内江	154
99	湖北武汉	6	124	广东江门	51	149	四川乐山	117
100	湖北黄石大冶湖	53	125	广东湛江	119	150	贵州贵阳	28
101	湖北宜昌	52	126	广东茂名	133	151	贵州安顺	148
102	湖北襄阳	36	127	广东肇庆	96	152	云南昆明	59
103	湖北荆门	56	128	广东惠州	32	153	云南玉溪	134
104	湖北孝感	61	129	广东源城	118	154	云南楚雄	125
105	湖北荆州	166	130	广东清远	85	155	陕西西安	7
106	湖北黄冈	75	131	广东东莞	57	156	陕西宝鸡	44
107	湖北咸宁	65	132	广东中山	35	157	陕西杨凌	111
108	湖北随州	104	133	广西南宁	26	158	陕西咸阳	147
109	湖北仙桃	84	134	广西柳州	48	159	陕西渭南	150
110	湖北潜江	112	135	广西桂林	42	160	陕西榆林	123
111	湖南长沙	13	136	广西北海	128	161	陕西安康	142
112	湖南株洲	43	137	海南海口	115	162	甘肃兰州	55
113	湖南湘潭	72	138	重庆	17	163	甘肃白银	105
114	湖南衡阳	82	139	重庆璧山	80	164	青海	155
115	湖南常德	124	140	重庆荣昌	146	165	宁夏银川	152
116	湖南益阳	100	141	重庆永川	88	166	宁夏石嘴山	165
117	湖南郴州	149	142	四川成都	4	167	新疆乌鲁木齐	30
118	湖南怀化	138	143	四川自贡	83	168	新疆昌吉	163
119	广东广州	3	144	四川攀枝花	161	169	新疆兵团	159
120	广东深圳	5	145	四川泸州	109			
121	广东珠海	22	146	四川德阳	137			

资料来源：根据科学技术部火炬高技术产业开发中心统计数据整理

（二）国家高新区营运能力指数评价与分析

选取营业收入、工业总产值、净利润、上缴税费、出口创汇等指标对国家高新区营运能力指数进行测算和评估，定量反映我国国家高新区在盈利、税收、国际贸易等方面的营运能力。如表5-16和表5-17所示，2018年我国169个国家高新区营运能力指数平均值为0.056 091，169个国家高新区中40个国家高新区营运能力指数高于全国平均水平，129 个国家高新区营运能力指数低于全国平均水平，可见我国的国家高新区营运能力整体较弱，地区差异较为明显。具体而言，北京中关村（0.739 562）、上海张江（0.543 692）、四川成都（0.452 395）、广东深圳（0.359 588）、陕西西安（0.357 781）、苏州工业园（0.333 422）、江苏苏州（0.308 584）、湖北武汉（0.287 183）、江苏无锡（0.277 370）、广东广州（0.276 341）10 个国家高新区营运能力位居全国前十，高新区盈利、税收、国际贸易综合水平高于其他国家高新区，同时营运能力之间仍有较大差距；云南楚雄（0.002 449）、河北承德（0.002 354）、安徽铜陵狮子山（0.002 065）、山东黄河三角洲（0.001 989）、湖北荆州（0.001 915）、湖南怀化（0.001 845）、青海（0.001 673）、辽宁本溪（0.001 534）、安徽淮南（0.001 451）、宁夏银川（0.000 818）10 个国家高新区营运能力相对靠后，营运能力有待进一步提高；重庆（0.064 646）、广东江门（0.063 659）、湖北襄阳（0.060 268）、江苏江阴（0.059 897）、山东淄博（0.057 617）、江苏武进（0.055 124）、江苏常熟（0.053 403）、新疆乌鲁木齐（0.047 855）、河南郑州（0.044 039）、黑龙江大庆（0.040 169）10 个高新区营运能力接近全国平均水平，但从我国 169 个国家高新区营运能力排名来看，10 个国家高新区全国排名仍然处于相对领先地位。

表 5-16　2018 年国家高新区营运能力指数测算结果

序号	国家高新区	营运能力	序号	国家高新区	营运能力	序号	国家高新区	营运能力
1	北京中关村	0.739 562	16	辽宁本溪	0.001 534	31	江苏南京	0.172 601
2	天津滨海	0.092 657	17	辽宁锦州	0.007 355	32	江苏无锡	0.277 370
3	河北石家庄	0.035 357	18	辽宁营口	0.016 836	33	江苏江阴	0.059 897
4	河北唐山	0.002 73	19	辽宁阜新	0.003 058	34	江苏徐州	0.017 331
5	河北保定	0.029 573	20	辽宁辽阳	0.020 124	35	江苏常州	0.095 824
6	河北承德	0.002 354	21	吉林长春	0.126 689	36	江苏武进	0.055 124
7	河北燕郊	0.003 926	22	长春净月	0.017 215	37	江苏苏州	0.308 584
8	山西太原	0.027 821	23	吉林	0.022 468	38	江苏昆山	0.110 860
9	山西长治	0.007 293	24	吉林通化	0.003 711	39	苏州工业园	0.333 422
10	内蒙古呼和浩特	0.014 114	25	吉林延吉	0.012 656	40	江苏常熟	0.053 403
11	内蒙古包头	0.015 643	26	黑龙江哈尔滨	0.033 136	41	江苏南通	0.080 311
12	内蒙古鄂尔多斯	0.006 916	27	黑龙江齐齐哈尔	0.003 706	42	江苏连云港	0.021 624
13	辽宁沈阳	0.024 501	28	黑龙江大庆	0.040 169	43	江苏淮安	0.004 265
14	辽宁大连	0.070 569	29	上海张江	0.543 692	44	江苏盐城	0.008 246
15	辽宁鞍山	0.019 531	30	上海紫竹	0.023 759	45	江苏扬州	0.010 973

续表

序号	国家高新区	营运能力	序号	国家高新区	营运能力	序号	国家高新区	营运能力
46	江苏镇江	0.015 798	78	江西抚州	0.010 632	110	湖北潜江	0.004 303
47	江苏泰州	0.024 807	79	山东济南	0.115 536	111	湖南长沙	0.109 526
48	江苏宿迁	0.008 195	80	山东青岛	0.088 075	112	湖南株洲	0.037 310
49	浙江杭州	0.142 991	81	山东淄博	0.057 617	113	湖南湘潭	0.021 745
50	浙江萧山临江	0.022 387	82	山东枣庄	0.004 864	114	湖南衡阳	0.020 702
51	浙江宁波	0.136 550	83	山东黄河三角洲	0.001 989	115	湖南常德	0.006 814
52	浙江温州	0.024 042	84	山东烟台	0.017 588	116	湖南益阳	0.012 981
53	浙江嘉兴	0.036 668	85	山东潍坊	0.068 228	117	湖南郴州	0.012 626
54	浙江莫干山	0.026 269	86	山东济宁	0.120 059	118	湖南怀化	0.001 845
55	浙江绍兴	0.030 851	87	山东泰安	0.010 596	119	广东广州	0.276 341
56	浙江衢州	0.024 009	88	山东威海	0.073 105	120	广东深圳	0.359 588
57	安徽合肥	0.179 718	89	山东莱芜	0.003 484	121	广东珠海	0.155 178
58	安徽芜湖	0.032 300	90	山东临沂	0.011 779	122	广东汕头	0.010 424
59	安徽蚌埠	0.022 331	91	山东德州	0.004 810	123	广东佛山	0.125 610
60	安徽淮南	0.001 451	92	河南郑州	0.044 039	124	广东江门	0.063 659
61	安徽马鞍山慈湖	0.017 617	93	河南洛阳	0.030 734	125	广东湛江	0.015 453
62	安徽铜陵狮子山	0.002 065	94	河南平顶山	0.006 983	126	广东茂名	0.005 829
63	福建福州	0.037 016	95	河南安阳	0.015 751	127	广东肇庆	0.013 826
64	福建厦门	0.203 006	96	河南新乡	0.017 568	128	广东惠州	0.224 895
65	福建莆田	0.013 555	97	河南焦作	0.005 649	129	广东源城	0.019 531
66	福建三明	0.006 623	98	河南南阳	0.006 593	130	广东清远	0.016 768
67	福建泉州	0.019 095	99	湖北武汉	0.287 183	131	广东东莞	0.261 935
68	福建漳州	0.034 809	100	湖北黄石大冶湖	0.017 664	132	广东中山	0.125 814
69	福建龙岩	0.007 041	101	湖北宜昌	0.033 382	133	广西南宁	0.082 239
70	江西南昌	0.072 703	102	湖北襄阳	0.060 268	134	广西柳州	0.033 294
71	江西景德镇	0.020 032	103	湖北荆门	0.031 516	135	广西桂林	0.023 606
72	江西九江共青城	0.004 692	104	湖北孝感	0.021 261	136	广西北海	0.031 960
73	江西新余	0.026 692	105	湖北荆州	0.001 915	137	海南海口	0.011 305
74	江西鹰潭	0.008 176	106	湖北黄冈	0.008 707	138	重庆	0.064 646
75	江西赣州	0.003 996	107	湖北咸宁	0.020 787	139	重庆璧山	0.013 419
76	江西吉安	0.018 579	108	湖北随州	0.011 664	140	重庆荣昌	0.005 807
77	江西宜春丰城	0.008 472	109	湖北仙桃	0.017 66	141	重庆永川	0.018 429

续表

序号	国家高新区	营运能力	序号	国家高新区	营运能力	序号	国家高新区	营运能力
142	四川成都	0.452 395	152	云南昆明	0.022 942	162	甘肃兰州	0.036 769
143	四川自贡	0.009 896	153	云南玉溪	0.068 909	163	甘肃白银	0.010 146
144	四川攀枝花	0.007 445	154	云南楚雄	0.002 449	164	青海	0.001 673
145	四川泸州	0.011 742	155	陕西西安	0.357 781	165	宁夏银川	0.000 818
146	四川德阳	0.010 402	156	陕西宝鸡	0.038 080	166	宁夏石嘴山	0.002 658
147	四川绵阳	0.033 077	157	陕西杨凌	0.004 065	167	新疆乌鲁木齐	0.047 855
148	四川内江	0.004 543	158	陕西咸阳	0.018 046	168	新疆昌吉	0.003 784
149	四川乐山	0.012 574	159	陕西渭南	0.007 291	169	新疆兵团	0.006 825
150	贵州贵阳	0.037 241	160	陕西榆林	0.029 800	—	平均值	0.056 091
151	贵州安顺	0.004 952	161	陕西安康	0.009 140			

资料来源：根据科学技术部火炬高技术产业开发中心统计数据整理

表 5-17　2018 年国家高新区营运能力指数排名

序号	国家高新区	排名	序号	国家高新区	排名	序号	国家高新区	排名
1	北京中关村	1	19	辽宁阜新	157	37	江苏苏州	7
2	天津滨海	27	20	辽宁辽阳	83	38	江苏昆山	24
3	河北石家庄	52	21	吉林长春	19	39	苏州工业园	6
4	河北唐山	158	22	长春净月	97	40	江苏常熟	42
5	河北保定	64	23	吉林	75	41	江苏南通	30
6	河北承德	161	24	吉林通化	154	42	江苏连云港	79
7	河北燕郊	152	25	吉林延吉	109	43	江苏淮安	149
8	山西太原	65	26	黑龙江哈尔滨	56	44	江苏盐城	126
9	山西长治	131	27	黑龙江齐齐哈尔	155	45	江苏扬州	116
10	内蒙古呼和浩特	104	28	黑龙江大庆	45	46	江苏镇江	100
11	内蒙古包头	102	29	上海张江	2	47	江苏泰州	68
12	内蒙古鄂尔多斯	135	30	上海紫竹	72	48	江苏宿迁	127
13	辽宁沈阳	69	31	江苏南京	15	49	浙江杭州	17
14	辽宁大连	33	32	江苏无锡	9	50	浙江萧山临江	76
15	辽宁鞍山	86	33	江苏江阴	39	51	浙江宁波	18
16	辽宁本溪	167	34	江苏徐州	96	52	浙江温州	70
17	辽宁锦州	130	35	江苏常州	26	53	浙江嘉兴	51
18	辽宁营口	98	36	江苏武进	41	54	浙江莫干山	67

续表

序号	国家高新区	排名	序号	国家高新区	排名	序号	国家高新区	排名
55	浙江绍兴	61	87	山东泰安	118	119	广东广州	10
56	浙江衢州	71	88	山东威海	31	120	广东深圳	4
57	安徽合肥	14	89	山东莱芜	156	121	广东珠海	16
58	安徽芜湖	58	90	山东临沂	112	122	广东汕头	119
59	安徽蚌埠	77	91	山东德州	145	123	广东佛山	21
60	安徽淮南	168	92	河南郑州	44	124	广东江门	37
61	安徽马鞍山慈湖	93	93	河南洛阳	62	125	广东湛江	103
62	安徽铜陵狮子山	162	94	河南平顶山	134	126	广东茂名	140
63	福建福州	49	95	河南安阳	101	127	广东肇庆	105
64	福建厦门	13	96	河南新乡	95	128	广东惠州	12
65	福建莆田	106	97	河南焦作	142	129	广东源城	85
66	福建三明	138	98	河南南阳	139	130	广东清远	99
67	福建泉州	87	99	湖北武汉	8	131	广东东莞	11
68	福建漳州	53	100	湖北黄石大冶湖	91	132	广东中山	20
69	福建龙岩	133	101	湖北宜昌	54	133	广西南宁	29
70	江西南昌	32	102	湖北襄阳	38	134	广西柳州	55
71	江西景德镇	84	103	湖北荆门	60	135	广西桂林	73
72	江西九江共青城	146	104	湖北孝感	80	136	广西北海	59
73	江西新余	66	105	湖北荆州	164	137	海南海口	115
74	江西鹰潭	128	106	湖北黄冈	124	138	重庆	36
75	江西赣州	151	107	湖北咸宁	81	139	重庆璧山	107
76	江西吉安	88	108	湖北随州	114	140	重庆荣昌	141
77	江西宜春丰城	125	109	湖北仙桃	92	141	重庆永川	89
78	江西抚州	117	110	湖北潜江	148	142	四川成都	3
79	山东济南	23	111	湖南长沙	25	143	四川自贡	122
80	山东青岛	28	112	湖南株洲	47	144	四川攀枝花	129
81	山东淄博	40	113	湖南湘潭	78	145	四川泸州	113
82	山东枣庄	144	114	湖南衡阳	82	146	四川德阳	120
83	山东黄河三角洲	163	115	湖南常德	137	147	四川绵阳	57
84	山东烟台	94	116	湖南益阳	108	148	四川内江	147
85	山东潍坊	35	117	湖南郴州	110	149	四川乐山	111
86	山东济宁	22	118	湖南怀化	165	150	贵州贵阳	48

续表

序号	国家高新区	排名	序号	国家高新区	排名	序号	国家高新区	排名
151	贵州安顺	143	158	陕西咸阳	90	165	宁夏银川	169
152	云南昆明	74	159	陕西渭南	132	166	宁夏石嘴山	159
153	云南玉溪	34	160	陕西榆林	63	167	新疆乌鲁木齐	43
154	云南楚雄	160	161	陕西安康	123	168	新疆昌吉	153
155	陕西西安	5	162	甘肃兰州	50	169	新疆兵团	136
156	陕西宝鸡	46	163	甘肃白银	121			
157	陕西杨凌	150	164	青海	166			

资料来源：根据科学技术部火炬高技术产业开发中心统计数据整理

（三）国家高新区生产潜力指数评价与分析

选取国家高新区年末资产、年末负债两个指标对2018年国家高新区生产潜力指数进行测度和分析，反映国家高新区生产营运的后备力量。如表5-18和表5-19所示，2018年我国169个国家高新区生产潜力指数平均值为0.024 969，共32个国家高新区生产潜力指数高于全国平均水平，137个国家高新区生产潜力指数低于全国平均水平，可见从生产潜力角度来看，我国的国家高新区生产潜力指数整体水平仍然不足。具体而言，北京中关村（0.995 386）、上海张江（0.308 007）、广东深圳（0.214 450）、陕西西安（0.117 779）、湖北武汉（0.113 687）、广东广州（0.103 251）、四川成都（0.082 859）、贵州贵阳（0.075 779）、浙江杭州（0.074 410）、湖南长沙（0.069 337）10个国家高新区生产潜力指数处于全国领先水平，生产潜力较大，但从生产潜力指数绝对值来看，北京中关村生产潜力指数与其他国家高新区生产潜力指数差距仍然较大；重庆荣昌（0.004 670）、安徽淮南（0.004 668）、青海（0.004 637）、江西赣州（0.004 631）、湖南怀化（0.004 623）、云南楚雄（0.004 619）、湖北荆州（0.004 616）、四川内江（0.004 613）、安徽铜陵狮子山（0.004 613）、辽宁本溪（0.004 611）10个国家高新区生产潜力指数在169个国家高新区生产潜力指数中相对靠后；广东佛山（0.028 792）、江苏苏州（0.028 378）、河北石家庄（0.027 946）、河南郑州（0.027 501）、福建厦门（0.026 092）、黑龙江哈尔滨（0.024 456）、江苏常州（0.024 035）、河南洛阳（0.023 440）、甘肃兰州（0.022 802）、广东东莞（0.022 601）10个国家高新区生产潜力指数接近全国平均水平，但从我国169个国家高新区生产潜力排名来看，10个国家高新区的全国排名仍然处于相对领先地位。

表 5-18 2018 年国家高新区生产潜力指数测算结果

序号	国家高新区	生产潜力	序号	国家高新区	生产潜力	序号	国家高新区	生产潜力
1	北京中关村	0.995 386	30	上海紫竹	0.010 359	59	安徽蚌埠	0.015 549
2	天津滨海	0.062 114	31	江苏南京	0.059 065	60	安徽淮南	0.004 668
3	河北石家庄	0.027 946	32	江苏无锡	0.033 224	61	安徽马鞍山慈湖	0.010 002
4	河北唐山	0.004 674	33	江苏江阴	0.014 542	62	安徽铜陵狮子山	0.004 613
5	河北保定	0.020 249	34	江苏徐州	0.005 864	63	福建福州	0.010 814
6	河北承德	0.004 699	35	江苏常州	0.024 035	64	福建厦门	0.026 092
7	河北燕郊	0.005 529	36	江苏武进	0.030 837	65	福建莆田	0.005 297
8	山西太原	0.033 913	37	江苏苏州	0.028 378	66	福建三明	0.004 852
9	山西长治	0.006 845	38	江苏昆山	0.015 375	67	福建泉州	0.009 280
10	内蒙古呼和浩特	0.005 825	39	苏州工业园	0.047 884	68	福建漳州	0.006 843
11	内蒙古包头	0.015 110	40	江苏常熟	0.010 002	69	福建龙岩	0.005 178
12	内蒙古鄂尔多斯	0.005 922	41	江苏南通	0.010 793	70	江西南昌	0.021 597
13	辽宁沈阳	0.015 808	42	江苏连云港	0.007 105	71	江西景德镇	0.009 085
14	辽宁大连	0.021 752	43	江苏淮安	0.004 804	72	江西九江共青城	0.004 936
15	辽宁鞍山	0.006 328	44	江苏盐城	0.005 137	73	江西新余	0.010 212
16	辽宁本溪	0.004 611	45	江苏扬州	0.005 500	74	江西鹰潭	0.005 074
17	辽宁锦州	0.004 931	46	江苏镇江	0.007 988	75	江西赣州	0.004 631
18	辽宁营口	0.005 648	47	江苏泰州	0.009 905	76	江西吉安	0.004 695
19	辽宁阜新	0.004 722	48	江苏宿迁	0.005 134	77	江西宜春丰城	0.004 988
20	辽宁辽阳	0.010 33	49	浙江杭州	0.074 410	78	江西抚州	0.005 914
21	吉林长春	0.032 779	50	浙江萧山临江	0.016 566	79	山东济南	0.054 139
22	长春净月	0.017 543	51	浙江宁波	0.034 085	80	山东青岛	0.039 831
23	吉林	0.006 410	52	浙江温州	0.006 956	81	山东淄博	0.015 404
24	吉林通化	0.004 951	53	浙江嘉兴	0.008 353	82	山东枣庄	0.005 202
25	吉林延吉	0.004 752	54	浙江莫干山	0.007 011	83	山东黄河三角洲	0.004 670
26	黑龙江哈尔滨	0.024 456	55	浙江绍兴	0.007 532	84	山东烟台	0.009 357
27	黑龙江齐齐哈尔	0.004 933	56	浙江衢州	0.008 399	85	山东潍坊	0.030 786
28	黑龙江大庆	0.008 930	57	安徽合肥	0.050 712	86	山东济宁	0.019 620
29	上海张江	0.308 007	58	安徽芜湖	0.017 467	87	山东泰安	0.008 695

续表

序号	国家高新区	生产潜力	序号	国家高新区	生产潜力	序号	国家高新区	生产潜力
88	山东威海	0.014 396	116	湖南益阳	0.005 168	144	四川攀枝花	0.004 875
89	山东莱芜	0.004 682	117	湖南郴州	0.004 936	145	四川泸州	0.006 044
90	山东临沂	0.004 897	118	湖南怀化	0.004 623	146	四川德阳	0.004 944
91	山东德州	0.005 016	119	广东广州	0.103 251	147	四川绵阳	0.014 513
92	河南郑州	0.027 501	120	广东深圳	0.214 450	148	四川内江	0.004 613
93	河南洛阳	0.023 440	121	广东珠海	0.036 027	149	四川乐山	0.006 712
94	河南平顶山	0.007 083	122	广东汕头	0.005 637	150	贵州贵阳	0.075 779
95	河南安阳	0.007 363	123	广东佛山	0.028 792	151	贵州安顺	0.005 089
96	河南新乡	0.005 563	124	广东江门	0.008 322	152	云南昆明	0.004 756
97	河南焦作	0.004 692	125	广东湛江	0.008 675	153	云南玉溪	0.012 055
98	河南南阳	0.005 413	126	广东茂名	0.004 709	154	云南楚雄	0.004 619
99	湖北武汉	0.113 687	127	广东肇庆	0.005 863	155	陕西西安	0.117 779
100	湖北黄石大冶湖	0.014 789	128	广东惠州	0.019 718	156	陕西宝鸡	0.015 430
101	湖北宜昌	0.018 194	129	广东源城	0.005 059	157	陕西杨凌	0.005 350
102	湖北襄阳	0.018 985	130	广东清远	0.007 758	158	陕西咸阳	0.007 928
103	湖北荆门	0.010 528	131	广东东莞	0.022 601	159	陕西渭南	0.006 706
104	湖北孝感	0.007 802	132	广东中山	0.013 525	160	陕西榆林	0.013 804
105	湖北荆州	0.004 616	133	广西南宁	0.052 079	161	陕西安康	0.004 776
106	湖北黄冈	0.005 400	134	广西柳州	0.014 490	162	甘肃兰州	0.022 802
107	湖北咸宁	0.006 47	135	广西桂林	0.009 704	163	甘肃白银	0.008 960
108	湖北随州	0.005 434	136	广西北海	0.005 176	164	青海	0.004 637
109	湖北仙桃	0.005 396	137	海南海口	0.006 533	165	宁夏银川	0.004 973
110	湖北潜江	0.004 678	138	重庆	0.030 518	166	宁夏石嘴山	0.004 694
111	湖南长沙	0.069 337	139	重庆璧山	0.005 084	167	新疆乌鲁木齐	0.058 476
112	湖南株洲	0.035 588	140	重庆荣昌	0.004 670	168	新疆昌吉	0.005 756
113	湖南湘潭	0.010 712	141	重庆永川	0.008 005	169	新疆兵团	0.006 636
114	湖南衡阳	0.010 484	142	四川成都	0.082 859	—	平均值	0.024 969
115	湖南常德	0.005 777	143	四川自贡	0.006 272			

资料来源：根据科学技术部火炬高技术产业开发中心统计数据整理

表 5-19 2018 年国家高新区生产潜力指数排名

序号	国家高新区	排名	序号	国家高新区	排名	序号	国家高新区	排名
1	北京中关村	1	33	江苏江阴	55	65	福建莆田	123
2	天津滨海	11	34	江苏徐州	108	66	福建三明	145
3	河北石家庄	30	35	江苏常州	34	67	福建泉州	75
4	河北唐山	158	36	江苏武进	25	68	福建漳州	96
5	河北保定	40	37	江苏苏州	29	69	福建龙岩	125
6	河北承德	152	38	江苏昆山	52	70	江西南昌	39
7	河北燕郊	116	39	苏州工业园	17	71	江西景德镇	76
8	山西太原	22	40	江苏常熟	70	72	江西九江共青城	140
9	山西长治	95	41	江苏南通	63	73	江西新余	69
10	内蒙古呼和浩特	110	42	江苏连云港	91	74	江西鹰潭	132
11	内蒙古包头	53	43	江苏淮安	146	75	江西赣州	163
12	内蒙古鄂尔多斯	106	44	江苏盐城	128	76	江西吉安	153
13	辽宁沈阳	48	45	江苏扬州	117	77	江西宜春丰城	135
14	辽宁大连	38	46	江苏镇江	85	78	江西抚州	107
15	辽宁鞍山	103	47	江苏泰州	72	79	山东济南	14
16	辽宁本溪	169	48	江苏宿迁	129	80	山东青岛	18
17	辽宁锦州	142	49	浙江杭州	9	81	山东淄博	51
18	辽宁营口	113	50	浙江萧山临江	47	82	山东枣庄	124
19	辽宁阜新	150	51	浙江宁波	21	83	山东黄河三角洲	159
20	辽宁辽阳	68	52	浙江温州	94	84	山东烟台	74
21	吉林长春	24	53	浙江嘉兴	82	85	山东潍坊	26
22	长春净月	45	54	浙江莫干山	93	86	山东济宁	42
23	吉林	102	55	浙江绍兴	89	87	山东泰安	79
24	吉林通化	137	56	浙江衢州	81	88	山东威海	58
25	吉林延吉	149	57	安徽合肥	16	89	山东莱芜	156
26	黑龙江哈尔滨	33	58	安徽芜湖	46	90	山东临沂	143
27	黑龙江齐齐哈尔	141	59	安徽蚌埠	49	91	山东德州	134
28	黑龙江大庆	78	60	安徽淮南	161	92	河南郑州	31
29	上海张江	2	61	安徽马鞍山慈湖	71	93	河南洛阳	35
30	上海紫竹	67	62	安徽铜陵狮子山	168	94	河南平顶山	92
31	江苏南京	12	63	福建福州	62	95	河南安阳	90
32	江苏无锡	23	64	福建厦门	32	96	河南新乡	115

续表

序号	国家高新区	排名	序号	国家高新区	排名	序号	国家高新区	排名
97	河南焦作	155	122	广东汕头	114	147	四川绵阳	56
98	河南南阳	119	123	广东佛山	28	148	四川内江	167
99	湖北武汉	5	124	广东江门	83	149	四川乐山	97
100	湖北黄石大冶湖	54	125	广东湛江	80	150	贵州贵阳	8
101	湖北宜昌	44	126	广东茂名	151	151	贵州安顺	130
102	湖北襄阳	43	127	广东肇庆	109	152	云南昆明	148
103	湖北荆门	65	128	广东惠州	41	153	云南玉溪	61
104	湖北孝感	87	129	广东源城	133	154	云南楚雄	165
105	湖北荆州	166	130	广东清远	88	155	陕西西安	4
106	湖北黄冈	120	131	广东东莞	37	156	陕西宝鸡	50
107	湖北咸宁	101	132	广东中山	60	157	陕西杨凌	122
108	湖北随州	118	133	广西南宁	15	158	陕西咸阳	86
109	湖北仙桃	121	134	广西柳州	57	159	陕西渭南	98
110	湖北潜江	157	135	广西桂林	73	160	陕西榆林	59
111	湖南长沙	10	136	广西北海	126	161	陕西安康	147
112	湖南株洲	20	137	海南海口	100	162	甘肃兰州	36
113	湖南湘潭	64	138	重庆	27	163	甘肃白银	77
114	湖南衡阳	66	139	重庆璧山	131	164	青海	162
115	湖南常德	111	140	重庆荣昌	160	165	宁夏银川	136
116	湖南益阳	127	141	重庆永川	84	166	宁夏石嘴山	154
117	湖南郴州	139	142	四川成都	7	167	新疆乌鲁木齐	13
118	湖南怀化	164	143	四川自贡	104	168	新疆昌吉	112
119	广东广州	6	144	四川攀枝花	144	169	新疆兵团	99
120	广东深圳	3	145	四川泸州	105			
121	广东珠海	19	146	四川德阳	138			

资料来源：根据科学技术部火炬高技术产业开发中心统计数据整理

（四）国家高新区创新能力指数评价与分析

选取科技活动人员、研发人员、研发人员全时当量、科技活动经费内部支出、研发经费内部支出对国家高新区创新能力指数进行测算和分析，从科技人员、科技经费两方面分析国家高新区的创新能力。如表5-20和表5-21所示，2018年国家高新区创新能力指数平均值为 0.046 706，共 36 个国家高新区创新能力高于全国平均水平，133 个国家高新区创新能力低于全国平均水平，由此可见国家高新区创新能力整体水平相对不足，区域差异较大。具体而言，北京中关村（1）、广东深圳（0.593 883）、上海张江（0.495 931）、湖北武汉（0.398 109）、陕西西安（0.394 742）、广东广州（0.327 832）、浙江杭州（0.276 675）、苏州工业园（0.223 114）、福建厦门（0.212 009）、四川成都（0.188 889）10 个国家高新区创新能力在我国169 个国家高新区中处于领先水平，从创新能力绝对值来看，我国大部分国家高新区创新能力指数与北京中关村创新能力指数仍有较大差距；辽宁阜新（0.001 760）、宁夏银川（0.001 515）、安徽淮南（0.001 324）、河北承德（0.001 210）、陕西安康（0.001 159）、江西九江共青城（0.001 027）、湖北荆州（0.000 980）、青海（0.000 668）、吉林延吉（0.000 180）、山东黄河三角洲（0）10 个国家高新区创新能力相对靠后；广东惠州（0.055 301）、河南郑州（0.052 227）、福建福州（0.048 498）、湖北宜昌（0.048 262）、河北保定（0.048 093）、江苏昆山（0.046 323）、山东潍坊（0.045 915）、湖北黄石大冶湖（0.043 015）、陕西宝鸡（0.042 396）、四川绵阳（0.040 541）10 个国家高新区创新能力指数接近全国平均水平，但从 169 个国家高新区创新能力排名看，10 个国家高新区排名仍然处于相对领先地位。

表 5-20　2018 年国家高新区创新能力指数测算结果

序号	国家高新区	创新能力	序号	国家高新区	创新能力	序号	国家高新区	创新能力
1	北京中关村	1	16	辽宁本溪	0.001 996	31	江苏南京	0.184 792
2	天津滨海	0.107 276	17	辽宁锦州	0.004 520	32	江苏无锡	0.059 825
3	河北石家庄	0.061 871	18	辽宁营口	0.006 221	33	江苏江阴	0.036 488
4	河北唐山	0.003 488	19	辽宁阜新	0.001 760	34	江苏徐州	0.009 514
5	河北保定	0.048 093	20	辽宁辽阳	0.006 958	35	江苏常州	0.070 060
6	河北承德	0.001 210	21	吉林长春	0.058 804	36	江苏武进	0.030 698
7	河北燕郊	0.003 067	22	长春净月	0.013 890	37	江苏苏州	0.074 800
8	山西太原	0.028 951	23	吉林	0.005 504	38	江苏昆山	0.046 323
9	山西长治	0.007 907	24	吉林通化	0.003 251	39	苏州工业园	0.223 114
10	内蒙古呼和浩特	0.003 126	25	吉林延吉	0.000 180	40	江苏常熟	0.019 384
11	内蒙古包头	0.025 787	26	黑龙江哈尔滨	0.016 190	41	江苏南通	0.018 344
12	内蒙古鄂尔多斯	0.002 767	27	黑龙江齐齐哈尔	0.005 552	42	江苏连云港	0.023 288
13	辽宁沈阳	0.031 129	28	黑龙江大庆	0.005 119	43	江苏淮安	0.004 693
14	辽宁大连	0.061 325	29	上海张江	0.495 931	44	江苏盐城	0.006 815
15	辽宁鞍山	0.018 559	30	上海紫竹	0.019 729	45	江苏扬州	0.013 337

续表

序号	国家高新区	创新能力	序号	国家高新区	创新能力	序号	国家高新区	创新能力
46	江苏镇江	0.009 340	78	江西抚州	0.013 908	110	湖北潜江	0.003 801
47	江苏泰州	0.008 057	79	山东济南	0.125 556	111	湖南长沙	0.135 678
48	江苏宿迁	0.005 919	80	山东青岛	0.069 394	112	湖南株洲	0.069 572
49	浙江杭州	0.276 675	81	山东淄博	0.030 837	113	湖南湘潭	0.020 349
50	浙江萧山临江	0.011 606	82	山东枣庄	0.003 314	114	湖南衡阳	0.011 714
51	浙江宁波	0.092 156	83	山东黄河三角洲	0	115	湖南常德	0.005 408
52	浙江温州	0.023 251	84	山东烟台	0.006 673	116	湖南益阳	0.014 308
53	浙江嘉兴	0.014 513	85	山东潍坊	0.045 915	117	湖南郴州	0.003 294
54	浙江莫干山	0.015 700	86	山东济宁	0.021 200	118	湖南怀化	0.001 866
55	浙江绍兴	0.013 373	87	山东泰安	0.011 921	119	广东广州	0.327 832
56	浙江衢州	0.016 591	88	山东威海	0.030 706	120	广东深圳	0.593 883
57	安徽合肥	0.156 334	89	山东莱芜	0.001 881	121	广东珠海	0.123 446
58	安徽芜湖	0.036 891	90	山东临沂	0.005 931	122	广东汕头	0.009 585
59	安徽蚌埠	0.023 149	91	山东德州	0.002 529	123	广东佛山	0.103 721
60	安徽淮南	0.001 324	92	河南郑州	0.052 227	124	广东江门	0.027 919
61	安徽马鞍山慈湖	0.019 395	93	河南洛阳	0.086 976	125	广东湛江	0.009 012
62	安徽铜陵狮子山	0.003 573	94	河南平顶山	0.006 243	126	广东茂名	0.006 613
63	福建福州	0.048 498	95	河南安阳	0.011 387	127	广东肇庆	0.011 463
64	福建厦门	0.212 009	96	河南新乡	0.014 238	128	广东惠州	0.055 301
65	福建莆田	0.004 899	97	河南焦作	0.003 207	129	广东源城	0.004 829
66	福建三明	0.003 459	98	河南南阳	0.010 572	130	广东清远	0.010 437
67	福建泉州	0.011 058	99	湖北武汉	0.398 109	131	广东东莞	0.066 986
68	福建漳州	0.013 794	100	湖北黄石大冶湖	0.043 015	132	广东中山	0.028 075
69	福建龙岩	0.005 811	101	湖北宜昌	0.048 262	133	广西南宁	0.035 078
70	江西南昌	0.076 380	102	湖北襄阳	0.083 227	134	广西柳州	0.039 355
71	江西景德镇	0.017 794	103	湖北荆门	0.030 301	135	广西桂林	0.013 701
72	江西九江共青城	0.001 027	104	湖北孝感	0.021 578	136	广西北海	0.005 295
73	江西新余	0.013 108	105	湖北荆州	0.000 980	137	海南海口	0.006 918
74	江西鹰潭	0.005 821	106	湖北黄冈	0.009 221	138	重庆	0.074 778
75	江西赣州	0.002 720	107	湖北咸宁	0.016 846	139	重庆璧山	0.012 411
76	江西吉安	0.006 461	108	湖北随州	0.003 360	140	重庆荣昌	0.004 179
77	江西宜春丰城	0.006 133	109	湖北仙桃	0.005 756	141	重庆永川	0.010 710

续表

序号	国家高新区	创新能力	序号	国家高新区	创新能力	序号	国家高新区	创新能力
142	四川成都	0.188 889	152	云南昆明	0.013 067	162	甘肃兰州	0.013 041
143	四川自贡	0.009 727	153	云南玉溪	0.003 726	163	甘肃白银	0.003 605
144	四川攀枝花	0.001 771	154	云南楚雄	0.001 926	164	青海	0.000 668
145	四川泸州	0.005 949	155	陕西西安	0.394 742	165	宁夏银川	0.001 515
146	四川德阳	0.004 728	156	陕西宝鸡	0.042 396	166	宁夏石嘴山	0.003 974
147	四川绵阳	0.040 541	157	陕西杨凌	0.001 927	167	新疆乌鲁木齐	0.005 640
148	四川内江	0.002 658	158	陕西咸阳	0.004 375	168	新疆昌吉	0.001 939
149	四川乐山	0.005 793	159	陕西渭南	0.002 748	169	新疆兵团	0.003 284
150	贵州贵阳	0.034 511	160	陕西榆林	0.003 073	—	平均值	0.046 706
151	贵州安顺	0.004 731	161	陕西安康	0.001 159			

资料来源：根据科学技术部火炬高技术产业开发中心统计数据整理

表 5-21 2018 年国家高新区创新能力指数排名

序号	国家高新区	排名	序号	国家高新区	排名	序号	国家高新区	排名
1	北京中关村	1	19	辽宁阜新	160	37	江苏苏州	22
2	天津滨海	16	20	辽宁辽阳	102	38	江苏昆山	37
3	河北石家庄	28	21	吉林长春	31	39	苏州工业园	8
4	河北唐山	137	22	长春净月	76	40	江苏常熟	64
5	河北保定	36	23	吉林	120	41	江苏南通	66
6	河北承德	163	24	吉林通化	143	42	江苏连云港	56
7	河北燕郊	147	25	吉林延吉	168	43	江苏淮安	128
8	山西太原	52	26	黑龙江哈尔滨	70	44	江苏盐城	104
9	山西长治	101	27	黑龙江齐齐哈尔	119	45	江苏扬州	80
10	内蒙古呼和浩特	145	28	黑龙江大庆	123	46	江苏镇江	97
11	内蒙古包头	55	29	上海张江	3	47	江苏泰州	100
12	内蒙古鄂尔多斯	148	30	上海紫竹	62	48	江苏宿迁	113
13	辽宁沈阳	47	31	江苏南京	11	49	浙江杭州	7
14	辽宁大连	29	32	江苏无锡	30	50	浙江萧山临江	87
15	辽宁鞍山	65	33	江苏江阴	44	51	浙江宁波	18
16	辽宁本溪	153	34	江苏徐州	96	52	浙江温州	57
17	辽宁锦州	129	35	江苏常州	24	53	浙江嘉兴	72
18	辽宁营口	109	36	江苏武进	50	54	浙江莫干山	71

续表

序号	国家高新区	排名	序号	国家高新区	排名	序号	国家高新区	排名
55	浙江绍兴	79	87	山东泰安	85	119	广东广州	6
56	浙江衢州	69	88	山东威海	49	120	广东深圳	2
57	安徽合肥	12	89	山东莱芜	157	121	广东珠海	15
58	安徽芜湖	43	90	山东临沂	112	122	广东汕头	95
59	安徽蚌埠	58	91	山东德州	152	123	广东佛山	17
60	安徽淮南	162	92	河南郑州	33	124	广东江门	54
61	安徽马鞍山慈湖	63	93	河南洛阳	19	125	广东湛江	99
62	安徽铜陵狮子山	136	94	河南平顶山	108	126	广东茂名	106
63	福建福州	34	95	河南安阳	89	127	广东肇庆	88
64	福建厦门	9	96	河南新乡	74	128	广东惠州	32
65	福建莆田	124	97	河南焦作	144	129	广东源城	125
66	福建三明	138	98	河南南阳	92	130	广东清远	93
67	福建泉州	90	99	湖北武汉	4	131	广东东莞	27
68	福建漳州	77	100	湖北黄石大冶湖	39	132	广东中山	53
69	福建龙岩	115	101	湖北宜昌	35	133	广西南宁	45
70	江西南昌	21	102	湖北襄阳	20	134	广西柳州	42
71	江西景德镇	67	103	湖北荆门	51	135	广西桂林	78
72	江西九江共青城	165	104	湖北孝感	59	136	广西北海	122
73	江西新余	81	105	湖北荆州	166	137	海南海口	103
74	江西鹰潭	114	106	湖北黄冈	98	138	重庆	23
75	江西赣州	150	107	湖北咸宁	68	139	重庆璧山	84
76	江西吉安	107	108	湖北随州	139	140	重庆荣昌	131
77	江西宜春丰城	110	109	湖北仙桃	117	141	重庆永川	91
78	江西抚州	75	110	湖北潜江	133	142	四川成都	10
79	山东济南	14	111	湖南长沙	13	143	四川自贡	94
80	山东青岛	26	112	湖南株洲	25	144	四川攀枝花	159
81	山东淄博	48	113	湖南湘潭	61	145	四川泸州	111
82	山东枣庄	140	114	湖南衡阳	86	146	四川德阳	127
83	山东黄河三角洲	169	115	湖南常德	121	147	四川绵阳	41
84	山东烟台	105	116	湖南益阳	73	148	四川内江	151
85	山东潍坊	38	117	湖南郴州	141	149	四川乐山	116
86	山东济宁	60	118	湖南怀化	158	150	贵州贵阳	46

续表

序号	国家高新区	排名	序号	国家高新区	排名	序号	国家高新区	排名
151	贵州安顺	126	158	陕西咸阳	130	165	宁夏银川	161
152	云南昆明	82	159	陕西渭南	149	166	宁夏石嘴山	132
153	云南玉溪	134	160	陕西榆林	146	167	新疆乌鲁木齐	118
154	云南楚雄	156	161	陕西安康	164	168	新疆昌吉	154
155	陕西西安	5	162	甘肃兰州	83	169	新疆兵团	142
156	陕西宝鸡	40	163	甘肃白银	135			
157	陕西杨凌	155	164	青海	167			

资料来源：根据科学技术部火炬高技术产业开发中心统计数据整理

（五）国家高新区"群体智能指数"评价与分析

选取生产规模、营运能力、生产潜力、创新能力4个方面15个指标对我国169个国家高新区"群体智能指数"进行实证测算，基于外部环境参数和高新区生产营运能力量化分析我国169个国家高新区群体智能涌现程度。如表5-22和表5-23所示，国家高新区"群体智能指数"平均值为0.047 341，其中有38个国家高新区"群体智能指数"高于全国平均水平，131个国家高新区群体智能指数低于全国平均水平，可见我国大多数国家高新区群体智能水平有待进一步提高，外部环境参数有待进一步优化。具体来看，北京中关村（0.855 405）、上海张江（0.450 424）、广东深圳（0.427 147）、陕西西安（0.321 019）、湖北武汉（0.306 338）、四川成都（0.297 194）、广东广州（0.274 838）、苏州工业园（0.238 966）、浙江杭州（0.196 305）、江苏苏州（0.182 609）10个国家高新区"群体智能指数"水平在全国领先，从"群体智能指数"水平绝对值来看，北京中关村群体智能指数水平领先于我国其他国家高新区，我国其他国家高新区与北京中关村差距仍然较大；安徽铜陵狮子山（0.003 127）、辽宁阜新（0.003 118）、湖南怀化（0.002 988）、河北承德（0.002 801）、辽宁本溪（0.002 389）、宁夏银川（0.002 350）、青海（0.002 162）、安徽淮南（0.002 131）、湖北荆州（0.002 001）、山东黄河三角洲（0.001 841）10个国家高新区"群体智能指数"水平相对不足，排名暂时靠后，优化国家高新区外部环境参数，促进国家高新区群体智能涌现的任务仍然较重；广西南宁（0.056 130）、河南郑州（0.054 356）、湖南株洲（0.051 876）、山东潍坊（0.049 580）、河北石家庄（0.048 269）、山东威海（0.045 363）、江苏南通（0.044 789）、贵州贵阳（0.043 229）、江苏江阴（0.040 361）、广东江门（0.039 933）10个国家高新区"群体智能指数"水平接近全国平均水平，但从我国169个国家高新区"群体智能指数"排名来看，10个国家高新区排名仍然处于相对领先地位。

表 5-22　2018 年国家高新区"群体智能指数"测算结果

序号	国家高新区	群体智能指数	序号	国家高新区	群体智能指数	序号	国家高新区	群体智能指数
1	北京中关村	0.855 405	32	江苏无锡	0.160 121	63	福建福州	0.037 897
2	天津滨海	0.095 921	33	江苏江阴	0.040 361	64	福建厦门	0.174 671
3	河北石家庄	0.048 269	34	江苏徐州	0.011 932	65	福建莆田	0.008 564
4	河北唐山	0.004 620	35	江苏常州	0.072 811	66	福建三明	0.004 709
5	河北保定	0.037 183	36	江苏武进	0.038 509	67	福建泉州	0.014 447
6	河北承德	0.002 801	37	江苏苏州	0.182 609	68	福建漳州	0.021 529
7	河北燕郊	0.005 778	38	江苏昆山	0.070 316	69	福建龙岩	0.005 989
8	山西太原	0.031 351	39	苏州工业园	0.238 966	70	江西南昌	0.063 866
9	山西长治	0.007 890	40	江苏常熟	0.031 683	71	江西景德镇	0.016 586
10	内蒙古呼和浩特	0.008 771	41	江苏南通	0.044 789	72	江西九江共青城	0.005 797
11	内蒙古包头	0.020 983	42	江苏连云港	0.019 389	73	江西新余	0.017 445
12	内蒙古鄂尔多斯	0.004 521	43	江苏淮安	0.004 471	74	江西鹰潭	0.006 409
13	辽宁沈阳	0.034 162	44	江苏盐城	0.008 022	75	江西赣州	0.003 391
14	辽宁大连	0.058 391	45	江苏扬州	0.011 285	76	江西吉安	0.011 005
15	辽宁鞍山	0.016 275	46	江苏镇江	0.012 902	77	江西宜春丰城	0.006 497
16	辽宁本溪	0.002 389	47	江苏泰州	0.016 712	78	江西抚州	0.011 406
17	辽宁锦州	0.005 497	48	江苏宿迁	0.006 453	79	山东济南	0.107 686
18	辽宁营口	0.010 705	49	浙江杭州	0.196 305	80	山东青岛	0.067 607
19	辽宁阜新	0.003 118	50	浙江萧山临江	0.016 602	81	山东淄博	0.038 092
20	辽宁辽阳	0.012 248	51	浙江宁波	0.098 780	82	山东枣庄	0.004 589
21	吉林长春	0.078 530	52	浙江温州	0.023 943	83	山东黄河三角洲	0.001 841
22	长春净月	0.016 719	53	浙江嘉兴	0.022 091	84	山东烟台	0.012 667
23	吉林	0.013 416	54	浙江莫干山	0.017 897	85	山东潍坊	0.049 580
24	吉林通化	0.003 382	55	浙江绍兴	0.026 650	86	山东济宁	0.067 142
25	吉林延吉	0.006 882	56	浙江衢州	0.018 139	87	山东泰安	0.011 029
26	黑龙江哈尔滨	0.024 837	57	安徽合肥	0.142 859	88	山东威海	0.045 363
27	黑龙江齐齐哈尔	0.004 544	58	安徽芜湖	0.030 772	89	山东莱芜	0.003 641
28	黑龙江大庆	0.022 465	59	安徽蚌埠	0.020 570	90	山东临沂	0.008 737
29	上海张江	0.450 424	60	安徽淮南	0.002 131	91	山东德州	0.003 599
30	上海紫竹	0.018 444	61	安徽马鞍山慈湖	0.016 306	92	河南郑州	0.054 356
31	江苏南京	0.154 253	62	安徽铜陵狮子山	0.003 127	93	河南洛阳	0.060 270

续表

序号	国家高新区	群体智能指数	序号	国家高新区	群体智能指数	序号	国家高新区	群体智能指数
94	河南平顶山	0.006 249	120	广东深圳	0.427 147	146	四川德阳	0.006 860
95	河南安阳	0.012 254	121	广东珠海	0.117 609	147	四川绵阳	0.033 182
96	河南新乡	0.013 740	122	广东汕头	0.010 556	148	四川内江	0.003 530
97	河南焦作	0.004 830	123	广东佛山	0.102 417	149	四川乐山	0.008 577
98	河南南阳	0.008 436	124	广东江门	0.039 933	150	贵州贵阳	0.043 229
99	湖北武汉	0.306 338	125	广东湛江	0.010 880	151	贵州安顺	0.004 669
100	湖北黄石大冶湖	0.031 628	126	广东茂名	0.005 944	152	云南昆明	0.017 448
101	湖北宜昌	0.037 870	127	广东肇庆	0.011 472	153	云南玉溪	0.036 968
102	湖北襄阳	0.064 416	128	广东惠州	0.129 357	154	云南楚雄	0.003 776
103	湖北荆门	0.027 967	129	广东源城	0.011 364	155	陕西西安	0.321 019
104	湖北孝感	0.020 137	130	广东清远	0.012 477	156	陕西宝鸡	0.036 518
105	湖北荆州	0.002 001	131	广东东莞	0.149 888	157	陕西杨凌	0.004 799
106	湖北黄冈	0.010 138	132	广东中山	0.071 693	158	陕西咸阳	0.010 398
107	湖北咸宁	0.017 576	133	广西南宁	0.056 130	159	陕西渭南	0.005 023
108	湖北随州	0.007 838	134	广西柳州	0.033 449	160	陕西榆林	0.016 723
109	湖北仙桃	0.011 445	135	广西桂林	0.020 171	161	陕西安康	0.005 467
110	湖北潜江	0.005 110	136	广西北海	0.017 488	162	甘肃兰州	0.024 753
111	湖南长沙	0.112 677	137	海南海口	0.008 451	163	甘肃白银	0.007 610
112	湖南株洲	0.051 876	138	重庆	0.067 289	164	青海	0.002 162
113	湖南湘潭	0.019 050	139	重庆璧山	0.012 370	165	宁夏银川	0.002 350
114	湖南衡阳	0.014 855	140	重庆荣昌	0.004 715	166	宁夏石嘴山	0.003 370
115	湖南常德	0.006 119	141	重庆永川	0.013 135	167	新疆乌鲁木齐	0.036 060
116	湖南益阳	0.012 347	142	四川成都	0.297 194	168	新疆昌吉	0.003 147
117	湖南郴州	0.007 370	143	四川自贡	0.010 026	169	新疆兵团	0.004 809
118	湖南怀化	0.002 988	144	四川攀枝花	0.004 493	—	平均值	0.047 341
119	广东广州	0.274 838	145	四川泸州	0.008 435			

资料来源：根据科学技术部火炬高技术产业开发中心统计数据整理

表 5-23 2018 年国家高新区"群体智能指数"测算结果排名

序号	高新区	排名	序号	高新区	排名	序号	高新区	排名
1	北京中关村	1	4	河北唐山	146	7	河北燕郊	135
2	天津滨海	22	5	河北保定	48	8	山西太原	57
3	河北石家庄	38	6	河北承德	163	9	山西长治	121

续表

序号	高新区	排名	序号	高新区	排名	序号	高新区	排名
10	内蒙古呼和浩特	113	42	江苏连云港	71	74	江西鹰潭	129
11	内蒙古包头	67	43	江苏淮安	151	75	江西赣州	156
12	内蒙古鄂尔多斯	149	44	江苏盐城	120	76	江西吉安	106
13	辽宁沈阳	52	45	江苏扬州	104	77	江西宜春丰城	127
14	辽宁大连	33	46	江苏镇江	92	78	江西抚州	102
15	辽宁鞍山	86	47	江苏泰州	82	79	山东济南	19
16	辽宁本溪	164	48	江苏宿迁	128	80	山东青岛	27
17	辽宁锦州	136	49	浙江杭州	9	81	山东淄博	45
18	辽宁营口	108	50	浙江萧山临江	83	82	山东枣庄	147
19	辽宁阜新	161	51	浙江宁波	21	83	山东黄河三角洲	169
20	辽宁辽阳	98	52	浙江温州	63	84	山东烟台	93
21	吉林长春	23	53	浙江嘉兴	65	85	山东潍坊	37
22	长春净月	81	54	浙江莫干山	75	86	山东济宁	29
23	吉林	90	55	浙江绍兴	60	87	山东泰安	105
24	吉林通化	157	56	浙江衢州	74	88	山东威海	39
25	吉林延吉	125	57	安徽合肥	15	89	山东莱芜	153
26	黑龙江哈尔滨	61	58	安徽芜湖	58	90	山东临沂	114
27	黑龙江齐齐哈尔	148	59	安徽蚌埠	68	91	山东德州	154
28	黑龙江大庆	64	60	安徽淮南	167	92	河南郑州	35
29	上海张江	2	61	安徽马鞍山慈湖	85	93	河南洛阳	32
30	上海紫竹	73	62	安徽铜陵狮子山	160	94	河南平顶山	130
31	江苏南京	13	63	福建福州	46	95	河南安阳	97
32	江苏无锡	12	64	福建厦门	11	96	河南新乡	89
33	江苏江阴	42	65	福建莆田	116	97	河南焦作	140
34	江苏徐州	99	66	福建三明	144	98	河南南阳	118
35	江苏常州	24	67	福建泉州	88	99	湖北武汉	5
36	江苏武进	44	68	福建漳州	66	100	湖北黄石大冶湖	56
37	江苏苏州	10	69	福建龙岩	132	101	湖北宜昌	47
38	江苏昆山	26	70	江西南昌	31	102	湖北襄阳	30
39	苏州工业园	8	71	江西景德镇	84	103	湖北荆门	59
40	江苏常熟	55	72	江西九江共青城	134	104	湖北孝感	70
41	江苏南通	40	73	江西新余	79	105	湖北荆州	168

续表

序号	高新区	排名	序号	高新区	排名	序号	高新区	排名
106	湖北黄冈	111	128	广东惠州	16	150	贵州贵阳	41
107	湖北咸宁	76	129	广东源城	103	151	贵州安顺	145
108	湖北随州	122	130	广东清远	94	152	云南昆明	78
109	湖北仙桃	101	131	广东东莞	14	153	云南玉溪	49
110	湖北潜江	138	132	广东中山	25	154	云南楚雄	152
111	湖南长沙	18	133	广西南宁	34	155	陕西西安	4
112	湖南株洲	36	134	广西柳州	53	156	陕西宝鸡	50
113	湖南湘潭	72	135	广西桂林	69	157	陕西杨凌	142
114	湖南衡阳	87	136	广西北海	77	158	陕西咸阳	110
115	湖南常德	131	137	海南海口	117	159	陕西渭南	139
116	湖南益阳	96	138	重庆	28	160	陕西榆林	80
117	湖南郴州	124	139	重庆璧山	95	161	陕西安康	137
118	湖南怀化	162	140	重庆荣昌	143	162	甘肃兰州	62
119	广东广州	7	141	重庆永川	91	163	甘肃白银	123
120	广东深圳	3	142	四川成都	6	164	青海	166
121	广东珠海	17	143	四川自贡	112	165	宁夏银川	165
122	广东汕头	109	144	四川攀枝花	150	166	宁夏石嘴山	158
123	广东佛山	20	145	四川泸州	119	167	新疆乌鲁木齐	51
124	广东江门	43	146	四川德阳	126	168	新疆昌吉	159
125	广东湛江	107	147	四川绵阳	54	169	新疆兵团	141
126	广东茂名	133	148	四川内江	155			
127	广东肇庆	100	149	四川乐山	115			

资料来源：根据科学技术部火炬高技术产业开发中心统计数据整理

综上所述，我国的国家高新区群体智能水平地区差异明显，生产规模、营运能力、生产潜力、创新能力整体水平仍有待提高，三分之二以上的国家高新区水平低于全国平均水平，可见虽然国家高新区的数量和生产规模得到快速提升，但各国家高新区群体智能水平提高空间仍然较大，在国家高新区数量增加的同时，未来我国应更加注重国家高新区发展质量的提高，增强国家高新区核心竞争力，优化外部环境参数，促进国家高新区群体智能涌现，实现国家高新区整体和国家高新区内企业的集聚式发展和集群良性发展。

第四节　国家大学科技园的"群体智能指数"

国家大学科技园是以具有科研优势特色的大学为依托，将高校科教智力资源与市场优势创新资源紧密结合，推动创新资源集成、科技成果转化、科技创业孵化、创新人才培养和开放协同发展，促进科技、教育、经济融通的重要平台和科技服务机构。国家大学科技园是国家创新体系的重要组成部分，是促进融通创新的重要平台、构建双创生态的重要阵地、培育经济发展新动能的重要载体。我国的国家大学科技园自1991年成立以来取得了显著成绩，其规模不断扩大，模式日益多元，已经成为高校科技成果转化的重要平台。目前，国家大学科技园的发展模式主要有大学主导型、政府主导型、产业主导型三种模式。截至2018年，国家大学科技园拥有可支配面积708.6万平方千米，入驻在孵企业10 127家，科研人员共计12.8万人，总收入达到325亿元，累计孵化了10 733家中小型高新技术企业。下一步，国家大学科技园将顺应国家创新发展新思维，加强国家创新体系建设，建立以企业为主体、市场为导向、产学研深度融合的技术创新体系，全面贯通体制和机制；将积极探索政府、高校及企业协同发展机制，打造专业化、品牌化、国际化、区域协同化的发展路线。

一、国家大学科技园"群体智能指数"的测算指标和数据来源

从科技型中小企业集群最优环境参数集和群体智能进化的环境调控机理出发，根据数据可得性，本书将国家大学科技园"群体智能指数"测算指标体系进行调整，如表5-24所示。由于实际统计数据难以获得，本书在对国家大学科技园"群体智能指数"的测算中，对测算指标进行调整，从生产规模、营运能力、生产潜力三个方面对国家大学科技园"群体智能指数"进行测算和比较研究。

表5-24　国家大学科技园"群体智能指数"测算指标

一级指标	二级指标	三级指标	单位	预测方向
"群体智能指数"	生产规模	入统大学科技园数量	个	正向
		管理机构从业人员总数	人	正向
		场地面积	平方米	正向
		在孵企业	家	正向
		当年新孵企业	家	正向
		从业人员数	人	正向

续表

一级指标	二级指标	三级指标	单位	预测方向
"群体智能指数"	营运能力	总收入	万元	正向
		工业总产值	万元	正向
		净利润	万元	正向
		上缴税费	万元	正向
	生产潜力	孵化基金总额	万元	正向
		年末固定资产净值	万元	正向

入统大学科技园数量、管理机构从业人员总数、场地面积、在孵企业、当年新孵企业、从业人员数 6 个指标从企业数、科技园区面积和从业人数 3 个方面反映了国家大学科技园中企业生产规模；总收入、工业总产值、净利润、上缴税费 4 个指标反映了国家大学科技园企业生产经营过程中的营运能力；孵化基金总额、年末固定资产净值两个指标对国家大学科技园生产潜力进行评估。本部分测算国家大学科技园"群体智能指数"的数据均来自科学技术部火炬高技术产业开发中心统计数据。

二、国家大学科技园"群体智能指数"的测算结果及分析

2004 年以来，我国的国家大学科技园数量从 2004 年的 42 个发展到 2018 年的 115 个，年均增长率为 7.46%；国家大学科技园场地面积从 2004 年的 478.4 万平方米增长到 2018 年的 708.6 万平方米，年均增长率为 2.85%；在孵企业数从 2004 年的 4 978 家增长到 2018 年的 10 127 家，年均增长率为 5.20%；当年新孵企业数 2004 为 1 120 家，2018 年为 2 720 家，年均增长率为 6.54%；在孵企业总收入从 2004 年的 226.2 亿元增长到 2018 年的 325.0 亿元，年均增长率为 2.62%；在孵企业人数从 2004 年的 6.5 万人增长到 2018 年的 12.8 万人，年均增长率为 4.96%；累计毕业企业从 2004 年的 1 137 家增长到 2018 年的 10 733 家，年均增长率达到 17.39%（表 5-25）。可见 2004~2018 年，我国的国家大学科技园取得了较快发展，无论是国家大学科技园区个数、场地面积、在孵企业，还是在孵企业总收入、在孵企业人数均得到较快发展，但我国的国家大学科技园群体智能水平如何，还有待进一步测度和研究。

表 5-25 2004～2018 年国家大学科技园主要经济指标

年份	国家大学科技园/个	场地面积/万平方米	在孵企业/家	当年新孵企业/家	在孵企业总收入/亿元	在孵企业人数/万人	累计毕业企业/家
2004	42	478.4	4 978	1 120	226.2	6.5	1 137
2005	49	500.5	6 075	1 213	271.9	11.0	1 320
2006	62	517.0	6 720	1 348	295.0	13.6	1 794
2007	62	528.3	6 574	1 359	295.1	12.9	1 958
2008	68	698.2	6 173	1 294	247.2	12.5	2 979
2009	76	814.3	6 541	1 396	498.9	13.9	3 673
2010	86	814.5	6 617	1 858	221.6	12.8	4 363
2011	85	766.7	6 923	1 673	170.5	13.1	5 137
2012	94	919.4	7 369	1 787	206.7	13.2	5 715
2013	94	775.0	8 204	2 028	262.1	14.7	6 515
2014	115	801.7	9 972	2 828	361.2	16.3	7 192
2015	115	745.9	10 118	2 837	277.2	14.6	8 219
2016	115	737.8	9 861	2 573	289.5	13.2	9 189
2017	115	793.8	10 448	2 696	340.0	13.7	9 866
2018	115	708.6	10 127	2 720	325.0	12.8	10 733
年均增长率	7.46%	2.85%	5.20%	6.54%	2.62%	4.96%	17.39%

资料来源：根据科学技术部火炬高技术产业开发中心统计数据整理。其中，西藏数据由于缺失未纳入分析

从我国四大区域来看，2018 年我国的国家大学科技园东部地区各主要经济指标均领先于中部、西部和东北地区（表 5-26）。具体而言，入统大学科技园数量、管理机构从业人员总数、孵化基金总额、年末固定资产净值、场地面积、在孵企业、当年新孵企业、从业人员数、总收入、工业总产值、净利润、上缴税费等指标，东部地区占全国比重始终超过 50%，相比而言，中部地区、西部地区、东北地区国家大学科技园发展水平较东部地区仍有较大差距，地区差异明显。

表 5-26 2018 年国家大学科技园主要经济指标（分区域）

地区	单位	合计	东部地区	中部地区	西部地区	东北地区
入统大学科技园数量	个	114	64	12	24	14
管理机构从业人员总数	人	2 768	1 571	396	499	302
孵化基金总额	万元	134 165.9	82 476.5	26 161.0	11 069.2	14 459.2
年末固定资产净值	万元	505 176.1	353 917.7	130 003.4	13 848.7	8 986.5
场地面积	平方米	7 938 354	4 791 208	1 866 629	806 650	74 062
在孵企业	家	10 127	5 810	1 380	2 077	860

续表

地区	单位	合计	东部地区	中部地区	西部地区	东北地区
当年新孵企业	家	2 720	1 587	457	487	189
从业人员数	人	127 711	73 224	24 686	18 968	10 833
总收入	万元	3 249 744.7	2 322 632.6	470 022.0	276 596.1	180 493.9
工业总产值	万元	1 308 207.1	860 099.7	220 971.9	153 156.6	73 979.0
净利润	万元	163 560.1	116 575.9	14 808.1	11 747.1	20 429.0
上缴税费	万元	141 982.6	94 282.0	24 564.8	13 982.8	9 153.1

资料来源：根据科学技术部火炬高技术产业开发中心统计数据整理

根据熵权-TOPSIS 模型可得国家大学科技园"群体智能指数"各指标权重，如表 5-27 所示，在国家大学科技园群体智能涌现过程中，生产规模、营运能力发挥了重要作用，两者总贡献率超过 80%；从三级指标来看，在孵企业、净利润、年末固定资产净值等外部环境参数在国家大学科技园群体智能涌现过程中发挥了重要作用，3 个指标在国家大学科技园群体智能涌现过程中的贡献率均超过 9%。

表 5-27　国家大学科技园"群体智能指数"测算指标权重

一级指标	二级指标	三级指标	单位	权重
群体智能指数	生产规模（0.545 9）	入统大学科技园数量	个	0.091 4
		管理机构从业人员总数	人	0.074 1
		场地面积	平方米	0.084 1
		在孵企业	家	0.149 6
		当年新孵企业	家	0.080 0
		从业人员数	人	0.066 7
	营运能力（0.338 3）	总收入	千元	0.071 6
		工业总产值	千元	0.069 4
		净利润	千元	0.098 5
		上缴税费	千元	0.098 8
	生产潜力（0.115 8）	孵化基金总额	千元	0.016 9
		年末固定资产净值	千元	0.098 9

资料来源：根据科学技术部火炬高技术产业开发中心统计数据整理

（一）国家大学科技园生产规模指数评价与分析

选取入统大学科技园数量、管理机构从业人员总数、场地面积、在孵企业、当年新孵企业、从业人员数6个指标对2018年国家大学科技园生产规模指数进行测算（表5-28）。具体而言，江苏（0.818 154）、北京（0.574 562）、浙江（0.509 315）、湖北（0.491 017）、上海（0.459 284）、山东（0.401 298）、黑龙江（0.188 709）、河南（0.186 763）、四川（0.170 133）9个省市国家大学科技园生产规模指数高于全国平均水平（0.163 923），国家大学科技园生产规模竞争力水平较高，在全国具有较强的比较优势；宁夏（0.022 454）、青海（0.016 281）、广西（0.013 619）、山西（0.012 852）、新疆生产建设兵团（0.005 347）5地的国家大学科技园生产规模指数在全国排名相对靠后，国家大学科技园数量、人数、面积等方面还有待进一步提高。国家大学科技园生产规模指数平均值超过很多省区市国家大学科技园生产规模水平，说明我国的国家大学科技园生产规模整体水平有待进一步提高，各地区生产规模指数差异明显。

表5-28　2018年国家大学科技园生产规模指数测算结果与排名

序号	地区	生产规模	排名	序号	地区	生产规模	排名
1	北京	0.574 562	2	17	湖北	0.491 017	4
2	天津	0.045 405	22	18	湖南	0.065 432	17
3	河北	0.103 275	13	19	广东	0.054 249	19
4	山西	0.012 852	30	20	广西	0.013 619	29
5	内蒙古	0.047 141	21	21	海南	0.034 414	26
6	辽宁	0.163 502	10	22	重庆	0.044 120	23
7	吉林	0.070 011	16	23	四川	0.170 133	9
8	黑龙江	0.188 709	7	24	贵州	0.048 739	20
9	上海	0.459 284	5	25	云南	0.060 257	18
10	江苏	0.818 154	1	26	陕西	0.117 536	11
11	浙江	0.509 315	3	27	甘肃	0.072 571	15
12	安徽	0.098 970	14	28	青海	0.016 281	28
13	福建	0.035 216	24	29	宁夏	0.022 454	27
14	江西	0.115 934	12	30	新疆	0.035 064	25
15	山东	0.401 298	6	31	新疆生产建设兵团	0.005 347	31
16	河南	0.186 763	8	—	平均值	0.163 923	—

资料来源：根据科学技术部火炬高技术产业开发中心统计数据整理。其中，西藏数据由于缺失未纳入分析

(二)国家大学科技园营运能力指数评价与分析

选取总收入、工业总产值、净利润、上缴税费 4 个指标从收入、利润、税收 3 个方面对国家大学科技园营运能力指数进行测算和评价(表 5-29)。具体而言,江苏(0.864 052)、北京(0.629 895)、上海(0.499 739)、山东(0.282 372)、河北(0.263 975)5 地的国家大学科技园营运能力指数在全国排名靠前,国家大学科技园收入、利润和税收水平在全国处于领先地位;山西(0.022 330)、广西(0.016 076)、新疆生产建设兵团(0.010 546)、天津(0.007 780)、宁夏(0.005 639)5 地的国家大学科技园营运能力指数在全国排名相对靠后,国家大学科技园生产经营有待进一步发展和扩大;四川(0.220 693)、河南(0.218 375)、湖北(0.202 770)、江西(0.146 719)、湖南(0.142 010)、黑龙江(0.141 693)6 地的国家大学科技园营运能力接近全国平均水平(0.155 058),但从国家大学科技园营运能力水平排名来看,该 6 地的国家大学科技园营运能力全国排名处于中上水平,由此可见,我国的国家大学科技园营运能力整体水平有待进一步提高,营运能力区域差异较大。整体而言,东部地区的国家大学科技园营运能力水平领先于中西部地区。

表 5-29 2018 年国家大学科技园营运能力指数测算结果与排名

序号	地区	营运能力	排名	序号	地区	营运能力	排名
1	北京	0.629 895	2	14	江西	0.146 719	10
2	天津	0.007 780	30	15	山东	0.282 372	4
3	河北	0.263 975	5	16	河南	0.218 375	8
4	山西	0.022 330	27	17	湖北	0.202 770	9
5	内蒙古	0.046 237	24	18	湖南	0.142 010	11
6	辽宁	0.130 872	13	19	广东	0.122 413	14
7	吉林	0.056 350	18	20	广西	0.016 076	28
8	黑龙江	0.141 693	12	21	海南	0.037 477	26
9	上海	0.499 739	3	22	重庆	0.048 339	22
10	江苏	0.864 052	1	23	四川	0.220 693	7
11	浙江	0.221 527	6	24	贵州	0.049 955	21
12	安徽	0.072 423	17	25	云南	0.077 921	15
13	福建	0.047 784	23	26	陕西	0.077 669	16

续表

序号	地区	营运能力	排名	序号	地区	营运能力	排名
27	甘肃	0.050 882	19	30	新疆	0.049 981	20
28	青海	0.042 305	25	31	新疆生产建设兵团	0.010 546	29
29	宁夏	0.005 639	31	—	平均值	0.155 058	—

资料来源：根据科学技术部火炬高技术产业开发中心统计数据整理。其中，西藏数据由于缺失未纳入分析

（三）国家大学科技园生产潜力指数评价与分析

选取孵化基金总额、年末固定资产净值对国家大学科技园生产潜力指数进行测算和评估，从孵化基金和固定资产净值两方面分析国家大学科技园进一步发展的潜力和后备力量（表 5-30）。具体而言，江苏（1）、北京（0.780 417）、上海（0.402 450）、河北（0.281 097）、湖北（0.215 439）5 地的国家大学科技园生产潜力指数在全国处于领先地位，国家大学科技园进一步扩大规模，可持续发展潜力较大；福建（0.047 257）、海南（0.047 173）、青海（0.046 522）、宁夏（0.045 438）、山西（0.045 255）5 地的国家大学科技园生产潜力指数全国排名相对靠后，国家大学科技园进一步发展潜力有待继续积累；四川（0.166 903）、湖南（0.163 450）、广东（0.161 287）、山东（0.144 474）、江西（0.131 900）、云南（0.098 841）6 地的国家大学科技园生产潜力指数接近全国平均水平（0.159 526），但从国家大学科技园生产潜力指数排名来看，该 6 地的国家大学科技园生产潜力指数仍处于全国领先水平，发展潜力较大，同时也表明我国的国家大学科技园生产潜力指数整体偏低，区域差异较大。

表 5-30 2018 年国家大学科技园生产潜力指数测算结果与排名

序号	地区	生产潜力	排名	序号	地区	生产潜力	排名
1	北京	0.780 417	2	9	上海	0.402 450	3
2	天津	0.047 558	25	10	江苏	1	1
3	河北	0.281 097	4	11	浙江	0.086 351	15
4	山西	0.045 255	31	12	安徽	0.073 112	16
5	内蒙古	0.060 161	18	13	福建	0.047 257	27
6	辽宁	0.098 769	14	14	江西	0.131 900	12
7	吉林	0.050 473	20	15	山东	0.144 474	11
8	黑龙江	0.191 731	7	16	河南	0.200 435	6

续表

序号	地区	生产潜力	排名	序号	地区	生产潜力	排名
17	湖北	0.215 439	5	25	云南	0.098 841	13
18	湖南	0.163 450	9	26	陕西	0.061 102	17
19	广东	0.161 287	10	27	甘肃	0.053 887	19
20	广西	0.048 725	23	28	青海	0.046 522	29
21	海南	0.047 173	28	29	宁夏	0.045 438	30
22	重庆	0.050 325	21	30	新疆	0.049 084	22
23	四川	0.166 903	8	31	新疆生产建设兵团	0.047 471	26
24	贵州	0.048 210	24	—	平均值	0.159 526	—

资料来源：根据科学技术部火炬高技术产业开发中心统计数据整理。其中，西藏数据由于缺失未纳入分析

（四）国家大学科技园"群体智能指数"评价与分析

从生产规模、营运能力、生产潜力三个方面对国家大学科技园外部环境参数进行评估，对国家大学科技园"群体智能指数"进行测算和评估，分析我国的国家大学科技园群体智能涌现环境和水平（表 5-31）。具体而言，江苏（0.755 700）、北京（0.605 169）、上海（0.442 510）、浙江（0.389 971）、湖北（0.372 401）、山东（0.334 668）6 地的国家大学科技园"群体智能指数"高于全国平均水平（0.155 600），国家大学科技园外部环境参数优化水平全国领先；青海（0.030 909）、宁夏（0.022 595）、天津（0.022 583）、山西（0.021 879）、广西（0.021 045）、新疆生产建设兵团（0.016 994）6 地的国家大学科技园"群体智能指数"水平在全国排名靠后，国家大学科技园外部环境有待进一步优化，以激发国家大学科技园各主体的发展活力，助推集群实现更高水平的发展；从全国排名来看，仅 10 地的国家大学科技园"群体智能指数"高于全国平均水平，可见我国的国家大学科技园"群体智能指数"整体有待进一步提高，地区差异明显；从区域分布来看，我国东部地区的国家大学科技园"群体智能指数"水平领先于中西部地区，外部环境参数优化水平较高，国家大学科技园生产规模、营运能力、生产潜力均具有较强竞争力。

表 5-31 国家大学科技园"群体智能指数"测算结果与排名

序号	地区	群体智能指数	排名	序号	地区	群体智能指数	排名
1	北京	0.605 169	2	4	山西	0.021 879	29
2	天津	0.022 583	28	5	内蒙古	0.038 474	24
3	河北	0.183 416	7	6	辽宁	0.143 798	11

续表

序号	地区	群体智能指数	排名	序号	地区	群体智能指数	排名
7	吉林	0.063 023	19	20	广西	0.021 045	30
8	黑龙江	0.171 336	9	21	海南	0.036 563	25
9	上海	0.442 510	3	22	重庆	0.045 483	21
10	江苏	0.755 700	1	23	四川	0.178 317	8
11	浙江	0.389 971	4	24	贵州	0.048 634	20
12	安徽	0.083 847	16	25	云南	0.070 397	17
13	福建	0.040 635	23	26	陕西	0.099 521	14
14	江西	0.115 148	12	27	甘肃	0.063 632	18
15	山东	0.334 668	6	28	青海	0.030 909	26
16	河南	0.164 715	10	29	宁夏	0.022 595	27
17	湖北	0.372 401	5	30	新疆	0.041 849	22
18	湖南	0.104 590	13	31	新疆生产建设兵团	0.016 994	31
19	广东	0.093 787	15	—	平均值	0.155 600	—

资料来源：根据科学技术部火炬高技术产业开发中心统计数据整理。其中，西藏数据由于缺失未纳入分析

第五节 省域高新区的"群体智能指数"

考虑到地区的代表性和数据的可得性，本书以湖北省为区域范围，搜集整理湖北省域高新区（包括国家级和省级）的相关数据，完成对省域高新区"群体智能指数"的考察。截至 2018 年，湖北省共有 12 个国家级高新区，数量位居中部第一，全国第三，此外还有 18 个省级高新区；高新区拥有的高新技术企业总数突破 6 500 家，科技企业孵化器在孵企业突破 20 000 家，高新技术产业增加值达 6 653 亿元，较 2017 年增长 12.8%；高新区生产总值占湖北省比例均超过 30%，高于全省水平 13 个百分点。高新区已成为推动湖北省经济社会全面高质量发展的重要力量，为湖北省区域科技创新综合水平保持在全国第 7 位做出了很大贡献。湖北省高新区的主要高新技术产业领域包括：电子信息、环境保护、激光、通信、新材料与新能源、生物工程、精细化工、制药、医疗器械、基因工程、光机电一体化等。高新区成为湖北省科技创新的最有效抓手，夯实了创新源头，构建了涵盖国家实验室、国家重点实验室、国家研究中心、国家工程研究中心、国家制造业创新中心及新型研发机构等的多层次自主创新体系。同时，高新区全面贯彻落实湖北省科技成果转化工程，探索推进科技成果所有权改革，加快技术转移中心建设，有效推进了科技与经济的深度融合。湖北省高新区以武汉东湖新技术开发

区为龙头，营造优良的创新创业环境，构建特色高新技术产业集群，提高高新区的运行质量，努力打造新时代特色鲜明的高科技园区。

一、省域高新区"群体智能指数"的测算指标和数据来源

从科技型中小企业集群最优环境参数集和群体智能进化的环境调控机理出发，以典型区域"群体智能指数"测算基础指标体系为基础，根据数据可得性，将省域高新区的"群体智能指数"测算指标体系进行调整，如表 5-32 所示。由于实际统计数据难以获得，本部分在对湖北省高新区"群体智能指数"的测算中，对测算指标进行调整，以发展规模与速度类指标反映生产规模、以运行质量与效益类指标反映营运能力、以创新创业环境类指标反映生产潜力、以技术创新能力类指标反映创新能力水平，从发展规模与速度、运行质量与效益、创新创业环境、技术创新能力四个方面对湖北省高新区"群体智能指数"进行测算和比较研究。

表 5-32 湖北省高新区"群体智能指数"测算指标

一级指标	二级指标	三级指标	单位	预测方向
"群体智能指数"	发展规模与速度	地区生产总值	亿元	正向
		地区生产总值增速	%	正向
		高新技术产业增加值	亿元	正向
		税收总额	亿元	正向
	运行质量与效益	高新技术产业增加值占园区工业增加值比重	%	正向
		高新技术产业增加值占所在地高新技术产业增加值比重	%	正向
		综合能源消费量	万吨标准煤	负向
		实际开发面积单位工业增加值	亿元/千米^2	正向
		人均工业增加值	万元/人	正向
	创新创业环境	省级以上科技企业孵化器、众创空间数	个	正向
		省级以上科技企业孵化器在孵企业数	家	正向
		财政科技投入占公共预算支出比例	%	正向
		工业企业数增幅	%	正向
	技术创新能力	工业企业研发经费占销售收入比重	%	正向
		高新技术企业数	家	正向
		高新技术企业数占区内规模以上企业数比重	%	正向
		企业省级以上研发机构数	个	正向
		企业授权发明专利数	项	正向

发展规模与速度采用地区生产总值、地区生产总值增速、高新技术产业增加值、税收总额4个指标进行综合量化；运行质量与效益采用高新技术产业增加值占园区工业增加值比重、高新技术产业增加值占所在地高新技术产业增加值比重、综合能源消费量、实际开发面积单位工业增加值、人均工业增加值5个指标进行测度；创新创业环境采用省级以上科技企业孵化器、众创空间数，省级以上科技企业孵化器在孵企业数，财政科技投入占公共预算支出比例，工业企业数增幅4个指标进行计算；技术创新能力采用工业企业研发经费占销售收入比重、高新技术企业数、高新技术企业数占区内规模以上企业数比重、企业省级以上研发机构数、企业授权发明专利数5个指标进行测算。由于后续年份数据无法获得，且与其他数据库统计口径不一致，本部分省域高新区"群体智能指数"指标的测算均选用2016年度湖北省高新区考评的统计数据。为横向比较湖北省国家级高新区和省级高新区"群体智能指数"水平，本书将湖北省国家级、省级高新区数据统一分析处理。

二、省域高新区"群体智能指数"的测算结果及分析

截至2016年，湖北省共有9个国家级高新区（东湖高新区、襄阳高新区、宜昌高新区、荆门高新区、孝感高新区、黄冈高新区、咸宁高新区、随州高新区、仙桃高新区）、18个省级高新区（十堰高新区、黄石大冶湖高新区、葛店高新区、宜都高新区、黄石高新区、荆州高新区、潜江高新区、汉川高新区、赤壁高新区、十堰西城高新区、武穴高新区、蕲春高新区、京山高新区、钟祥高新区、天门高新区、红安高新区、通城高新区、石首高新区）。从湖北省国家级高新区和省级高新区主要经济指标来看（表5-33），2016年湖北省国家级高新区地区生产总值合计7 601亿元，省级高新区地区生产总值合计4 051亿元，经济规模较大，且国家级高新区高于省级高新区，但从地区生产总值增速来看，2016年湖北省国家级高新区增速为90%，省级高新区增速为146%，可见省级高新区地区生产总值增长速度较快，正快速追赶国家级高新区，逐步提高自身生产经营能力和水平。同时，在高新技术产业增加值占园区工业增加值比重、高新技术产业增加值占所在地高新技术产业增加值比重、综合能源消费量、实际开发面积单位工业增加值、人均工业增加值、工业企业研发经费占销售收入比重、高新技术企业数占区内规模以上企业数比重、工业企业数增幅等指标方面，湖北省省级高新区总额高于湖北省国家级高新区，由此可见，虽然湖北省省级高新区发展规模不足国家级高新区，但在高新区发展效率和发展潜力方面，省级高新区仍具有较大发展潜力优势。

表 5-33 省域高新区主要经济指标（以湖北省为例）

一级指标	经济指标	国家级高新区	省级高新区
发展规模与速度	地区生产总值/亿元	7 601	4 051
	地区生产总值增速	90%	146%
	高新技术产业增加值/亿元	5 006	1 111
	税收总额/亿元	868.2	300.1
运行质量与效益	高新技术产业增加值占园区工业增加值比重	467.7%	670.4%
	高新技术产业增加值占所在地高新技术产业增加值比重	612.4%	1 427.0%
	综合能源消费量/万吨标准煤	1 336	1 747
	实际开发面积单位工业增加值/（亿元/千米^2）	73.06	102.00
	人均工业增加值/（万元/人）	276.6	470.0
创新创业环境	省级以上科技企业孵化器、众创空间数/个	152	54
	省级以上科技企业孵化器在孵企业数/家	8 028	2 640
	财政科技投入占公共预算支出比例	161.3%	55.6%
	工业企业数增幅	107.6%	159.3%
技术创新能力	工业企业研发经费占销售收入比重	26.76%	40.68%
	高新技术企业数/家	2 475	600
	高新技术企业数占区内规模以上企业数比重	353.9%	400.6%
	企业省级以上研发机构数/个	721	282
	企业授权发明专利数/项	8 403	1 215

资料来源：根据 2016 年度湖北省高新区考评数据统计数据整理

根据熵权-TOPSIS 模型可得湖北省高新区"群体智能指数"各指标权重，如表 5-34 所示，在湖北省高新区群体智能涌现过程中，技术创新能力、发展规模与速度、创新创业环境、运行质量与效益指标权重依次下降，分别为 0.339 6、0.293 3、0.255 7、0.111 3。从三级指标来看，高新技术产业增加值（0.129 4）、企业授权发明专利数（0.119 6）、高新技术企业数（0.105 3）在湖北省高新区群体智能涌现过程中发挥作用较大，对高新区群体智能涌现的贡献率超过 10%。

表 5-34 省域高新区"群体智能指数"测算指标权重（以湖北省为例）

一级指标	二级指标	三级指标	单位	权重
"群体智能指数"	发展规模与速度（0.293 3）	地区生产总值	亿元	0.065 5
		地区生产总值增速	%	0.003 9
		高新技术产业增加值	亿元	0.129 4
		税收总额	亿元	0.094 5

续表

一级指标	二级指标	三级指标	单位	权重
"群体智能指数"	运行质量与效益（0.111 3）	高新技术产业增加值占园区工业增加值比重	%	0.022 7
		高新技术产业增加值占所在地高新技术产业增加值比重	%	0.011 6
		综合能源消费量	万吨标准煤	0.011 3
		实际开发面积单位工业增加值	亿元/千米²	0.032 0
		人均工业增加值	万元/人	0.033 7
	技术创新能力（0.339 6）	工业企业研发经费占销售收入比重	%	0.023 5
		高新技术企业数	家	0.105 3
		高新技术企业数占区内规模以上企业数比重	%	0.024 3
		企业省级以上研发机构数	个	0.066 9
		企业授权发明专利数	项	0.119 6
	创新创业环境（0.255 7）	省级以上科技企业孵化器、众创空间数	个	0.064 7
		省级以上科技企业孵化器在孵企业数	家	0.088 9
		财政科技投入占公共预算支出比例	%	0.072 3
		工业企业数增幅	%	0.029 8

注：由于舍入修约，数据有偏差

资料来源：根据2016年度湖北省高新区考评数据统计数据整理

（一）湖北省高新区发展规模与速度指数评价与分析

本部分选取地区生产总值、地区生产总值增速、高新技术产业增加值、税收总额4个指标从地区生产总值、税收等角度分析湖北省高新区发展规模与速度（表5-35）。湖北省高新区平均发展规模与速度指数为0.483 6，27个高新区发展规模与速度指数整体水平较高。具体而言，东湖高新区（0.521 1）、襄阳高新区（0.514 3）、宜昌高新区（0.507 2）、十堰高新区（0.504 6）、黄石高新区（0.504 1）5个高新区的发展规模与速度指数在湖北省高新区处于领先地位，其中东湖高新区、襄阳高新区、宜昌高新区为国家级高新区，十堰高新区、黄石高新区为省级高新区；武穴高新区（0.496 5）、红安高新区（0.496 4）、通城高新区（0.495 2）、赤壁高新区（0.493 4）、石首高新区（0.023 0）5个高新区的发展规模与速度指数在湖北省高新区中相对靠后。在国家级高新区中，仙桃高新区、随州高新区的发展规模与速度指数居于中等水平，在同级别高新区中排名相对靠后，但从整体来看，湖北省的国家级高新区的发展规模与速度指数水平均领先于省级高新区水平。

表 5-35 湖北省高新区发展规模与速度指数测算结果和排名

序号	高新区	级别	发展规模与速度	全省排名	按级别排名
1	东湖高新区	国家级	0.521 1	1	1
2	襄阳高新区	国家级	0.514 3	2	2
3	宜昌高新区	国家级	0.507 2	3	3
4	荆门高新区	国家级	0.503 7	7	5
5	孝感高新区	国家级	0.503 5	8	6
6	黄冈高新区	国家级	0.503 7	6	4
7	咸宁高新区	国家级	0.502 1	9	7
8	随州高新区	国家级	0.499 3	15	9
9	仙桃高新区	国家级	0.499 4	14	8
10	十堰高新区	省级	0.504 6	4	1
11	黄石大冶湖高新区	省级	0.501 4	10	3
12	葛店高新区	省级	0.498 8	18	9
13	宜都高新区	省级	0.501 2	11	4
14	黄石高新区	省级	0.504 1	5	2
15	荆州高新区	省级	0.500 5	13	6
16	潜江高新区	省级	0.500 9	12	5
17	汉川高新区	省级	0.499 1	16	7
18	赤壁高新区	省级	0.493 4	26	17
19	十堰西城高新区	省级	0.499 1	17	8
20	武穴高新区	省级	0.496 5	23	14
21	蕲春高新区	省级	0.497 4	19	10
22	京山高新区	省级	0.497 2	21	12
23	钟祥高新区	省级	0.497 3	20	11
24	天门高新区	省级	0.496 9	22	13
25	红安高新区	省级	0.496 4	24	15
26	通城高新区	省级	0.495 2	25	16
27	石首高新区	省级	0.023 0	27	18
—	平均值	—	0.483 6	—	—

资料来源：根据 2016 年度湖北省高新区考评数据统计数据整理

（二）湖北省高新区运行质量与效益指数评价与分析

本部分选取高新技术产业增加值占园区工业增加值比重、高新技术产业增加值占所在地高新技术产业增加值比重、综合能源消费量、实际开发面积单位工业增加值、人均工业增加值5个指标对湖北省高新区运行质量与效益进行测算和分析（表5-36）。具体来看，东湖高新区（0.8388）、葛店高新区（0.6298）、黄冈高新区（0.6044）、武穴高新区（0.6028）、随州高新区（0.5918）5个高新区的运行质量与效益指数在湖北省处于领先地位，其中东湖高新区、黄冈高新区、随州高新区为国家级高新区，葛店高新区、武穴高新区为省级高新区。黄石高新区（0.4276）、孝感高新区（0.3988）、十堰西城高新区（0.3921）、宜昌高新区（0.3888）、黄石大冶湖高新区（0.3847）5个高新区的运行质量与效益指数水平在湖北省高新区排名相对靠后，其中孝感高新区、宜昌高新区为国家级高新区，黄石高新区、十堰西城高新区、黄石大冶湖高新区为省级高新区，可见无论是国家级高新区还是省级高新区，政府在保证高新区发展规模不断扩大的同时，还必须关注高新区发展质量和发展效率，节约资源、提高效率是国家级、省级高新区共同面临的困难和挑战。荆州高新区（0.5361）、通城高新区（0.5308）、京山高新区（0.5280）、宜都高新区（0.5109）、红安高新区（0.5042）、石首高新区（0.5011）6个高新区的运行质量与效益指数接近平均水平（0.5173），从湖北省高新区排名来看，荆州高新区、通城高新区等6个高新区的运行质量与效益同样位于中等水平，可见各高新区运行质量与效益分布相对平均，但高新区之间的运行质量与效益水平差异仍然较大，在国家级高新区中宜昌高新区、襄阳高新区等在稳步提高生产经营规模的同时，必须努力提高发展效率，增强核心竞争力，保证高新区的进一步发展。

表5-36　湖北省高新区运行质量与效益指数测算结果和排名

序号	高新区	级别	运行质量与效益	全省排名	按级别排名
1	东湖高新区	国家级	0.8388	1	1
2	襄阳高新区	国家级	0.4709	19	5
3	宜昌高新区	国家级	0.3888	26	9
4	荆门高新区	国家级	0.5693	6	4
5	孝感高新区	国家级	0.3988	24	8
6	黄冈高新区	国家级	0.6044	3	2
7	咸宁高新区	国家级	0.4565	20	6

续表

序号	高新区	级别	运行质量与效益	全省排名	按级别排名
8	随州高新区	国家级	0.591 8	5	3
9	仙桃高新区	国家级	0.456 2	21	7
10	十堰高新区	省级	0.560 6	8	4
11	黄石大冶湖高新区	省级	0.384 7	27	18
12	葛店高新区	省级	0.629 8	2	1
13	宜都高新区	省级	0.510 9	14	10
14	黄石高新区	省级	0.427 6	23	16
15	荆州高新区	省级	0.536 1	11	7
16	潜江高新区	省级	0.483 9	18	14
17	汉川高新区	省级	0.554 6	9	5
18	赤壁高新区	省级	0.542 1	10	6
19	十堰西城高新区	省级	0.392 1	25	17
20	武穴高新区	省级	0.602 8	4	2
21	蕲春高新区	省级	0.495 6	17	13
22	京山高新区	省级	0.528 0	13	9
23	钟祥高新区	省级	0.441 4	22	15
24	天门高新区	省级	0.566 3	7	3
25	红安高新区	省级	0.504 2	15	11
26	通城高新区	省级	0.530 8	12	8
27	石首高新区	省级	0.501 1	16	12
—	平均值	—	0.517 3	—	—

资料来源：根据 2016 年度湖北省高新区考评数据统计数据整理

（三）湖北省高新区创新创业环境指数评价与分析

本部分选取省级以上科技企业孵化器、众创空间数，省级以上科技企业孵化器在孵企业数，财政科技投入占公共预算支出比例，工业企业数增幅 4 个指标对湖北省高新区创新创业环境指数进行测算和评估（表 5-37）。具体而言，黄石大冶湖高新区（0.705 1）、宜昌高新区（0.595 1）、武穴高新区（0.584 1）、咸宁高新区（0.574 9）、荆门高新区（0.553 3）5 个高新区的创新创业环境指数在湖北省排名相对靠前，孵化器、众创空间、财政科技投入和工业企业增长速度在湖北省高新区中具备一定竞争力；黄石高新区（0.490 5）、石首高新区（0.479 3）、十堰西城高新区（0.405 9）、赤壁高新区（0.348 6）、通城高新区（0.250 4）5个高新区的创新创业环境指数在湖北省高新区中排名相对靠后，创新创业环境有待进一步改善；荆州高新区（0.520 7）、东湖高新区（0.519 8）、红安高新区（0.517 7）、黄冈高新区（0.515 5）、葛店高新区（0.515 0）、蕲春高新区（0.507 1）6个高新区的创新创业环境指数接近湖北省平均水平（0.515 7），从湖北省排名来看，荆州高新区、东湖高新区等6个高新区的创新创业环境指数处于中后水平。2016年湖北省高新区创新创业环境指数水平区域差异仍然较大，如何进一步优化创新创业环境、缩小高新区创新创业环境指数区域差异，是湖北省高新区发展面临的重要挑战。

表5-37　湖北省高新区创新创业环境指数测算结果和排名

序号	高新区	级别	创新创业环境	全省排名	按级别排名
1	东湖高新区	国家级	0.519 8	17	8
2	襄阳高新区	国家级	0.544 4	7	4
3	宜昌高新区	国家级	0.595 1	2	1
4	荆门高新区	国家级	0.553 3	5	3
5	孝感高新区	国家级	0.527 4	12	6
6	黄冈高新区	国家级	0.515 5	19	9
7	咸宁高新区	国家级	0.574 9	4	2
8	随州高新区	国家级	0.531 6	11	5
9	仙桃高新区	国家级	0.520 8	15	7
10	十堰高新区	省级	0.541 9	8	4
11	黄石大冶湖高新区	省级	0.705 1	1	1
12	葛店高新区	省级	0.515 0	20	11
13	宜都高新区	省级	0.502 9	22	13
14	黄石高新区	省级	0.490 5	23	14
15	荆州高新区	省级	0.520 7	16	9
16	潜江高新区	省级	0.524 5	14	8
17	汉川高新区	省级	0.540 8	9	5
18	赤壁高新区	省级	0.348 6	26	17
19	十堰西城高新区	省级	0.405 9	25	16
20	武穴高新区	省级	0.584 1	3	2
21	蕲春高新区	省级	0.507 1	21	12
22	京山高新区	省级	0.548 4	6	3
23	钟祥高新区	省级	0.532 8	10	6

续表

序号	高新区	级别	创新创业环境	全省排名	按级别排名
24	天门高新区	省级	0.524 6	13	7
25	红安高新区	省级	0.517 7	18	10
26	通城高新区	省级	0.250 4	27	18
27	石首高新区	省级	0.479 3	24	15
—	平均值	—	0.515 7	—	—

资料来源：根据 2016 年度湖北省高新区考评数据统计数据整理

（四）湖北省高新区技术创新能力指数评价与分析

本部分选取工业企业研发经费占销售收入比重、高新技术企业数、高新技术企业数占区内规模以上企业数比重、企业省级以上研发机构数、企业授权发明专利数 5 个指标对湖北省高新区技术创新能力进行度量（表 5-38）。具体而言，黄冈高新区（0.548 4）、孝感高新区（0.528 3）、十堰高新区（0.526 0）、咸宁高新区（0.524 8）、荆门高新区（0.523 2）5 个高新区的技术创新能力指数在湖北省排名相对靠前；蕲春高新区（0.492 1）、仙桃高新区（0.490 8）、宜都高新区（0.489 0）、京山高新区（0.383 8）、汉川高新区（0.190 7）5 个高新区的技术创新能力指数水平在湖北省的排名还有待进一步提高，提升核心竞争力，参与市场发展，优化集群外部参数环境，促进群体智能涌现；2016 年湖北省 27 个高新区的技术创新能力指数平均值为 0.493 6，21 个高新区的技术创新能力指数高于平均水平，可见湖北省高新区技术创新能力指数水平整体较高，但同时也可以看出湖北省高新区技术创新能力指数区域差异较大。

表 5-38　湖北省高新区技术创新能力指数测算结果和排名

序号	高新区	级别	技术创新能力	全省排名	按级别排名
1	东湖高新区	国家级	0.519 9	7	5
2	襄阳高新区	国家级	0.515 6	9	7
3	宜昌高新区	国家级	0.514 5	10	8
4	荆门高新区	国家级	0.523 2	5	4
5	孝感高新区	国家级	0.528 3	2	2
6	黄冈高新区	国家级	0.548 4	1	1
7	咸宁高新区	国家级	0.524 8	4	3

续表

序号	高新区	级别	技术创新能力	全省排名	按级别排名
8	随州高新区	国家级	0.518 6	8	6
9	仙桃高新区	国家级	0.490 8	24	9
10	十堰高新区	省级	0.526 0	3	1
11	黄石大冶湖高新区	省级	0.521 6	6	2
12	葛店高新区	省级	0.506 8	15	7
13	宜都高新区	省级	0.489 0	25	16
14	黄石高新区	省级	0.507 2	14	6
15	荆州高新区	省级	0.513 5	11	3
16	潜江高新区	省级	0.510 5	12	4
17	汉川高新区	省级	0.190 7	27	18
18	赤壁高新区	省级	0.504 1	16	8
19	十堰西城高新区	省级	0.507 9	13	5
20	武穴高新区	省级	0.497 7	20	12
21	蕲春高新区	省级	0.492 1	23	15
22	京山高新区	省级	0.383 8	26	17
23	钟祥高新区	省级	0.492 2	22	14
24	天门高新区	省级	0.497 8	19	11
25	红安高新区	省级	0.503 1	17	9
26	通城高新区	省级	0.497 4	21	13
27	石首高新区	省级	0.501 7	18	10
—	平均值		0.493 6	—	—

资料来源：根据2016年度湖北省高新区考评数据统计数据整理

（五）湖北省高新区"群体智能指数"评价与分析

本部分选取发展规模与速度、运行质量与效益、技术创新能力、创新创业环境4个方面共18个指标对2016年湖北省27个高新区的群体智能水平进行测算和比较分析（表5-39）。具体而言，东湖高新区（0.517 2）、孝感高新区（0.517 2）、宜昌高新区（0.515 0）、咸宁高新区（0.514 0）、荆门高新区（0.513 3）、襄阳高新区（0.512 9）6个高新区的"群体智能指数"水平领先于其他高新区，高新区外部环境参数优化水平领先于其他高新区；蕲春高新区（0.502 9）、京山高新区（0.502 9）、天门高新区（0.502 7）、石首高新区（0.502 1）、红安高新区（0.501 9）、通城高新区（0.500 9）6 个高新区的"群体智能指数"相对靠后，集群外部环境参数有待进一步优化和改善；黄石大冶湖高新区（0.509 6）、黄冈高新区（0.509 3）、十堰高新区（0.508 7）、黄石高新区（0.506 7）、荆州高新区（0.506 4）、潜江高新区（0.505 9）6 个高新区的"群体智能指数"接近于湖北省平均水平（0.507 1），从湖北省高新区"群体智能指数"水平排名来看，黄石大冶湖高新区、黄冈高新区等 6 个高新区的群体智能水平排名靠前，可见湖北省大部分高新区"群体智能指数"水平有待进一步提高，"群体智能指数"区域差异明显。对比湖北省的国家级高新区和省级高新区"群体智能指数"，2016 年国家级高新区"群体智能指数"水平领先于其他省级高新区"群体智能指数"水平。对比湖北省高新区发展规模与速度、运行质量与效益、技术创新能力、创新创业环境 4 方面测算结果，湖北省高新区一方面需要进一步扩大发展规模，提升高新区市场影响力和竞争力；另一方面尚需进一步提高高新区发展效率，提高高新区发展质量，缩小高新区区域差异，促进湖北省高新区"群体智能指数"整体水平的提高。

表 5-39　湖北省高新区区域"群体智能指数"测算结果和排名

序号	高新区	级别	群体智能指数	全国排名	按级别排名
1	东湖高新区	国家级	0.517 2	1	1
2	襄阳高新区	国家级	0.512 9	6	6
3	宜昌高新区	国家级	0.515 0	3	3
4	荆门高新区	国家级	0.513 3	5	5
5	孝感高新区	国家级	0.517 2	2	2
6	黄冈高新区	国家级	0.509 3	8	7
7	咸宁高新区	国家级	0.514 0	4	4
8	随州高新区	国家级	0.505 9	13	8
9	仙桃高新区	国家级	0.504 1	19	9
10	十堰高新区	省级	0.508 7	9	2
11	黄石大冶湖高新区	省级	0.509 6	7	1
12	葛店高新区	省级	0.505 2	15	7
13	宜都高新区	省级	0.505 7	14	6
14	黄石高新区	省级	0.506 7	10	3
15	荆州高新区	省级	0.506 4	11	4

续表

序号	高新区	级别	群体智能指数	全国排名	按级别排名
16	潜江高新区	省级	0.505 9	12	5
17	汉川高新区	省级	0.504 2	18	10
18	赤壁高新区	省级	0.504 7	16	8
19	十堰西城高新区	省级	0.504 3	17	9
20	武穴高新区	省级	0.503 7	21	12
21	蕲春高新区	省级	0.502 9	22	13
22	京山高新区	省级	0.502 9	23	14
23	钟祥高新区	省级	0.504 0	20	11
24	天门高新区	省级	0.502 7	24	15
25	红安高新区	省级	0.501 9	26	17
26	通城高新区	省级	0.500 9	27	18
27	石首高新区	省级	0.502 1	25	16
—	平均值	—	0.507 1	—	—

资料来源：根据2016年度湖北省高新区考评数据统计数据整理

第六节 典型区域群体智能涌现的地区差异和挑战

国家中心城市、国家高新区、国家大学科技园和省域高新区等典型区域"群体智能指数"的实证研究结果表明，典型区域群体智能涌现过程和水平表现出明显的地区差异，促进典型区域科技型中小企业集群发展过程中的群体智能涌现仍然面临挑战。

一、典型区域群体智能涌现的地区差异

典型区域"群体智能指数"的实证研究结果表明，国家中心城市、国家高新区、国家大学科技园和省域高新区等典型区域"群体智能指数"表现出以下典型地区差异。

（1）不同典型区域的群体智能涌现环境存在较大差异。在我国科技型中小企业集聚式发展过程中，国家中心城市、国家高新区、国家大学科技园和省域高新区等典型区域在政策环境、发展基础、区位条件等因素的影响下，生产规模、营运能力、生产潜力、创新能力等具体指标水平和演化进程表现出显著差异。以2016年

湖北省国家级高新区和省级高新区"群体智能指数"水平为例,国家级高新区"群体智能指数"水平领先于省级高新区"群体智能指数"水平。

(2) 同一地区的不同群体智能指标表现出不同的贡献程度。国家中心城市"群体智能指数"测算结果显示,生产规模指标贡献程度为 14.03%、营运能力指标贡献程度为 34.88%、生产潜力指标贡献程度为 10.77%、创新能力指标贡献程度为 40.32%。国家高新区"群体智能指数"测算结果显示,生产规模类指标贡献程度为 20.48%、营运能力指标贡献程度为 31.85%、生产潜力指标贡献程度为 8.76%、创新能力指标贡献程度为 38.91%。国家大学科技园"群体智能指数"测算结果显示,生产规模类指标贡献程度为 54.59%、营运能力指标贡献程度为 33.83%、生产潜力指标贡献程度为 11.58%。省域高新区"群体智能指数"测算结果显示,发展规模与速度指标的贡献程度为 29.33%、运行质量与效益指标的贡献程度为 11.13%、技术创新能力指标的贡献程度为 33.96%、创新创业环境指标的贡献程度为 25.57%。可见在不同层级和不同典型区域内,群体智能涌现的环境参数指标发挥的作用存在一定差异,必须根据科技型中小企业集群所处空间载体的典型特征,确定重点优化的相关指标和参数。

(3) 同一类典型区域的"群体智能指数"测算结果表现出不同的地区差异。国家中心城市中 4 个城市"群体智能指数"水平高于全国平均水平,9 个国家中心城市群体智能指数低于全国平均水平。国家高新区中 38 个"群体智能指数"水平高于全国平均水平,131 个国家高新区群体智能指数低于全国平均水平。国家大学科技园中仅 9 地的"群体智能指数"高于全国平均水平,东部地区国家大学科技园"群体智能指数"水平领先于中西部地区。湖北省高新区中的东湖高新区和通城高新区等高新区"群体智能指数"表现出明显的区域差异。

二、典型区域群体智能涌现面临的挑战

我国典型地区"群体智能指数"的实证研究和分析结果表明,国家中心城市、国家高新区、国家大学科技园和省域高新区等典型区域"群体智能指数"水平有待进一步提升,外部环境参数有待进一步优化。具体而言,典型区域群体智能涌现仍然面临以下挑战。

(1) 创新体系有待进一步建立健全。创新是科技型中小企业集群发展的核心和关键,也是科技型中小企业集群演化的基点。创新能力不足,科技型中小企业集群的科技型特征就会黯然失色。尽管近年来我国围绕科技创新谋划了一系列顶层设计和战略部署,地方也围绕科技创新积极响应,逐步加大科技创新投入力度,但从我国典型区域来看,创新资源、潜力和能力仍需进一步提升,在科技创新资源的利用和转化方面呈现出巨大的地区差异。同时,我国典型区域科技

创新对于国外技术引进和人员引进仍然表现出较大依赖性，科技型中小企业集群和企业个体自主创新能力和水平相对较低，高端人才、领军人才支撑有待强化，集群创新链条有待进一步完善。从具体指标来看，研发经费和人员投入不足、专利数较低、公共研发平台较少、集群/园区内各类企业主体的互动合作频率较低、创新对集群/园区经济社会发展的贡献程度有待进一步提升等问题仍然突出，科技型中小企业集群所在空间载体的发展模式仍以外延式为主，仍需加大力度向内涵式增长转变。

（2）自主创新能力有待进一步提升。在国家中心城市、国家高新区、国家大学科技园和省域高新区等科技型中小企业集群空间载体之间、不同企业之间，科技创新过程中的模仿、抄袭、一窝蜂现象明显，不同区域之间、不同集群之间的重复建设甚至恶性竞争严重，自主创新能力有待进一步提升，符合新时代经济社会发展趋势的现代高新技术水平相对缺乏，在产业链、价值链制高点的研发创新严重偏少。

（3）营商环境有待进一步改善。政府部门是国家中心城市、国家高新区、国家大学科技园和省域高新区等典型区域创新创业发展政策的策源地和实施者，是科技型中小企业集群创新资源整合优化的开发者、推动者和服务者，政府部门的观念、见识和理念在推进科技型中小企业集群的群体智能涌现过程中至关重要。当前我国高新区等区域在推动科技型中小企业集群发展过程中，园区运营理念不足、与产学研商等要素脱节的现象仍然存在。研发机构是科技型中小企业集群的重要研发主体，产业发展和企业成长是科技创新成果应用的关键。在当前科技型中小企业集群及其空间载体的发展过程中往往存在"政产学研用"合作机制有待健全、合作路径有待畅通等挑战，研发机构在科技型中小企业集群创新发展过程中的技术源泉和创新驱动力等作用有待进一步发挥。

（4）科技型中小企业中介服务体系有待进一步完善。中介服务体系是科技型中小企业集群内部各类主体之间的桥梁和润滑剂，在优化资源配置、提升资源利用效率，提升科技型中小企业集群整体竞争力，促进群体智能涌现过程中具有重要作用。当前我国科技型中小企业集群和国家中心城市、国家高新区、国家大学科技园和省域高新区等典型区域在发展过程中，对中介服务结构的引入和发展仍需加强系统规划、科学引导和有序衔接，有效激发中介服务机构在促进科技型中小企业群体智能涌现过程中的服务功能。

（5）集群发展过程中产业链缺乏系统性专业化分工和协作。由于各地区发展基础和发展历程的差异，很多国家中心城市、国家高新区、国家大学科技园和省域高新区在发展早期缺乏系统性、科学性的战略研究和规划，科技型中小企业集群在发展过程中"摊大饼、一窝蜂"等现象时有发生，在产业链谋划和分工方面缺乏系统性、协调性，一定程度上制约了专业化分工协作产业发展网络和集群的形成，对科技型中小企业集群总体目标的实现和群体智能涌现产生负向抑制效应。

（6）创新创业文化氛围有待进一步营造。创新创业文化是科技型中小企业集群创新发展和群体智能涌现的土壤和环境，在国家中心城市、国家高新区、国家大学科技园和省域高新区等典型区域发展过程中，在创新创业文化倡导、鼓励和支持方面仍然存在一定短板。如何充分发挥创新创业文化氛围的软动力，促进科技型中小企业创新发展，仍需进一步探索和研究。

第六章 典型区域科技型中小企业集群发展调查

我国科技型中小企业集群正处于全面发展的初期,近年来取得了显著进步,但科技型中小企业生存发展是一个世界性难题。本章采用访谈调研和问卷调查相结合的方式采集企业数据。本书课题组共计发放问卷 500 份,实际回收问卷 403 份,剔除无效问卷后纳入统计的企业问卷共计 390 份。另外,课题组挑选有代表性的企业 65 家进行实地走访和企业家(包括部分高管)访谈。本章通过综合分析我国代表性地区、代表性产业的科技型中小企业数据及案例,评价我国不同地区科技型中小企业、科技型中小企业集群的发展状况。

第一节 企业基本情况

课题组实际统计的 390 家科技型中小企业来自国内 11 个省市,分别为北京(60 家)、江苏(60 家)、甘肃(6 家)、广东(54 家)、河北(6 家)、重庆(18 家)、天津(6 家)、山西(6 家)、福建(6 家)、浙江(12 家)和湖北(156 家),如图 6-1 所示。

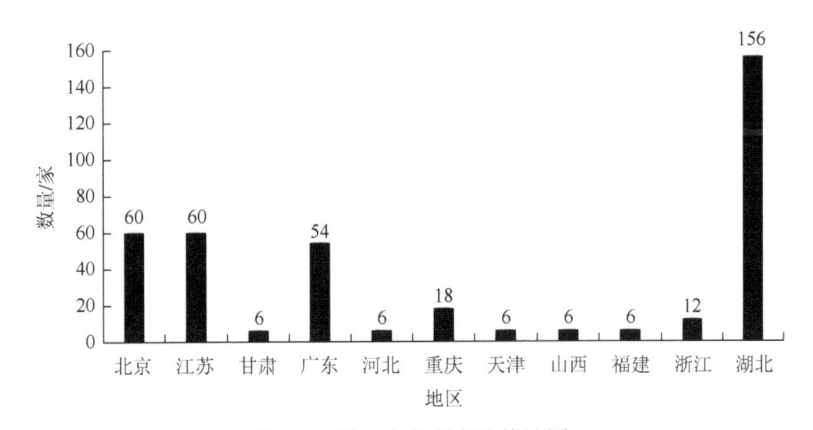

图 6-1 样本企业所在地统计图

鉴于部分受访企业数据涉及商业秘密,本书从企业性质、企业成立时间和企业融资渠道三个指标来分析科技型中小企业在企业性质、成长年龄和融资三个方面的基本情况。

从受访企业性质来看,受访科技型中小企业以民营企业为主,股份制企业、合资企业、国有控股企业数量较少，国有独资企业、外商独资企业、其他类企业数量相对更少（图6-2）。课题组在调研过程中采用的是随机抽样方法，能够代表科技型中小企业集群内部企业性质基本情况。可见，我国科技型中小企业中民营企业数量最多，这一企业背景和企业性质也在一定程度上成为企业资金积累较少、技术竞争力不足、融资困难等制约企业进一步发展壮大的障碍。

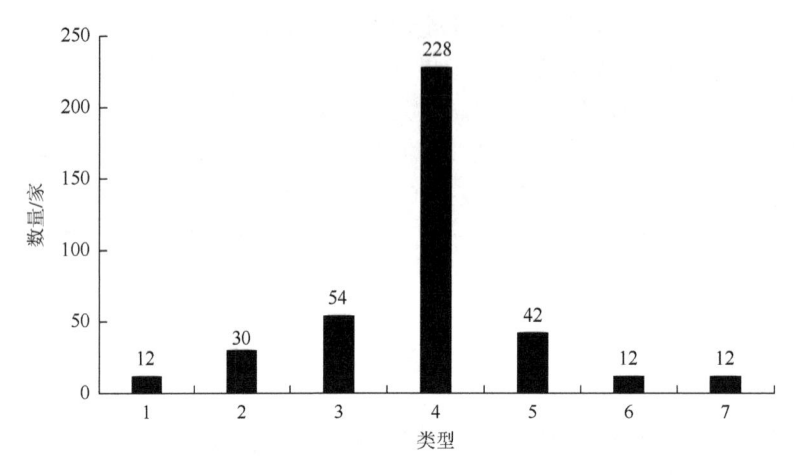

图6-2　样本企业性质统计图

类型：1＝国有独资企业；2＝国有控股企业；3＝股份制企业（非国有独资或国有控股）；4＝民营企业；5＝合资企业；6＝外商独资企业；7＝其他类

从企业成立时间来看，受访的41.5%的科技型中小企业成立时间超过10年，成立时间在10年及以内的被调研企业数量占比58.5%（图6-3）。当前我国科技型中小企业发展面临较多的困难，因此企业集群的新陈代谢速度同样较快，在科技型中小企业集群中成长起来的企业大多成立时间不算太长。如何优化企业集群外部环境参数，为科技型中小企业保驾护航，促进科技型中小企业成长壮大，已成为我国各地政府必须抓紧解决的问题。

从融资渠道来看，目前科技型中小企业的选择较为集中，最主要的融资渠道为银行贷款和股权融资，而金融租赁、民间借贷、引进风险投资、上市融资、贸易融资等融资渠道的选择相对较少（图6-4）。资金来源有限，主要原因在于我国小微企业整体融资环境尚不乐观，包括科技型中小企业在内的中小微企业整体融资难、融资贵问题尚未解决。科技型中小企业由于自身特性，在成长的不同阶段对融资更加具有个性化、多样化的需求。为应对科技型中小企业融资困境，各地政府必须一方面完善在银行贷款、股权融资方面的政策体系，降低科技型中小企业在银行贷款、股权融资过程中的门槛和成本；另一方面，全力整合财政、税收、金融、社会资本等各方面资本，积极帮助科技型中小企业开辟融资渠道。

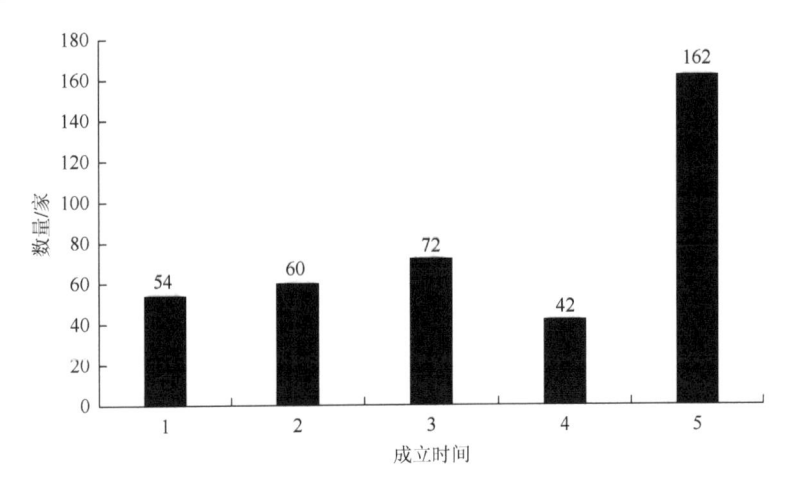

图 6-3 样本企业成立时间统计图

成立时间：1＝1年以内；2＝1～3年（含）；3＝3～5年（含）；4＝5～10年（含）；5＝10年以上

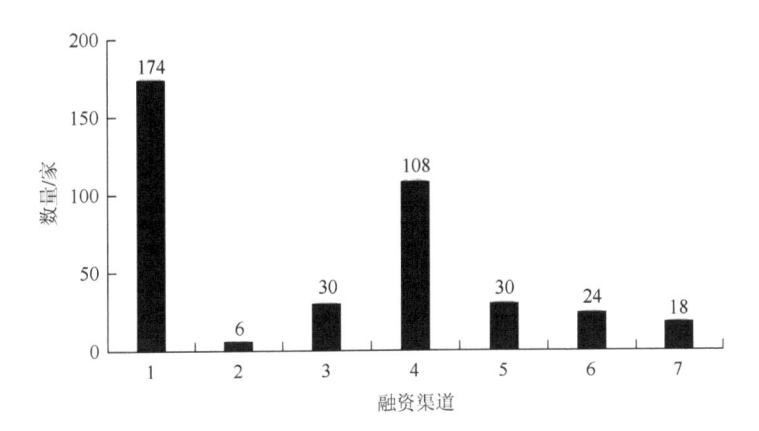

图 6-4 样本企业融资渠道统计图

融资渠道：1＝银行贷款；2＝金融租赁；3＝民间借贷；4＝股权融资；5＝引进风险投资；6＝上市融资；7＝贸易融资

第二节 科技型中小企业运营能力调查

一、研究方法

在对企业运营能力调查分析的过程中，本书选取企业的生产经营能力、创新和信息交流能力、配套服务水平3个方面共33个指标对被调研的科技型中小企业运营状况进行识别和分析，见表6-1。在问卷调查中，分别对每个指标实行7分的打分制，从"1"到"7"分别表示从"很低"到"很高"的过渡，从"完全不同意"到"完全同意"的过渡,从"完全不能"到"完全能够"的过渡,通过计算各地区企业得分的算术平均值来评价各地区科技型中小企业运营能力。

表 6-1 企业运营能力评价指标体系

一级指标	二级指标	三级指标
企业运营能力	生产经营能力	对企业当前运营成本的评价
		对企业客户反馈的评价
		对企业管理水平的评价
		对企业的目前战略方向是否认同
		对近 3 年企业销售收入变化的评价
		对近 3 年企业营运成本变化的评价
		对近 3 年企业市场份额的评价
		对近 3 年企业专业化水平的评价
		对近 3 年企业利润变化的评价
		对近 3 年企业创新能力的评价
	创新和信息交流能力	所处的市场中有丰富的获利机会
		对研发活动的重视程度
		与合作伙伴的互动非常频繁
		在与合作伙伴的合作中投入了大量资源
		与合作伙伴的合作是一种双赢关系
		与具有不同规模、技术水平和产业类型的企业有着广泛联系
		与高校、科研机构有广泛的合作
		所拥有的企业关系网络十分稳固
		很容易与本地企业或机构建立合作关系
		与外地的合作伙伴有着很好的联系
		员工之间经常研讨交流
		部门之间经常进行学习交流
		能够经常从供应商那里获取有用信息
		能够经常从客户那里获取有用信息
		能够经常从同行业企业那里获取有用信息
		参加新产品交流会的频繁度很高
		本行业中客户需求经常变化
		本行业中企业竞争十分激烈
		本行业中企业的商业模式经常变化

续表

一级指标	二级指标	三级指标
企业运营能力	配套服务水平	本地的配套企业是否满足企业的发展要求
		本地的土地、水、电等价格政策是否有利于企业的发展
		本地的社会劳动力市场是否满足企业的用人需求
		当地政府是否为企业发展提供了有力支持

注：在参考科技型中小企业集群的群体智能涌现基础环境参数测度指标体系、企业个体发展能力测度指标体系和典型区域"群体智能指数"实证研究基础指标体系的基础上，在问卷调查中对企业的生产经营能力、创新和信息交流能力、配套服务水平3个方面共33个具体指标进行考察，并据此构建包括33个具体指标的企业运营能力评价指标体系。

二、生产经营能力比较及分析

选取对企业当前运营成本的评价、对企业客户反馈的评价、对企业管理水平的评价、对企业的目前战略方向是否认同、对近3年企业销售收入变化的评价、对近3年企业营运成本变化的评价、对近3年企业市场份额的评价、对近3年企业专业化水平的评价、对近3年企业利润变化的评价、对近3年企业创新能力的评价10个指标对科技型中小企业生产经营能力进行测算和比较，见表6-2。采用受访企业平均生产经营能力量化分析其所在地区科技型中小企业平均生产经营能力，11个受访地区中，广东（53.222）、浙江（51.500）、天津（50.000）、重庆（48.667）的企业平均生产经营能力得分领先于其他受访地区，高分主要是由于这些地区的受访企业在生产运营成本、客户反馈、管理水平、战略制定方面竞争力较强；福建（44.000）、山西（41.000）、河北（37.000）、甘肃（21.000）的企业平均生产经营能力相对不足。

表6-2 生产经营能力测算得分和排名

序号	地区	生产经营能力	排名
1	北京	45.700	6
2	江苏	47.700	5
3	甘肃	21.000	11
4	广东	53.222	1
5	河北	37.000	10
6	重庆	48.667	4
7	天津	50.000	3
8	山西	41.000	9

续表

序号	地区	生产经营能力	排名
9	福建	44.000	8
10	浙江	51.500	2
11	湖北	44.346	7

资料来源：根据实地调研数据整理

三、创新和信息交流能力比较及分析

本书问卷调查中对企业创新和信息交流能力的评价指标主要包括 19 个指标：所处的市场中有丰富的获利机会，对研发活动的重视程度，与合作伙伴的互动非常频繁，在与合作伙伴的合作中投入了大量资源，与合作伙伴的合作是一种双赢关系，与具有不同规模、技术水平和产业类型的企业有着广泛联系，与高校、科研机构有广泛的合作，所拥有的企业关系网络十分稳固，很容易与本地企业或机构建立合作关系，与外地的合作伙伴有着很好的联系，员工之间经常研讨交流，部门之间经常进行学习交流，能够经常从供应商那里获取有用信息，能够经常从客户那里获取有用信息，能够经常从同行业企业那里获取有用信息，参加新产品交流会的频繁度很高，本行业中客户需求经常变化，本行业中企业竞争十分激烈，本行业中企业的商业模式经常变化。从企业对于科技创新的投入和企业与外部、内部交流两个方面评估科技型中小企业创新和信息交流能力和水平，见表 6-3。具体而言，广东（107.667）、天津（103.000）、重庆（95.667）、浙江（95.000）4 地的企业创新和信息交流能力领先于其他受访地区。各地科技型中小企业在科技创新投入、科技创新活动和信息交流相关指标上的满意度得分较高，具备一定创新和信息交流竞争优势；湖北（85.385）、福建（82.500）、山西（73.000）、甘肃（41.000）4 地的企业创新和信息交流能力相对不足，政府在促进科技型中小企业科技创新和扩大发展规模的同时，还应逐步完善企业信息交流网络，促进科技型中小企业之间的沟通和交流，发挥科技型中小企业集群知识外溢效应，加强科技型中小企业的技术创新活动，提升企业和集群的市场竞争力。

表 6-3 创新和信息交流能力测算得分和排名

序号	地区	创新和信息交流能力	排名
1	北京	91.000	5
2	江苏	89.500	6
3	甘肃	41.000	11
4	广东	107.667	1

续表

序号	地区	创新和信息交流能力	排名
5	河北	87.000	7
6	重庆	95.667	3
7	天津	103.000	2
8	山西	73.000	10
9	福建	82.500	9
10	浙江	95.000	4
11	湖北	85.385	8

资料来源：根据实地调研数据整理

四、配套服务水平比较及分析

本书在实地调研过程中，为保证数据的可得性和科学性，选取 4 个指标对配套服务水平进行评价：本地的配套企业是否满足企业的发展要求，本地的土地、水、电等价格政策是否有利于企业的发展，本地的社会劳动力市场是否满足企业的用人需求，当地政府是否为企业发展提供了有力支持，最终结果如表 6-4 所示。具体来看，浙江（22.500）、江苏（22.000）、广东（20.778）3 地的科技型中小企业对配套服务水平的评价得分较其他地区高，原因在于这 3 地的政府在满足企业发展要求，提供土地、水、电的价格，劳动力市场规范等方面的服务能力和水平较高。换言之，这些地区的外部环境参数优化水平更高。福建（17.400）、山西（17.000）、甘肃（16.900）3 地的政府为科技型中小企业提供配套服务的能力和水平有待进一步提高。

表 6-4 配套服务水平测算得分和排名

序号	地区	配套服务水平	排名
1	北京	19.000	4
2	江苏	22.000	2
3	甘肃	16.900	11
4	广东	20.778	3
5	河北	18.000	7
6	重庆	18.385	5
7	天津	18.000	7

续表

序号	地区	配套服务水平	排名
8	山西	17.000	10
9	福建	17.400	9
10	浙江	22.500	1
11	湖北	18.333	6

资料来源：根据实地调研数据整理

五、企业运营能力测算结果

在问卷调查中，本书通过分析企业的生产经营能力、创新和信息交流能力、配套服务水平 3 个方面的指标数据，对科技型中小企业运营能力进行量化分析，见表 6-5。具体而言，广东（181.667）、江苏（175.000）、浙江（169.000）3 地的科技型中小企业运营能力得分相对较高，集群内科技型中小企业的生产经营能力、创新和信息交流能力、配套服务水平相对领先，具有一定的比较优势；福建（142.000）、山西（134.000）、甘肃（81.000）3 地的科技型中小企业运营能力得分和排名相对靠后，在科技型中小企业的生产经营能力、创新和信息交流能力、配套服务水平方面有待进一步提升。

表 6-5 企业运营能力测算得分和排名

序号	地区	企业运营能力	排名
1	北京	162.667	4
2	江苏	175.000	2
3	甘肃	81.000	11
4	广东	181.667	1
5	河北	145.600	8
6	重庆	148.115	7
7	天津	154.100	5
8	山西	134.000	10
9	福建	142.000	9
10	浙江	169.000	3
11	湖北	150.000	6

资料来源：根据实地调研数据整理

第三节 科技型中小企业的发展诉求调查

如前所述,为进一步分析我国科技型中小企业集群发展状况和发展环境存在的问题,本书课题组对受访企业中的 65 家进行了实地走访,通过召开座谈会、一对一面谈等形式,深入了解企业发展遇到的困难、企业发展环境的不足、企业发展的诉求等,结合问卷调查、访谈调研、文献研究等多种形式,对我国不同地区科技型中小企业、科技型中小企业集群及其发展环境进行剖析。访谈调查表明,科技型中小企业的发展诉求集中在解决融资困难、推动科技创新过程中和市场开拓过程中的服务需求上。

一、科技型中小企业成长的制约因素

受访的 65 家科技型中小企业面临的主要困难包括融资、选人和留人、市场销售、技术升级、打造品牌、企业管理、信息获取、与政府关系、扩大规模面临的征地与资金等(图 6-5)。其中,最主要的困难包括融资、选人和留人、市场销售、技术升级、打造品牌、企业管理等。科技型中小企业生产规模小、资金短缺、市场竞争力有待进一步提高,面临的市场挑战和发展困难较多,因此在融资、选人和留人、市场销售、技术升级方面亟须得到帮助。

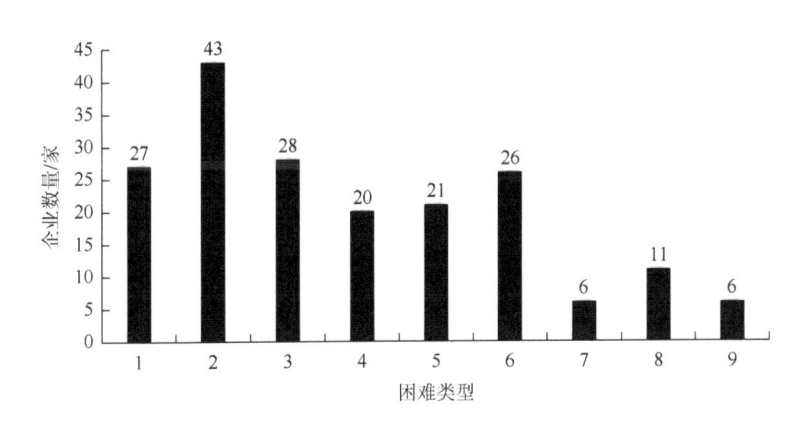

图 6-5 科技型中小企业面临的主要困难统计图

困难类型:1 = 融资;2 = 选人和留人;3 = 市场销售;4 = 技术升级;5 = 打造品牌;6 = 企业管理;7 = 信息获取;8 = 与政府关系;9 = 扩大规模面临的征地与资金

二、科技型中小企业融资过程中面临的困难

根据受访企业普遍反映的情况来看,科技型中小企业在融资过程中主要面临

以下阻碍：银行的抵押品要求过高；企业可抵押物少、抵押折扣率高；银行的信用审查过严、贷款手续烦琐；商业信用不发达、中小企业信用等级低；经营波动大、贷款风险高；企业资产少、负债能力有限；难以获得第三方担保、难以获得风险投资；中小板块上市门槛高；民间信贷不规范（图6-6）。具体来看，银行的抵押品要求过高是科技型中小企业融资过程中面临的最主要困难，同时，企业可抵押物少、抵押折扣率高，银行的信用审查过严、贷款手续烦琐，商业信用不发达、中小企业信用等级低，经营波动大、贷款风险高，企业资产少、负债能力有限等问题严重阻碍了科技型中小企业融资难问题的解决。为促进科技型中小企业集群的群体智能涌现和科技型中小企业的发展，各集群所在地政府必须进一步降低科技型中小企业银行贷款审批门槛，同时完善金融市场支持政策体系，拓宽科技型中小企业融资渠道，帮助科技型中小企业解决融资难的问题。

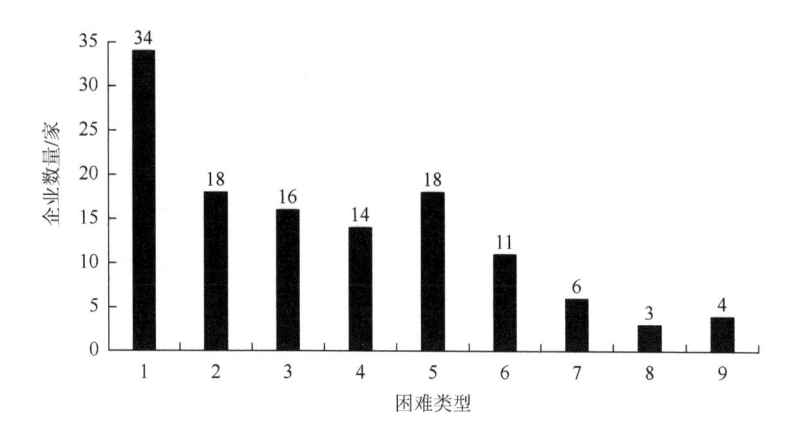

图 6-6　科技型中小企业融资过程中面临的主要困难统计图

困难类型：1 = 银行的抵押品要求过高；2 = 企业可抵押物少、抵押折扣率高；3 = 银行的信用审查过严、贷款手续烦琐；4 = 商业信用不发达、中小企业信用等级低；5 = 经营波动大、贷款风险高；6 = 企业资产少、负债能力有限；7 = 难以获得第三方担保、难以获得风险投资；8 = 中小板块上市门槛高；9 = 民间信贷不规范

三、科技型中小企业技术创新过程中的服务需求

科技型中小企业在技术创新过程中，往往面临着科技创新资金不足、技术基础较差、科技人才储备薄弱、技术创新基础设施不够完善等问题。科技型中小企业在技术创新过程中的服务需求主要包括：专家技术咨询，技术信息，与科研机构、高校之间的联系沟通渠道，组织共性关键技术研发，技术创新成果交易渠道，技术创新资金支持，公共技术平台共享（图6-7）。具体来看，专家技术咨询，与科研机构、高校之间的联系沟通渠道是科技型中小企业最希望获得的帮助，一方面由于相关领域专家和科研院所掌握了相关科技最前沿的研究方向和领先技术，通过专家的技术咨询和与科研院所的联系沟通能够接触到科技前沿；另一方面，

与科研院所的联系沟通有利于科技型中小企业人力资本的积累。同时，技术信息、组织共性关键技术研发、技术创新成果交易渠道、技术创新资金支持、公共技术平台共享同样是受访科技型中小企业亟须帮助的内容。

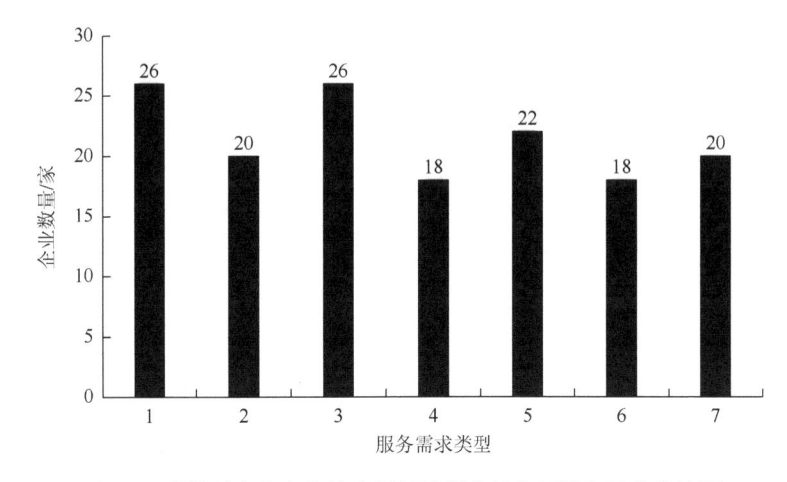

图 6-7　科技型中小企业技术创新过程中的主要服务需求统计图

服务需求类型：1＝专家技术咨询；2＝技术信息；3＝与科研机构、高校之间的联系沟通渠道；4＝组织共性关键技术研发；5＝技术创新成果交易渠道；6＝技术创新资金支持；7＝公共技术平台共享

四、科技型中小企业市场开拓过程中的服务需求

科技型中小企业品牌较小、生产规模较小，在市场竞争过程中往往处于劣势，因此如何帮助科技型中小企业开拓市场，扩大科技型中小企业市场份额，是科技型中小企业和集群管理部分共同关注的话题。科技型中小企业在市场开拓过程中的服务需求主要包括：维护市场秩序，改善交通条件，提供市场信息，建立与国内外企业合作的渠道，组织企业参加商品交易会、博览会，鼓励出口的优惠政策（税收、信贷），扩大政府采购中科技型中小企业产品的比例，提供与市场开拓相关的咨询服务，其他帮助（图 6-8）。具体而言，受访企业普遍认为维护市场秩序、提供市场信息、建立与国内外企业合作的渠道、提供与市场开拓相关的咨询服务等内容是科技型中小企业急需的服务。

五、科技型中小企业突破制约的途径

科技型中小企业解决发展困难的途径主要包括：扩大企业规模，加强企业技术创新，开拓国内外市场，将产品做精、专、特、新，加强科技型中小企业联合及与大型企业配套，争取政府更多扶持，获得更多社会服务机构的服务支持，减

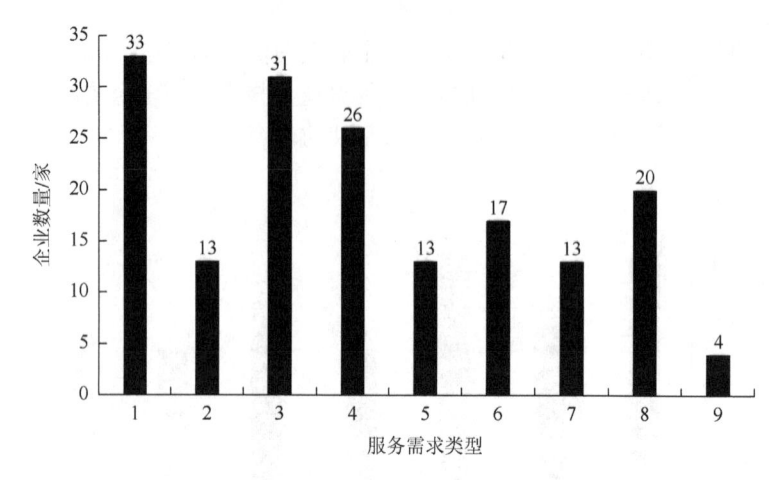

图 6-8 科技型中小企业市场开拓过程中的服务需求统计图

服务需求类型：1 = 维护市场秩序；2 = 改善交通条件；3 = 提供市场信息；4 = 建立与国内外企业合作的渠道；5 = 组织企业参加商品交易会、博览会；6 = 鼓励出口的优惠政策（税收、信贷）；7 = 扩大政府采购中科技型中小企业产品的比例；8 = 提供与市场开拓相关的咨询服务；9 = 其他帮助

少税负及各种不合理的费用摊派（图 6-9）。具体来看，将产品做精、专、特、新是科技型中小企业解决发展困难的最主要途径，受访企业在发展过程中牢牢把握企业参与市场竞争过程中的核心竞争力所在，通过产品的创新和技术的提高，增强科技型中小企业的市场竞争力。同样，各集群所在地政府应通过完善科技型中小企业发展环境，帮助科技型中小企业解决在扩大企业规模、技术创新、开拓市场、产品革新、企业配套、政府扶持、社会支持、税费减免等方面的困难。

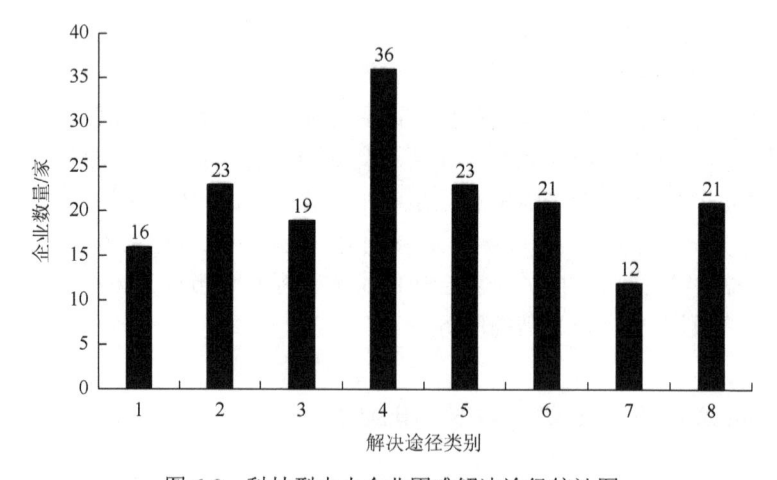

图 6-9 科技型中小企业困难解决途径统计图

解决途径类别：1 = 扩大企业规模；2 = 加强企业技术创新；3 = 开拓国内外市场；4 = 将产品做精、专、特、新；5 = 加强科技型中小企业联合及与大型企业配套；6 = 争取政府更多扶持；7 = 获得更多社会服务机构的服务支持；8 = 减少税负及各种不合理的费用摊派

第四节　科技型中小企业集群发展问题分析

针对我国科技型中小企业发展所处的阶段，本书课题组在实地调研中对科技型中小企业发展过程中面临的困难和挑战，以及解决困难的可能途径和方法进行了考察。科技型中小企业的业务活动和经营过程的独特性，使得它们除了面对一般中小企业面对的问题之外，还面临融资环境不善、政府服务不足、营销能力不强、技能人才短缺、创新实力不足、市场开拓困难等一些特殊困难。例如，对创办企业流程不熟悉，影响了企业的迅速创立，提高了企业的创建成本；对相关产业扶持政策和税收政策等不熟悉，限制了科技型中小企业享受政策优惠的途径；在将创造性的智能劳动转化为经济效益的过程中，缺乏相关信息和途径；相对擅长技术研发而不擅长企业运营管理，制约了企业的高效经营和快速成长；信用缺失和融资渠道的有限性，导致科技型中小企业发展获得贷款和融资相对困难；技术援助的缺乏导致科技型中小企业常常在产业转化过程中无法克服技术研发中的瓶颈问题；等等。

一、发展缺乏战略导向

科技型中小企业在建设之初，由于缺乏来自政府宏观产业布局与业界市场发展信息等外部导向的支持，往往不能够明确把握高科技产品市场的未来发展态势，容易造成片面追求产品的高科技含量与项目的拓展和开发，忽视了对企业战略发展方向与品牌创新定位等更深远问题的考虑，无论是产品定位还是企业战略都存在一定的盲从性。相关统计表明，目前我国有超过 50%的科技型中小企业在经营过程中没有对企业进行系统的分析和规划，没有制订企业的发展战略方案，没有对企业发展做出明确的定位。这样就使得企业的经营方向难免出现随意性和无序性，难以形成自身的核心竞争力，难以在市场竞争中确立地位，容易受市场竞争的冲击，也不利于高科技产品市场的未来价值成长。

二、持续创新能力偏弱

我国科技型中小企业的技术水平与发达国家相比还有很大差距，企业技术人员数量偏少，研发投入比例偏低。多数科技型中小企业仍然采取从科研院所和高校直接购买技术成果的方式进行技术的二次开发，对优势战略资源的占有能力明显弱于大型企业，再加上对高科技产品市场独有的竞争规律理解不够，导致技术创新能力的后劲不强。面对中美贸易摩擦带来的激烈市场竞争，科技型中小企业要实现在技术创新和科研开发等成长动力上的重大突破,显得越来越力不从心。

与大型企业和国有企业相比,科技型中小企业对高技术产品市场的复杂性和不稳定性认识不足,多数科技型中小企业没有足够过硬的产品来适应特定场合的应用,议价能力相对较低,市场竞争力普遍偏弱。面对繁杂多变的高科技产品市场,科技型中小企业如果不能实现产品化,不能提高市场应对能力,最终将面临进一步的发展瓶颈。

三、投融资渠道需拓展

科技型中小企业在创业期和成长期一般都面临资金投入不足和流动资金匮乏等问题,过于依赖政府扶持和金融贷款等。科技型中小企业的科技产品研发费用高是一个重要的行业准入障碍。对于资本基础良好的中小企业,在后期的成长与发展过程中,由于需要大量的技术创新与研制开发,也将面临极大的资本供给的考验。

由于信息不对称、融资成本高、缺乏信用担保、治理结构不健全,以及融资方式较少、社会多元化投入机制尚未形成等,科技型中小企业在发展过程中的融资比较困难,主要表现在三个方面:一是银行贷款难,尤其是信用贷款、长期贷款和无还本续贷都难;二是抵押担保难,动产和权利质押的相关机制不完善,银行接受的担保物范围窄,且抵押率低,有时还要求以企业主个人或家庭财产做担保,造成有限责任无限化;三是直接融资难,公开发行股票上市门槛高、标准严,新三板、区域股权市场缺乏融资功能,中小企业股权融资、债券融资占比很小。

资金不足或市场销售不利等都会直接影响企业的进一步创新和成长。调查显示,70%的科技型中小企业存在资金不足的情况,而全部小微企业占有的银行信贷资源不足 20%。尽管目前有很多天使基金和风险投资对一些发展潜力大、成长性较好的科技型中小企业进行投资,但大部分科技型中小企业仍然缺乏获取必要融资的途径和手段。根据中国人民银行数据,2018 年三季度,全国小微企业贷款余额增速下降至 10%,为 2009 年数据公布以来的最低值,2018 年同期为 17.8%;2018 年 12 月新增社会融资规模 1.59 万亿元,同比增加 33 亿元。观察 2009~2018 年的中国社会融资规模,经过 2016 年、2017 年连续两年的快速增长后,2018 年融资规模的同比增长率由 2017 年的 25.8%下降到-14.0%。第三方机构法律评估报告反映,中小企业、小微企业贷款余额占比分别从 2017 年的 33.2%、18.04%下降到 2018 年的 32.04%和 17.92%。

由于信息不对称、信用不完善,以及"个人问责"的存在和信用风险的袭扰,金融机构对中小企业风险偏好没有大的改变,融资中的存贷挂钩、以贷转存、借贷搭售理财产品等捆绑销售现象，以及惜贷、压贷，甚至抽贷、断贷等依然存在。对如何获取商业银行贷款和其他方式融资等知识的缺乏，也使得科技型中小企业在融资方面存在技术性困难。

四、人才流动性过大

科技型中小企业在成长发展过程中除了需要较高水平的专业技术人员外，还迫切需要专门的生产组织、市场营销、信息管理和财务会计人员。随着企业从创业期进入成长期和成熟期，科技型中小企业在人员、资金、技术、管理、营销及组织结构等方面都在不断蜕变和提升，面对新的企业经营模式和战略调整，迫切需要招揽各类专业人才。然而，我国科技型中小企业普遍缺乏寻找适宜人才的渠道，在没有足够多科技专门人才中介的情况下，科技型中小企业缺乏既懂技术又懂管理的复合型人才问题始终无法解决。高端人才的缺乏也间接造成了科技型中小企业人才流动性的增大。据统计，中关村IT企业的人才流动率在20%以上，而其他行业只有10%。

科技型中小企业由于受资金、技术、人才、创业者自身条件素质和外部大环境等方面的制约，在企业竞争力、产业影响力、未来发展空间及人才培养和选拔机制等方面对高端人才的吸引力普遍不高。企业管理层过多地关注对高科技研发人员智能要素的挖掘与发挥，对于这些高端人才的职业生涯规划、职位有效晋升、奖惩激励机制、能力培训开发等给予的关注度和支持度都不够，对于人才使用、利益分配、福利保障和精神文化激励等方面的忽视，也是人才不稳定的原因。

五、市场适应力不强

我国科技型中小企业的市场适应力不强，无论是基线产品还是关键应用产品或行业应用产品，普遍存在"叫好不叫座"的情况，真正"好看好用"的产品还不多。例如，许多产品仅仅停留在概念上，有了好的产品却又不能规模化生产，已经生产的产品也不尽完善，产品缺乏大量应用实践的检验，产品技术含量高却难以满足客户需求等，加之产品定价过高、消费者习惯使用传统产品、高技术产品更新换代速度太快、可供选择的替代品太多等一系列因素，导致科技型中小企业开拓市场和占领市场的能力都不足。美国一项对7个受到威胁行业中的22家企业的研究表明，旧有技术和产品在新技术和产品引入市场后，往往被迫改进甚至达到其技术改进的最高水平。在这7个被调查的行业中，有4个行业在新技术和产品引入市场后，旧有技术和产品销售额仍持续扩大，新技术和产品分别花费了 5~14 年的时间才在销售额上最终超过旧有技术和产品。这充分说明，科技型中小企业一旦失去自己的市场，就很难成长和发展。

六、产业规模尚未形成

与国外发展成熟的创新型企业集群相比，我国科技型中小企业由于自身实力与成长环境的双重制约，整体呈现出规模提升慢、利润增长慢、管理质量低、价值链效率低等问题。在以效益为重要评判标准的政府决策中，科技型中小企业的未来战略性先导作用还未充分显现。由于受资金、技术、信息等要素的制约，科技型中小企业集群的现有规模水平较低。许多科技型中小企业还处于分散经营、独立发展的单极链条成长方式中。这种零散、各自为战的局面难免会造成科技型中小企业之间的资源要素内耗，进一步压缩有限的利润空间。尤其是在面临着无论是在资本基础还是品牌实力都远远占优的国外同行业的竞争和冲击下，尚未形成规模化更加成为制约我国科技型中小企业发展的瓶颈。

第五节　湖北省科技型中小企业成长环境分析

科技型中小企业发展面临的困难在我国中西部地区表现得尤其明显。例如，在《福布斯》"2014 中国最具潜力小微企业榜单""2020 中国最具创新力企业榜单"中，广东、北京、浙江、上海上榜企业数排名前列，中西部地区均仅有十余家企业上榜。造成这些问题和困难出现的原因很多，既有我国科技型中小企业在当前发展阶段表现出的特性因素，也有科技型中小企业成长的环境问题。本部分以中部地区的湖北省为对象，结合访谈调研的结果，重点分析湖北省科技型中小企业成长环境存在的问题。

一、政策环境有待完善

科技型中小企业在将科技成果转化成产品推向市场的过程中需要大量的扶持和援助，在将自身发展与国家产业政策、区域创新方向结合方面仍然需要各类专业的指导和引导。党的十八大以来，中央政府各部门围绕《国务院关于进一步支持小型微型企业健康发展的意见》，陆续制定了一系列促进科技型中小企业创新发展的政策，形成了以减费减税、资金支持、公共服务支持等为主要内容的政策扶持体系。各地方政府围绕国家惠企政策，纷纷制定改善企业融资环境、减轻企业税费负担、促进企业转型升级的配套措施。例如，湖北省开展"扶助小微企业专项行动"和治乱减负专项行动，2011年省级行政审批事项由原有的482项减至373项，减幅达23%，成为全国行政审批最少的省份之一。2013年，东湖国家自主创新示范区"研发费用加计扣除、职工教育经费税前扣除比例提高和股权奖励分期缴纳个人所得税"等三项先行先试财税政策获得国家批准。同年，围绕国家三大财税试点政策，湖北省税务机关出台"省国税18条"和"省地税20条"等政策，为东湖高新区高新技术企业直接减税近6亿元。2014年5月，武汉市梳理了针对小微企业的所有税收优惠政策，发布了45条具体措施，从减轻税收负担、鼓励吸收就业、提升创新能力、扩充融资渠道、减少办税成本5个方面支持小微企业。

虽然中央部门和湖北地方政府为纾解科技型中小企业发展困难出台了多项政策措施，但真正得以落实、方便企业利用的优惠政策比较有限，很多企业尚未真正享受政策优惠。博鳌亚洲论坛发布的《小微企业金融发展报告》显示，仅43.1%的被访小微企业享受了税收优惠政策。湖北省科学技术厅2019年数据统计显示，同时落实"企业研发费用加计扣除、高新技术企业所得税优惠"这两项重要优惠政策的科技型中小企业不足50%，其余引导科技资源向一线聚集的若干政策，在湖北省内落实情况并不理想。

造成政策落实不够的原因较多，如政府宣传力度不够，申请手续烦琐，审批周期长，缺乏可操作性，科技与财税部门协调不够，等等。甚至有部分企业认为政府优惠政策与己无关，或带有偏见性的看法[1]。

二、投融资环境不够理想

湖北省人民政府为解决科技型中小企业融资问题，做了大量富有成效的工作，使科技型中小企业融资渠道得到一定程度的拓展。例如，湖北省推动金融机构成立小微企业融资服务平台，全面开展服务小微企业的特色融资业务。工商银行推出的新型供应链融资服务、建行助贷保、湖北银行微贷款、武汉农村商业银行微小富业贷、中国银行税贷通宝、交通银行智融通等，均是近年来广受小微企业欢迎的创新型融资产品。汉口银行则率先在东湖国家自主创新示范区开展科技支行试点，于2009年挂牌成立了湖北省第一家专业科技支行——光谷银行，并于2010年在光谷银行设立了科技金融服务中心，专门面向东湖高新区科技型中小企业提供特色金融服务方案。同时，湖北省制定和完善了担保融资补偿管理办法，建设融资担保服务平台，加大对担保机构的补偿力度，并从2013年开始对全省425家担保公司进行整顿治理。然而，湖北省科技型中小企业存在的融资难、融资慢、融资贵问题依然存在。湖北省科技型中小企业严重依赖自我融资，外源融资主要依靠银行贷款，风险投资、政府创新基金和民间借贷等外源资金使用比例较低，通过资本市场实现融资的企业很少。即便是作为外源融资主要渠道的银行贷款，对很多科技型中小企业来说也非常不易。

此外，湖北省科技型中小企业融资贵主要表现在三个方面。一是贷款利率高，银行贷款一般在基准利率上上浮 40%~50%；二是中介费用高，与银行贷款相关的担保费、审计费、评估费和公证费等附加费用多、收费高；三是"过桥"资金成本高，科技型中小企业在融资价格上处于不利地位。大型国有企业享受基准利率，上市民营企业融资成本在10%以上。2018年1~10月工业民营企业利息支出同比增长11.5%，高于国有企业利息支出6.4个百分点，即使这样，很多科技型中小企业也无法从银行获得贷款，转而向民间高息融资[1]。这些因素对湖北省科技型中小企业融资环境造成十分不利的影响。

三、中介服务环境需完善

教育培训、财会服务、专业咨询、商务会展、知识产权和 IT 服务等社会化中介服务是促进科技型中小企业连接政府、市场的关键桥梁。社会化中介服务组织能够有效降低科技型中小企业的成长风险。目前，我国有利于科技型中小企业发展的社会化中介服务体系还不完善，高端中介服务还不能满足科技型中小企业健康、快速发展的需要，尤其是在人力资源支持、金融运作服务、信息平台提供等高端配套服务方面，不能有力地促进科技型中小企业的孵化与成长，制约了科技型中小企业的创新能力。例如，部分创业中心的功能主要停留在常规事务性服务上，缺乏相应的技术服务和经营管理服务的条件；在技术交易中，技术评价体系落后，缺乏专业性强的技术经纪人，不利于技术的交易；等等。

湖北省是我国第一个科技企业孵化器的诞生地，长期以来高度重视社会化中介服务组织的发展，已形成了门类齐全、覆盖广泛的社会化中介服务体系。但是，湖北省社会化中介服务的多元化程度仍不能满足科技型中小企业的需求，社会化中介服务机构的管理仍需进一步规范。社会化中介服务机构由于隶属关系不同，其管理职能与组织结构也不尽相同，管理多头、政出多门、缺乏统一法规和有效监督、社会公信度不高、服务质量参差不齐、信息与服务的不透明等问题仍然存在，社会化中介服务体系还未实现真正意义上的专业化、社会化和市场化。同时，行业协会、商会、基金会等民间非政府组织在湖北省的发展也明显滞后，尤其是与科技型中小企业密切相关的行业协会发挥的作用非常有限。

此外，公共平台市场化程度还不能满足科技型中小企业需求。近年来，湖北省加大了产业技术研究院、技术转移机构、产品检验检测机构、重点实验室及工程中心等公共技术服务平台的建设力度。但是，公共平台市场化运行机制还不健全，对科技型中小企业的开放还有诸多限制，这在一定程度上阻碍了科技型中小企业的技术创新活动得到持续深入的支持。具体表现在：一是高校和科研机构对科技型中小企业急需的应用技术研发缺乏持久动力，对科技型中小企业技术创新所发挥的作用有限。二是产业技术研究院等新型研发机构起步较晚，尚未形成规模和体系，或多或少存在使命不清、机制不顺的问题。某些机构甚至垄断新技术商业化的收益，有悖于"促进本地企业转型升级"的初衷。三是生产力促进中心作为公益性技术中介服务机构的作用没有充分发挥，不少生产力促进中心存在"专业人才不足、技术设备缺乏、服务能力不强、生存发展困难"的状况，客观上造成了科技型中小企业技术升级链条的断裂。

四、营商环境仍需优化

实践证明，科技型中小企业的发展往往会受到大企业特别是垄断性企业的制约。因此，通过强有力的法律法规降低市场准入门槛和反垄断是优化科技型中小企业营商环境的重要手段。目前，我国在这一方面的法规和政策不够完备，小微企业在政府采购、行业准入特别是现代服务业的行业准入等方面受到限制。包括国有大型企业和一些外资的垄断性企业不断强化自身的垄断地位，对科技型中小企业形成了强烈的"排挤效应"。这种状况在湖北省科技型中小企业发展方面表现得十分突出，造成其市场拓展存在较大困难。

同时，土地、采购、资金补贴、政策实施等资源配置仍由政府主导，选择性配置资源导致企业机会不平等等问题长期存在。科技型中小企业普遍反映，政府对企业的各类补贴信息不通畅，标准和程度不清楚，评审程序不透明，公平性缺乏必要监督，补贴结构和补贴力度有待优化。此外，科技型中小企业在规模扩张中因扩大再生产而产生的投资，不能与新设招商引资企业获得同等政策优惠也是需要完善之处。

五、产业配套需要完善

科技型中小企业集群演进需要产业链上下游的配套支持，需要制造业等基础产业的配套支撑。近年来，湖北省围绕优势产业，着力建设若干具有特色的产业链，形成以光电子信息、生物医药、新能源和节能、现代装备制造等为代表的优势产业集群，大力推进物联网、智能电网、人机互动、制造业信息化、地球空间信息等产业技术创新战略联盟的发展，为科技型中小企业配置资源要素，实现企业价值和产业价值的统一，避免过度竞争提供了便利条件。

湖北省地处中部地区，产业创新能力和配套能力还有待改善：一是缺乏新兴龙头企业，尤其是战略性新兴产业中具有行业领先地位的龙头企业较少；二是产业链配套不足,科技型中小企业在某些环节上为大企业提供的专业化供应配套不多;三是不同产业之间的关联度较低,科技型中小企业与本地供应商的联系少,相互之间的业务关联度不高;四是产业集群的内在机制尚未形成,"产业集群化""园区集约化"还未实现。这些不利因素严重制约了科技型中小企业集群的形成。

六、创新氛围还要提升

有利于创新创业的文化氛围在科技型中小企业集群发展中至关重要,湖北省优越的地理区位、深厚的文化底蕴、丰富的历史文化资源和"敢为天下先"的精神,对湖北省地域文化的形成产生了深远的影响。然而,从整体上看,湖北省的改革创新还相对比较保守,"宽容失败、鼓励创新"的文化氛围仍然有待提升。一是兼容并蓄,但博采众长的吸纳力不足。在吸收外来文化精髓和变为己用方面,转化速度不够快,转变能力不够强,解放思想和开放理念不够彻底。二是敢为人先,但永续创新的后劲不够。具有敢闯敢干、勇于争先的精神和开拓创新意识,但往往缺乏恒心与毅力,容易浮躁,难以一以贯之。三是应变灵活,但精益求精、更上一层楼的干劲不足,容易小富即安。这种典型的湖北地域文化在一定程度上、较长时期内,将对科技型中小企业成长产生不利影响。

七、人才环境需要优化

科技创新人才是科技创新的基础,是科技型中小企业可持续发展的重要支撑,但湖北省科技型中小企业在人才环境方面仍有待进一步优化。近年来,湖北省高度重视营造最优发展环境和浓厚的创新创业氛围,良好的文化环境吸引了越来越多的海内外人才落户湖北创新创业。但是,人居生活环境不如东部地区、生活工作成本却高于西部地区的尴尬现实,使得湖北省对中间层次人才的吸引力有限。武汉市作为全国在校大学生人数最多的城市,吸引留住毕业生的情况不容乐观。大量优秀毕业生流向发达国家和地区,流向跨国公司和大型企业,不愿留在湖北省就业,科技型中小企业难觅人才。另外,许多科技型中小企业由海外归国人员创办,他们与本土企业家和员工之间的文化冲突和理念差异较之东部沿海地区要大,归国创业人群的归属感也需政府悉心培育。

第七章 促进科技型中小企业集聚式发展的对策

我国的科技型中小企业集群正处于全面发展的初期,近年来的发展取得了显著进步。但是,小微企业生存发展是一个世界性难题。受国内外市场急剧变化、国内劳动力成本和原材料价格持续上涨、企业资金链日趋紧张等因素影响,我国真正形成规模的科技型中小企业集群数量还不多,科技型中小企业集群对国民经济发展的带动作用体现不够。同时,科技型中小企业发展的地区差异比较明显,广大中西部地区科技型中小企业发展不尽如人意。

营造优良发展环境是当前破解科技型中小企业发展制约的重要手段。优化发展环境不仅包括政府的制度建设和政策供给,还包括整个社会对创新创业的认同,社会资源自觉向科技型中小企业汇集,而这些都需要政府进行系统的培育和引导。目前我国也发布了一系列支持中小企业特别是科技型中小企业的政策,但是现有的环境与中小企业发展壮大需要的理想环境还有很大差距。

第一节 科技型中小企业适应群体智能涌现的原则

在科技型中小企业集群内企业个体目标实现和集群演进过程中,为实现企业个体目标,企业必须根据外部环境和内部规则,在是否进入企业集群、是否扩大生产规模、是否进行技术创新、是否退出集群等选择过程中进行决策。本部分基于科技型中小企业个体目标实现决策过程,得到科技型中小企业适应群体智能涌现的原则。

(1) 科技型中小企业是否进入集群由企业边际成本决定。其中,ΔC_1^* 和 ΔC_2^* 由集群规模和消费者购买产品的附加成本共同决定,而消费附加成本受到道路基础设施、燃油价格、距离等客观因素的影响,集群规模 n 则取决于科技型中小企业的发展时间和发展趋势、行业发展环境和吸引力等因素。由于企业的边际成本是前定的,首先,当初始状态为 $\Delta C_1^* < \Delta C < \Delta C_2^*$ 时,企业 A 将选择进入企业集群中,集群的规模会进一步扩大,随着 n 的增大,ΔC_1^* 也会逐渐增大,同时 ΔC_2^* 会逐渐减小,则企业 A 选择进入集群的决策范围越来越小。当 ΔC_1^* 或 ΔC_2^* 变化到与 ΔC 相等时,企业 A 将不再选择进入企业集群中。其次,当 $0 < \Delta C < \Delta C_1^*$ 或 $\Delta C > \Delta C_2^*$ 时,企业 A 将会留在集群外经营,甚至有企业选择退出集群,企业的规模将会不断缩小,随着 n 的不断缩小,ΔC_1^* 不断缩小,ΔC_2^* 不断扩大,则企业 A 选择留在集群外的决策范围也越来越小,当 ΔC_1^* 或 ΔC_2^* 变化到与 ΔC 相等时,企业 A 将停止选择进入集群的决策。

(2) 科技型中小企业集群中个体企业生产数量和规模受集群及其他企业的生产决策影响。市场需求决定企业生产数量,单个企业生产决策受行业中其他企业生产决策的影响,并根据其他企业决策行为调整自身的生产定价,不同企业间生产决策信息由产品价格传递。

(3) 科技型中小企业集群内个体企业是否选择创新决定于创新前后的利润水平。当 $R_1 > R_3$ 时,此时,企业 A 选择领先创新为最优策略,而企业 B 面临跟随创新和不跟随创新两种选择。当 $R_2 > R_3$ 时,企业 B 选择跟随创新,均衡点为(创新,创新);当 $R_2 < R_3$ 时,企业 B 选择不跟随创新,均衡点为(创新,不创新);当 $R_2 = R_3$ 时,企业 B 选择跟随创新或者不跟随创新结果相同,均衡点为(创新,创新)、(创新,不创新)。当 $R_1 < R_3$ 时,此时企业 A 的选择为不创新,则企业 B 面临领先创新或者不创新两个选择,由于 $R_1 < R_3$,则企业 B 同样选择不创新,均衡点为(不创新,不创新)。当 $R_1 = R_3$ 时,此时企业 A 选择领先创新或者不创新的利润一致,而企业 B 面临三种选择,即创新、不创新、无所谓。当 $R_2 > R_3 = R_1$ 时,企业 B 选择创新,则均衡点为(创新,创新)、(不创新,创新);当 $R_2 < R_3 = R_1$ 时,企业 B 选择不创新,则均衡点为(创新,不创新)、(不创新,不创新);当 $R_2 = R_3 = R_1$ 时,企业 B 选择创新或者不创新的利润一致,无法判断企业 A 和企业 B 是否选择创新。

(4) 科技型中小企业集群内企业个体是否选择退出集群由企业边际成本决定。当初始状态为 $\Delta C_1^* < \Delta C < \Delta C_2^*$ 时,企业 A 将选择继续留在企业集群中,而且集群外的企业还会选择进入集群,集群的规模会进一步扩大,随着 n 的增大,ΔC_1^* 也会逐渐增大,同时 ΔC_2^* 会逐渐减小,则企业 A 选择留在企业的决策范围越来越小。当 ΔC_1^* 或 ΔC_2^* 变化到与 ΔC 相等时,则企业 A 将不再保留在企业集群中。其次,当 $0 < \Delta C < \Delta C_1^*$ 或 $\Delta C > \Delta C_2^*$ 时,企业 A 将会推出集群,同时企业的规模将会不断缩小,随着 n 的不断缩小,ΔC_1^* 不断缩小,ΔC_2^* 不断扩大,则企业 A 选择退出集群的决策范围也越来越小,当 ΔC_1^* 或 ΔC_2^* 变化到与 ΔC 相等时,企业 A 将停止选择退出集群的决策。在 $\Delta C = \Delta C_1^*$ 或 $\Delta C = \Delta C_2^*$ 时,科技型中小企业集群进入稳定均衡状态。

科技型中小企业集群内企业个体对是否进入企业集群、是否扩大生产规模、是否进行技术创新、是否退出集群等个体发展目标的决策,能够推动科技型中小企业集群群体目标的实现,并最终实现集群目标大于个体目标之和的效果。基于科技型中小企业集群内个体目标实现的决策过程和原则,可以得到科技型中小企业集群的群体智能涌现的过程和原则。根据科技型中小企业个体适应群体智能涌现的原则,可以发现在科技型中小企业集聚式发展过程中,企业个体决策的结果使科技型中小企业集群不断向均衡发展状态趋近,并最终在均衡状态最大限度地发挥群体智能的作用。

第二节　促进科技型中小企业集聚式发展的路径和机制

科技型中小企业自身具有独特性,在科技型中小企业集聚式发展过程中,其独特性也面临创新竞争力、投融资渠道、人才、市场、产业规模等困难。本部分在典型区域"群体智能涌现"实证研究和典型区域科技型中小企业集聚式发展调查的基础上,从科技型中小企业集聚式发展存在的困难出发,将其与集群特性密切关联,提出科技型中小企业集群演进路径的建议,见图7-1。

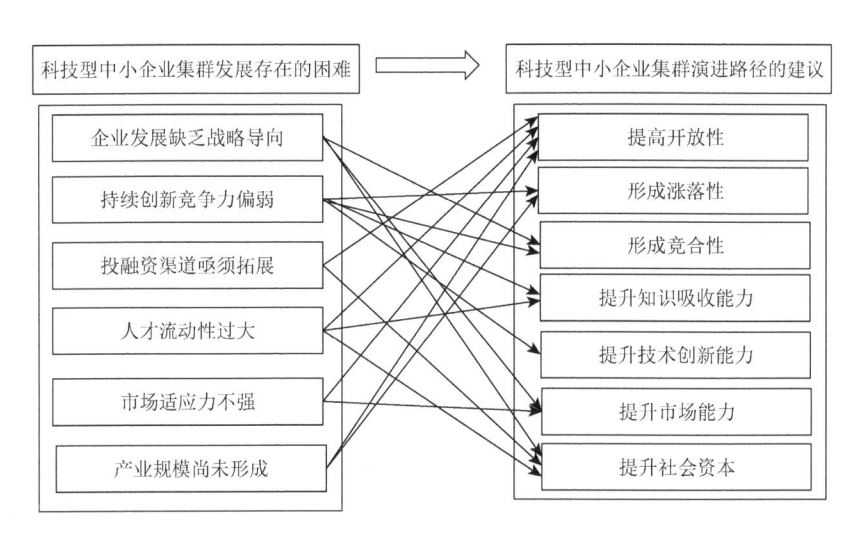

图7-1　科技型中小企业集群发展存在的困难和演进路径

政府在经济中的作用不是"一只沉重的手",也不是"一只看不见的手",而是"一只轻轻推动的手"。在科技型中小企业集群演进过程中,起主导作用的是自发过程,即"看不见的手"的作用过程,同时也含有"轻轻推动的手"的作用过程。科技型中小企业集群的群体智能涌现的一个重要条件是,环境不能对集群输入特定的"干预"。集群演进应该由集群内企业自我激发出变革、创新和演化的动力,即集群在适应市场竞争中筛选出更有竞争力的运行机制、更领先的创新技术、更优秀的企业家队伍、更积极的组织文化,从而推动集群演进中的智能涌现。但这并不是说,集群成长可以完全自生自灭,政府的保护和服务必不可少。

科技型中小企业集群的持续成长与政府的大力支持息息相关。在集群成长过程中,政府的职能主要体现在产业引导、市场监管和公共服务等方面。在产业引导方面，政府应该加强国家产业政策的引导，制定完善的产业政策体系，结合区域企业集群的发展实际，发挥产业政策、产业规划的导向作用，从而促进企业集群持续成长。在市场监管方面，政府应该管好市场秩序、维护公平竞争及建设市场环境，良好的市场环境是企业集群实现持续成长的重要前提。在公共服务方面，政府的职责在于为集群持续成长提供各项服务，如不断完善基础设施，设立创业服务中心，引导和协调大学、科研机构与集群的联系；构建服务于集群成长的社会服务体系，鼓励社会化中介服务机构为科技型中小企业提供个性化专业服务；创造条件促进集群人才柔性流动，使集群内部人才保持自由竞争、自由流入与流出等。

一、政府支持集群提高开放性

开放性是科技型中小企业群体智能涌现的前提条件。政府由于自身的资源优势，可以通过创造合适的条件，鼓励和引导集群与外部环境进行交流。同时，政府可采取有效措施，及时从集群外部引入新的信息和技术，引导企业家、技术创新人才和技术创新资源加入集群，促进人才、技术、资源等各种要素的自由流动和优化组合；加强集群之间的交流与合作，不断推进集群持续学习和调整[4]。政府通过创造条件使企业能自由进入或退出集群，从而为集群引入新思想、新竞争方式，促进创新，提高集群整体竞争力。政府应大力鼓励区域内外机构和人士的各种民间非正式交往，以营造有利于创新的开放式环境和良好的微观商务环境，有选择地引入大型跨国企业，促进集群内科技型中小企业与龙头企业的互动，从而获取促进集群演进所需的"知识负熵流"。政府还应积极引导企业集群实施"走出去"战略，参与国际竞争，在竞争中不断学习、成长和壮大，积极推动集群融入全球价值链。

二、政府支持集群形成涨落性

科技型中小企业集群的涨落包含集群内企业数量与规模的涨落、集群知识与技术水平的涨落、集群人才因素的涨落[4]，是群体智能涌现形成的关键性因素，也是集群实现升级成长的诱制性因素。影响科技型中小企业集群涨落的因素有政治环境因素、法制环境因素、经济环境因素和技术环境因素。政府在一定条件下可以引发集群涨落的发生，如政府通过优惠政策吸引集群外部企业加入集群中，或者鼓励创业而衍生新企业，从而引起集群内企业数量的涨落。又如，政府可通过制定具有吸引力的人才引进政策，引导企业家、技术创新人才加盟到企业集群，从而引起集群人才数量的涨落；通过加大科技基础设施建设、加强集群创新体系建设和关键共性技术协同创新，改变集群原有的技术水平，从而引发集群的知识与技术水平涨落。

三、政府支持集群形成竞合性

竞争与协同是科技型中小企业群体智能涌现的根本动力。集群内部的企业行为是市场行为，市场这一"看不见的手"的作用远远大于政府的作用。但是，企业集群的能力是有限的，其市场性也必然导致集群内企业行为的盲目性，不利于企业集群的健康发展。激烈有序的市场竞争是企业追求技术创新的动力，法律制度的完善是维护公平竞争市场秩序的重要保障，是营造集群健康成长的制度环境需要。面对激烈的全球化竞争，政府要高度重视鼓励和支持集群内企业的分工与合作，在企业之间加强各种形式的技术、信息交流和物质联系；鼓励企业通过技术创新实现产品差异化，从而形成良性和谐的集群内企业竞争与合作秩序。

四、政府支持集群提升知识吸收能力

集群对外部知识的吸收对科技型中小企业集群演进具有重要价值。集群知识吸收能力取决于集群内企业对外部知识源的吸收能力，以及外部知识在它们之间的交互作用。由于本地企业与外部企业在文化、制度等方面的差异，为使集群内的企业建立起外部知识联系，需要主动积极地建立集群内外部企业之间的信任关系[164]。例如，政府要注重引导和鼓励集群内优势企业与集群外的产学研主体之间的知识交流与扩散，从而增强集群技术领先者发现和识别外部知识的能力。政府还可对集群内企业进行增强技能的培训和资助培训，从而增强企业个体吸收知识的能力。政府可采取政策引导、资金支持和市场化运作等方式，大力发展服务型生产力中心、技术信息中心、质量检测控制中心等集群发展机构，通过创建区域服务体系促进集群系统内企业、研究机构、咨询机构、大学等要素的有机结合，提高集群整体吸收外部技术的能力。

五、政府支持集群提升技术创新能力

创新是科技型中小企业集群的核心竞争力所在，集群创新能力是集群动态竞争能力的核心构成要素。但是，科技型中小企业集群本身不能产生创新能力，也不能形成自我增强的成长机制，需要政府营造创新的环境，推动集群演进中形成并建立促进智能涌现的创新机制。例如，政府可牵头设立适当的组织管理协调机构，通过组织和实施一系列产学研协同创新计划，引导和激励创新主体之间的合

作，并为合作创造良好的环境和条件。同时，政府应大力促进人才和知识在集群内外的流动，还可以通过提高技术标准和环境标准、完善知识产权保护制度来引导和保护集群的技术创新。

六、政府支持集群提升市场能力

科技型中小企业集群的市场能力是集群竞争优势的直接体现。企业集群品牌是集群演进中市场能力的主要标志。企业集群品牌依附于特定的企业集群而存在，当人们看到一个集群品牌时，就会联想到其所代表的集群的特有品质，联想到在接受这一集群品牌时所能获得的利益和服务。因此，从本质上说，集群品牌是一系列功能性价值和情感性价值的集合[165]。企业集群品牌具有很强的外部效应，一方面集群的品牌与单个企业品牌相比，是众多企业品牌精华的浓缩和提炼，更具有广泛且持续的品牌效应；另一方面，集群品牌营销费用的投入过大，单个企业因财力有限而不愿积极参与投入，再加上存在"搭便车"的机会，因此，打造集群品牌的任务就只能由政府来主导完成。政府可通过制定形成区域营销的公共政策，提升科技型中小企业基于特殊能力和专业性的集群专业形象。

七、政府支持集群提升社会资本

社会资本具有公共物品属性往往导致个人投资的不足。政府作为公共物品的提供者，对社会资本的培育和提升进行适当干预是极为必要的。政府培育科技型中小企业集群社会资本的关键，在于为集群内企业之间、企业与相关机构之间和企业人员之间互动搭建丰富的平台[166]。政府对社会资本的培育和提升，不仅要包括一般商业环境改善，还要包括培育社会资本成长所需的需求条件和要素条件。例如，加大对集群内具有示范意义的企业的扶持，加快其外向化步伐，通过良好的示范效应带动其他企业转变思维方式和经营策略；从不同渠道向集群引入外部创新资源，通过区域整合消除遏制社会资本形成的障碍与限制，强化不同渠道要素和资源的重新整合；政府还可通过集群内企业之间、企业与研发机构之间的密切合作，促进集群的传统社会资本向基于合作的现代社会资本演进。为了给培育社会资本的成长创造需求条件和要素条件，政府可以在现有举措的基础上进行改进推广。

（一）加快推广"投贷联动"创新机制

"投贷联动"促使银行的支持点前移到初创期科技型小微企业。2016 年 4 月

15日，中国银监会、科技部、中国人民银行等部委联合印发《关于支持银行业金融机构加大创新力度开展科创企业投贷联动试点的指导意见》，突破了投与贷之间的红线，将中关村国家自主创新示范区、武汉东湖国家自主创新示范区、上海张江国家自主创新示范区、天津国家自主创新示范区、西安国家自主创新示范区作为第一批投贷联动试点地区。这种"投贷联动"，是指银行除了传统常规的贷款支持，以类似投资股权的方式，对科技型中小企业给予资金支持。这种"股权投资＋债权融资"的"创投型"信贷机制创新，能让银行更好地找到支持科技型中小企业的有效方式。除了试点银行可以运用"投贷联动"支持科技型中小企业，各地也在探索扩大"投贷联动"的应用范围，如四川省金融工作局就正式开闸让获批的小贷公司针对科技创业企业做股权投资。四川省推向市场的科技小额贷为纯信用贷款，采取授信方式，单次授信期最长为12个月，能够满足科技型中小企业对于贷款灵活、门槛低、放款快的需求。

（二）鼓励天使投资、风险资本和私募股权行业发展

以天使投资、风险资本为代表的股权融资成为创业企业融资的重要渠道。自从2014年中央开始深入推进财政体制改革后，名目多样的小微企业专项资金被整合归并后以政府引导基金的形式用以支持创业企业发展。从小微企业两创示范城市建设来看，发挥财政资金杠杆作用，设立政府引导基金撬动社会支持科技型小微企业发展已成为地方政府的主要手段。但也要看到，泡沫过后随着投资趋于理性，不论是天使投资还是风险资本对于创业项目、创业团队的要求逐渐增高，评估决策更加严苛，因此能够获得投资的创业企业为少数。加上决策周期长、资金到位慢，对于多数急需资金的科技创业公司而言，这类投资更适合定位于长线布局。

同时，股权众筹、合伙人投资等融资新渠道也得到拓展。2015年，十部委联合发布《关于促进互联网金融健康发展的指导意见》，进一步放开了股权众筹支持科技型中小企业通过互联网形式进行公开小额股权融资。当时，股权众筹主要集中在TMT（technology，media，telecom，科技、媒体和通信）领域和生活消费领域，2016年股权众筹模式得到进一步发展，更加偏向文化、医疗等细分垂直领域。相比传统融资模式，股权众筹可以快速解决股权融资过程中的信息不对称问题，让项目双方的对接更加及时、高效；股权众筹平台还能给项目提供除了投融资外企业发展需要的其他服务。除了线上的股权众筹，线下运作合伙人投资也成为创业企业融资的发展方向，而且合伙人投资解决的不仅是资金问题，更多的还是以股权为纽带引入专业人才。

（三）构建多层次资本市场服务科技型中小企业融资

现阶段中国资本市场正在走向金字塔结构，主板、中小板、创业板等场内市场位于金字塔顶端，新三板、区域股权市场、券商柜台交易等场外市场位于底层。随着2013年底新三板大幅扩容及2014年做市商制度的引入，资本市场在小微企业发展过程中起到了重要作用。但是现阶段新三板挂牌企业的融资机制尚未有效发挥，做市转让股权的覆盖比例不高，市场流动性不足。另外，区域股权交易中心与新三板相比，多数企业仅是挂牌展示，尚未增发融资。从后期的发展来看，只有核心地打通多层次市场间的有机联系，提供从挂牌前的风险投资，到挂牌后的做市、再融资、并购重组，再至转板的全方位服务，才能真正地让新三板发挥出作用。

此外，2019年7月22日首批25家企业成功在科创板上市。为了遵循科创板设立的初衷，即服务于国家战略、突破关键核心技术、市场认可度高的科技创新企业，充分发挥其资本市场"试验田"的作用，可以从以下几方面着手。第一，聚焦制度建设，不断进行科创板制度创新。科创板不是简单的一个新"板"的增加，应在发行、定价、交易、信息披露、退市等资本市场运行机制上大胆尝试创新，如推行严格退市制度、实施投资者赔偿制度、引入集体诉讼制度等，真正建立一个规范、透明的中国版纳斯达克资本市场。同时，为了鼓励制度创新，应建立相应的容错机制。第二，落实好以信息披露为核心的注册制，提高上市质量。一方面，减少行政审批，避免以注册制之名行权力核准之实，强化市场约束，将责任主体交还发行人和第三方中介机构；另一方面，提高上市质量和效率，全面实行电子化申报注册，优化注册流程，并接受社会监督。第三，加强事中、事后监管，加大对违规者的惩戒力度。对于各种欺诈、操纵、内幕交易、损害股东尤其是中小股东利益等行为，建立常态化监督机制，对于大股东、上市公司和中介机构的违法违规行为，进行严厉惩处，形成威慑力。第四，发展机构投资者，吸引长期稳定资金入市。我国机构投资者持股市值占比不到20%，长期和短期投资者结构失衡，导致市场波动大。应提高机构投资者入市比例，解决社保基金、企业年金等各类机构投资者的入市瓶颈。

第三节　优化科技型中小企业集聚式发展环境的举措和政策

科技型中小企业目标的实现是科技型中小企业集群的群体智能涌现的前提，而科技型中小企业集群环境的优化是群体智能涌现的支撑，二者发挥着同等重要

第七章　促进科技型中小企业集聚式发展的对策

的作用。目前，我国科技型中小企业发展过程中仍面临着政策环境、融资环境、中介服务环境、市场环境、产业配套、创新氛围、人才环境等方面的环境问题。针对典型区域"群体智能指数"实证研究和典型区域科技型中小企业集聚式发展调查研究结果，根据科技型中小企业集聚式发展成长环境优化中存在的不足和挑战，提出相应优化政策建议，见图7-2。

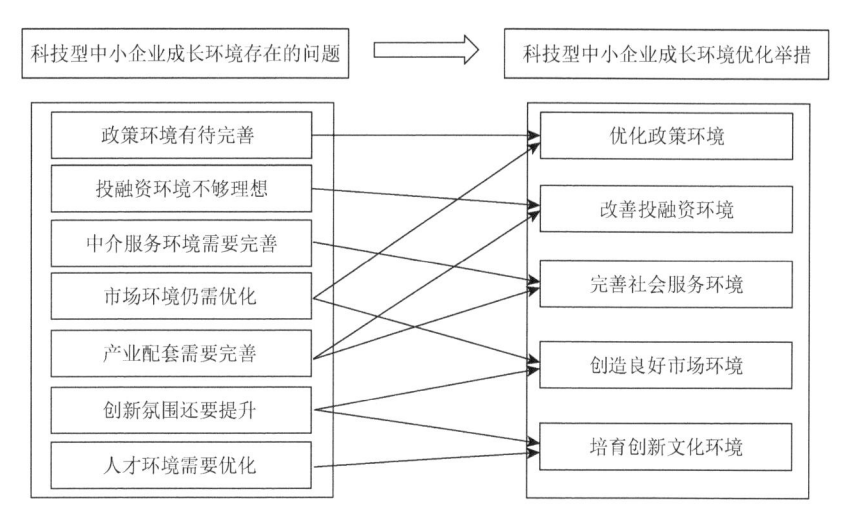

图7-2　我国科技型中小企业成长环境存在的问题和优化举措

党的十八届三中全会通过的《中共中央关于全面深化改革若干重大问题的决定》提出，"使市场在资源配置中起决定性作用"；党的十九届四中全会通过的《中共中央关于坚持和完善中国特色社会主义制度 推进国家治理体系和治理能力现代化若干重大问题的决定》在此基础上进一步提出，要"建设高标准市场体系"。优化科技型中小企业成长环境是推动其健康快速成长的关键因素，也是促进市场发挥资源配置决定性作用、建设高标准市场体系的重要举措。我国政府应针对科技型中小企业集群演进的环境需求，着力优化政策环境、改善投融资环境、完善社会服务环境、创造良好市场环境和培育创新文化环境，创造一个适宜集群自组织演化的外部环境，引导集群从无序向有序演化，推动科技型中小企业在集群演进中涌现"智能"。

一、优化政策环境

我国各级政府要进一步转变观念，充分认识小微企业尤其是科技型中小企业在刺激产业和区域经济发展、吸收就业、保持社会稳定等方面的重要作用，把支持科技型中小企业成长壮大作为区域产业发展的重要任务，主动为科技型中小企业提供质量更高、内容更丰富、方式更个性化的"贴身服务"。

（一）加大政策落实工作力度

各级政府要把落实科技型中小企业帮扶政策摆在与研究制定政策同等重要的位置，做到政策落实工作情况与重大计划项目申报、省部会商和地方科技进步工作考核"三结合"。各级政府要加大政策宣讲，充分了解科技型中小企业的政策诉求，积极推进"政策惠企"专项行动和"科技政策辅导员计划"，帮助企业将各项优惠政策落实到位。

（二）加强部门间合作，强化政策协调性

各级政府要注重科技型中小企业帮扶政策的系统性，整合当前比较零散的政策措施，改变"多头管理、政出多门"状况，通过行政管理部门间的良好协调衔接，共同制定更加实惠、精简、可操作、能够真正落实的系统性政策，并成立专门服务科技型中小企业的部门具体统筹协调。

（三）改革支持企业技术创新的方式

改革科技型中小企业技术创新项目的资助流程，规避项目管理权限过于集中的风险，探索"科技型中小企业专项资金"的连续性支持和分层次支持方式，实现竞争性经费分阶段分配资助，即通过第一阶段广泛"撒网"为第二阶段"重点培养"提供支持，第三阶段则通过市场化机制实现项目的"优胜劣汰"，减少政府部门对项目的干预。

（四）试点分担企业社保支出

针对我国社保费率较高、企业社保支出造成企业用工成本增加的问题，各级政府可在分担科技型中小企业社保支出方面有所创新，允许暂时生产经营困难的企业缓缴社保费，对困难企业实行社保补贴、岗位补贴和培训补贴等。

二、改善投融资环境

服务实体经济、防控金融风险、深化金融改革是第五次全国金融工作会议做

出的重要战略部署。为了应对实体经济的融资困境,为中小企业解决融资难这一突出的问题,各级政府要充分发挥引导和杠杆作用,综合运用财政、税收、资本市场等政策"组合拳",建立健全覆盖科技型中小企业技术创新全链条的融资优惠政策体系,实现政府向中小企业全面让利。对于不同成长阶段的科技型中小企业,应分别发挥天使投资、创业投资引导资金、中央财政参股新兴产业创投基金、风险投资、科技再保险等各类资金的作用。

(一)继续加大税费减免力度

2019 年实施的减税降费政策,直击市场主体的难点和痛点,是激发市场活力、释放发展潜能的重大举措。2019 年政府工作报告提出,进一步"激发市场主体活力""实施更大规模的减税""深化增值税改革""下调增值税税率"①。国家税务总局数据显示,2019 年上半年,全国税务部门组织的税收收入完成82 754 亿元,增长 1.4%,比 2018 年同期增幅回落 13.9%;小微企业普惠性政策累计新增减税 1 164 亿元,呈现出覆盖面广、受益度大、指向性强等特点[1]。长远来看,国家一方面要逐步降低宏观税负的水平,既要合理安排财政支出,也要控制税收增长幅度,在保障必要公共服务水平的条件下,降低企业和个人的负担,激励社会投资的积极性;另一方面要优化税制结构,降低间接税比重,提高直接税比重,加大对小微企业、科技型初创企业实施普惠性税收减免力度,增强企业的竞争力。

(二)整合贷款担保市场

政府要完善"担保融资补偿管理办法",大力发展信用担保公司,对担保公司进行信用评级,扩大担保公司的规模和担保能力。例如,选择实力较强且信用记录良好的担保公司联合对科技型中小企业贷款进行共同担保;成立"科技型中小企业互助基金"为中小企业贷款提供担保。为保证政府担保的合理性,科技型中小企业除提供项目可行性方案及论证报告外,其管理者还必须在贷款审批前接受政府部门或专门中介机构提供的管理与技术培训。然后,政府管理部门可根据项目方案、贷款金额和时限、贷款使用计划及政府有关部门和中介机构的综合评定,决定是否进行担保,以及为哪些贷款类型提供担保。

---

① 李克强. 政府工作报告——2019 年 3 月 5 日在第十三届全国人民代表大会第二次会议上. http://www.gov.cn/premier/2019-03/16/content_5374314.htm,2019-03-16.

（三）创新社会资本参与的方式

政府应借力社会资本，助推企业与资本市场对接。鼓励战略性新兴产业的平台型企业和行业龙头企业利用"创投＋孵化"模式，为初创期科技型中小企业提供资金、平台与业务相结合的组合支持；鼓励民间资本参与设立科技型中小企业孵化器，并在资金、土地、人才引进等方面给予政策支持，降低其运营成本；针对成长期、成熟期的科技型中小企业，政府应积极招引一批国内外知名私募股权投资基金，通过这些风险投资、私募基金的市场化、专业化运作，来推动科技型中小企业快速发展和登陆资本市场。

与科技型中小企业投资合作的政府有关部门应在识别出科技含量高、发展潜力大的科技型中小企业的基础上，通过信用担保，在公开市场上募集资金，再通过成立投资管理公司向符合要求的科技型中小企业提供风险投资。其中，投资管理公司可由政府委托的专业投资人组成，完全按照市场机制和风险投资的运行机制选择投资项目，投资资金由政府科技型中小企业管理机构和投资管理公司共同分担，收益按一定比例分享，损失由二者共同负担。通过这种方式提高私人资本参与投资科技型中小企业的积极性，降低其风险。

（四）提高财政补贴和专项基金的帮扶力度

针对科技型中小企业孵化周期长、商业风险大等特点，政府要加大专项补贴力度，并争取大部分补贴到商业银行，通过商业银行贷款给相应企业，破解发展潜力大但孵化周期长、风险较高的科技型中小企业在融资过程中的难题。同时，应尽快设立科技型中小企业发展专项基金，广泛宣传专项基金的用途、申领条件和方式，加大专项基金管理和运作的透明度和公开度，最大限度地简化申领程序，为科技型中小企业筹集资金、解决融资难题提供方便的途径。

（五）健全完善天使投资和风险投资体系

种子期、初创期的科技型中小企业，多数处于产品研发或产品上市推广的初级阶段，需要创业启动资金的有力支持，而银行、担保机构、私募股权基金等金融机构鉴于企业资产轻、风险高等情况，往往无法给予支持。对此困境，政府可通过设立各自层面的天使投资引导资金、搭建天使投资人联盟、鼓励部分企业家做天使投资人、完善"创业讲坛＋创业沙龙＋创业大赛＋创业导师＋天使投资人联盟"的人脉连接模式等方式，对种子期和初创期的科技型中小企业实现"普惠制"支持;通过建设创投产业园,吸引国内外风险投资机构更多聚集,引导有条件的大企业开展风险投资;通过阶段参股、跟进投资、融资租赁、贷款担保等方式完善风险补偿机制,引导社会资本加大对创投企业的扶持。此外,应发挥政府资金的杠杆作用,设立政府产业引导基金,采取阶段参股、跟进投资、风险补偿等多种方式,通过与境内外专业投资机构及社会资金联合设立更有专业性和针对性的各类投资基金,形成更大规模的投资实力,为科技型中小企业提供发展所需的资金支持。

(六)探索建立银投联动模式

政府要强化科技信贷支持,进一步加大对科技型中小企业的金融服务,继续鼓励商业银行设立科技支行、科技金融事业部和科技信贷业务部等新型专营机构,大力发展科技类信贷平台。继续支持商业银行创新金融产品和金融服务,允许商业银行以股权投资基金方式间接参与对科技型中小企业的股权投资,实现信贷平台与股权投资的联动。实施单独的考核和奖励政策,完善授信尽职免责机制,简化贷款审批流程,提高审批效率。完善政银企合作机制,开展以企业信用为基础的金融产品和服务方式创新,深化开展信用贷款、知识产权质押贷款、信用保险和贸易融资、股权质押贷款、产业链融资等各类科技信贷创新试点。完善投保贷一体化机制,加强创业投资机构与银行、保险、担保、小额贷款机构的对接与合作,创新组合金融服务模式。

(七)发展和健全多层次的资本市场

强化创业板服务创新型、成长型企业的水平和能力。将新三板试点扩大到全国范围,扩大资本市场对科技型中小企业服务范围,把区域性股权市场纳入多层次资本市场体系,规范发展区域性股权市场,提升其服务中小企业的能力。推进企业挂牌科创板,完善科技型中小企业上市协调机制,推动符合条件的企业上市融资或发行债券。进一步扩大信用贷款和知识产权质押贷款试点,利用资本市场对上市融资企业给予奖励。支持科技型中小企业利用资本市场进行兼并重组。完善企业并购重组公共服务体系,引导上市公司加强市值管理,提供信息、政策协调、中介服务、人才支持等公共服务。支持科技型中小企业借助并购贷款、并购基金等多种并购融资工具开展兼并收购。积极支持科技型中小企业发行集合融资工具、企业债券、公司债、短期融资券、中期票据及其他新型债务融资工具,对科技型中小企业发行债务融资工具开辟绿色通道,简化审批手续,完善信用增进服务。大力培育银行间债券市场合格投资者,为科技型中小企业直接融资创造条件。

（八）搭建科技金融服务平台

建立集政策、产品、中介、信息服务等综合性金融服务于一体的服务平台，针对科技型中小企业不同发展阶段的融资需求和融资条件，以政府资金为引导，发挥科技综合服务优势，整合银行、担保、保险、创投等资源，通过集合科技型中小企业和集成创新金融产品，为科技型中小企业提供一站式、个性化的融资服务。

政府可推广建立金融超市网络平台系统，提供金融产品供企业选择，提供项目仓库供银行挑选，将项目的寻找、发布和资金需求紧密对接。以武汉金融超市为例，该线上系统开通1个多月就有合作机构123个，融资项目3 036个，融资项目金额273万元，成功融资项目1 700多个，成功融资金额60万元，成为解决科技型中小企业融资难问题的极好渠道。

三、完善社会服务环境

各级政府要着力创新社会管理理念，面向科技型中小企业建立综合服务体系，全面提高中介服务质量，增加中介服务内容，降低中介服务收费，建立规范有序的社会化中介服务体系，围绕科技型中小企业成长发展的生命周期提供"个性化"咨询、培训、融资担保、法律援助、信用管理、就业服务、对外贸易等服务。对营利性中介服务机构要加大监管，用良好的市场规则为其创造宽松的营业环境和经营条件；对非营利性中介服务机构要着重激发其内部活力，拓展其发展空间，增强其发展的独立性。

（一）加大中介组织培育力度

政府要成立专门的中介组织管理部门，降低中介组织准入门槛，对工商经济、公益慈善、社会福利、文体活动、生活服务类中介组织，除法律规定必须先取得许可证的特殊组织外，可直接办理登记手续；探索"政府—中介—企业"协作机制，让中介组织更有效地分配政府资源，通过中介组织将来自政府的支持更合理地分配到整个产业链；支持规模较大、行业领先的中介服务机构形成品牌。

（二）推动行业协会发挥更大作用

科技型中小企业迫切希望行业协会在加强企业间合作交流、制定行业发展战略、共享市场信息、协调市场拓展、互助融资担保、维护行业秩序等方面发挥更积极的作用。政府可试点取消行业协会（商会）"一业一会"限制；允许行业协会（商会）吸收异地同行会员；利用行业协会"熟悉市场、了解企业"的特点，发挥行业协会和科技非政府组织在政府产业政策制定中的咨询作用。

（三）加快公共技术服务平台建设

政府要鼓励并支持相对集中的产业集群或具有产业优势的重点企业，建立为科技型中小企业服务的公共技术支撑平台，为企业提供研发、设计、试验、检测、新技术推广和技术培训等技术支撑服务；要加快建设产业技术创新战略联盟、"2011协同创新中心"（高等学校创新能力提升计划）等协同创新平台，引导科技型中小企业广泛参与协同创新平台的信息共享、产品创新、联合采购、标准共制等活动，形成集群优势与整体优势；要快速推广完善中国创新驿站技术转移服务平台，建立覆盖全国的创新驿站工作站点及其移动信息化服务中心。

（四）加强专业孵化（加速）机构建设

政府要提升孵化（加速）机构的市场化运营水平和提供专业化服务能力，鼓励孵化（加速）机构面向科技型中小企业提供优质的高增值技术配套服务和优惠的前瞻性政策服务，还要提供市场网络平台、技术支撑平台、规模化融资平台、高端人力资源平台等成长性平台服务；要大力发展创业辅导员、创业律师、创业会计师等科技型中小企业成长支撑要素，不断扩大政府的专业孵化（加速）优势。

（五）大力发展融资性中介服务机构

政府要针对科技型中小企业融资难问题，大力发展包括风险投资咨询、企业财务顾问、投资银行（证券公司）、投融资管理顾问、会计师事务所、证券评估机构、资产评估机构、技术评估机构和律师事务所等在内的一系列融资性中介服务机构，重点推动上述机构为科技型中小企业提供个性化的融资方案，解决商业模式创新、风险评估、技术评估中的疑难问题。

四、创造良好市场环境

政府要借助全面深化改革的契机，着力发挥市场的决定性作用，全面减少政府干预，构建公平、公正的行业规则与有利于公平竞争的市场环境。特别是，要在政府采购、项目招投标等方面给予各类企业平等的机会，着力解决民营资本、小微企业、科技型中小企业进入某些垄断性行业面临的市场准入开放不够等现实问题。

（一）推进企业信用体系建设

政府要高度重视社会信用体系建设，利用大数据技术搜集整合分散在中国人民银行征信中心及工商、法院、政府各专项资金执行部门和其他投融资机构的监管信用、涉诉信用、评级信用等各类信用信息，分省区市建立统一的科技型中小企业信用信息采集、评定与发布系统，在各省区市遴选若干家权威信用评级机构，分期分批完成省级范围内科技型中小企业的信用评级工作。

（二）建立"电商平台"帮扶企业营销

各级政府要抓住互联网时代商业模式创新的机遇，积极应对移动互联业务快速增长带来的市场营销变化，创建以市场拓展为目标的企业营销推广平台，包括开发产品选型、企业黄页、采购平台、在线商城、产业园区等子平台，以突破科技型中小企业供求信息不对称、营销资源不足等制约。

（三）加强市场监管

政府要强化国家标准约束力，防止行业标准门槛过低导致先进企业被落后企业打倒；继续有效治理不正当市场竞争行为，尤其在科技型中小企业集聚的新兴产业领域，防止出现"违规成本低、守法成本高、新企业难以获益"的现象。

（四）尽可能加大政府采购力度

各级政府要积极创造条件，加大政府采购科技型中小企业自主创新产品的力度，拓宽政府采购范围，运用价格规制，培育高技术产品消费市场。地方政府部门应通过上述"电商平台"统计科技型中小企业的重点产品，向本级政府采购用户集中推介。

（五）加大企业并购重组力度

并购重组是科技型中小企业实现成长价值的重要方式。政府可设立科技型中小企业并购基金,由政府出资,广泛吸收社会资本,帮助科技型中小企业实现市场化并购重组。尤其是,要减少对并购重组的不恰当干预,充分利用市场机制而非行政手段推动企业并购重组,防止并购重组中出现"玻璃门""弹簧门"等问题。

(六)帮助企业塑造品牌形象

政府要全力帮助科技型中小企业打造若干具有自主知识产权的企业品牌和产品品牌,组织科技型中小企业积极参加国内外知名展销会、博览会等各种推介活动,通过品牌营销全力提升品牌价值。同时,政府要加快建立信息化的质量技术公共服务平台,为科技型中小企业提供质量技术咨询、产品质量认证及质量标准指导等服务,帮助企业提升产品质量。

五、培育创新文化环境

各级政府要改善使用人才、评估人才、培养人才、吸引人才的方式和方法,树立"鼓励冒险、善待失败、乐于合作、多元互动"的先进文化坐标,营造"开放兼容、开拓进取、持之以恒、诚信互助"的创新文化氛围。尤其是,要对外来文化具有海纳百川的心态,主动进行有选择地扬弃、吸收外来文化精华,与本土地域文化的优长相结合,融合形成多元化的创新文化体系。

(一)培育"创新、诚信、成功"的企业家精神

"没有不想长大的企业,只有对企业长大的顾虑",政府要通过对企业家精神的大力弘扬,消除科技型中小企业主对做大企业反而不利于自身财富积累的顾虑。政府要牢固树立"产业第一,企业家老大"的理念,着力培育良好的企业家个人素质和价值追求,通过典型人物宣传与企业形象塑造,培育形成"创新、诚信、成功"的企业家个人信仰与价值追求。同时,帮助科技型中小企业培育和健全企业文化,让企业成员具有诚信的经营哲学、强烈的团队意识和集体荣誉感,让企业具有做大做强的企业使命和回馈社会的企业道德。

(二)加强管理职能部门的学习提高

政府要围绕科技型中小企业发展,建立相关政府部门定期学习制度,不断更新一线工作人员的政策知识,倡导深入企业、深入基层、熟悉市场的求新务

实态度，以更准确地把握国家和地方政策精神的实质与细节，便于因地制宜地加以创新与执行。

（三）组织企业人员人文交流

政府要依托行业协会、中介组织等机构，经常性地组织科技型中小企业员工开展合作交流。例如，举办集技术交流、学术研讨、文体活动于一体的综合性科技文化节，参与创办、承办大学生创业大赛，鼓励成功的企业家走进校园，以"现身说法"激励更多创业者实现创业梦想。

第八章　研究总结与未来展望

第一节　研究总结

本书在梳理科技型中小企业集群成长理论的基础上，分析科技型中小企业群体智能涌现过程，阐释科技型中小企业群体智能进化的环境调控机理，构建科技型中小企业集群环境评价指标体系，实证分析典型区域科技型中小企业的"群体智能指数"，提炼科技型中小企业群体智能涌现过程中的集群发展问题和成长环境问题，提出促进科技型中小企业集聚式发展、加快其群体智能涌现的若干建议。综合本书研究过程和结果，可得出以下研究结论。

（1）群体智能理论为科技型中小企业集聚式发展研究提供了新的思路和方法。企业集群成长动力是外界环境作用下的自发行为和集体选择过程，具备从低级到高级的进化规律，复杂理论在描述企业集群演化动力和方向上具有较大优越性。从群体智能这一复杂科学新视角揭示科技型中小企业集聚式发展的内生动力和环境影响，具有自身独特优势和科学性。

（2）科技型中小企业集群演进中的群体智能涌现，是在外部环境、内部规则约束下的企业个体，通过反馈、选择、学习、适应等非线性互动而产生共同化的过程。群体智能是追求系统智能的最大化，个体在没有任何中央控制角色的情况下，分别追求各自目标函数的最大化，通过数次迭代后获得聚类集成结果，成功实现群体目标函数的最大化。群体智能的涌现建立在个体目标函数和环境调控上，而最终落脚点是环境参数集的最优化。

（3）在科技型中小企业集聚式发展过程中，企业个体决策的结果使科技型中小企业集群不断向均衡发展状态趋近，并最终在均衡状态最大限度地发挥群体智能的作用。在科技型中小企业集群内企业个体目标实现和集群演进过程中，为实现企业个体目标，企业必须根据外部环境和内部规则，在是否进入企业集群、是否扩大生产规模、是否进行技术创新、是否退出集群等选择过程中进行决策。基于科技型中小企业个体目标实现决策选择过程和条件，科技型中小企业是否进入集群由企业边际成本决定，科技型中小企业集群中个体企业生产数量和规模受集群和其他企业的生产决策影响，是否选择创新决定于创新前后的利润水平。

（4）科技型中小企业集群的群体智能涌现对所处环境条件表现出一定依赖性。科技型中小企业集群演进是一种智能涌现过程，企业与环境之间的关系不是对立的,而是协同的、合作的、互动的。集群内企业所面临的外部环境因素错综复杂,良好的群外环境是科技型中小企业集群智能涌现的必要外部条件。依赖于它所处的环境条件,只有"在适当的环境中,群体的智慧才有可能大于群体中最优秀的个体"。科技型中小企业集群演进的外部环境和内部规制对企业集群良好运转至关重要,通过两者的共同作用能够激发集群的群体智能涌现并推动集群演进。

(5)典型区域群体智能涌现过程和水平表现出明显的地区差异,促进典型区域科技型中小企业集群发展过程中的群体智能涌现仍然面临挑战。国家中心城市、国家高新区、国家大学科技园和省域高新区等不同典型区域的群体智能涌现环境存在较大差异,同一地区的不同群体智能指标表现出不同的贡献程度,同一类典型区域的"群体智能指数"测算结果表现出不同的地区差异。同时,国家中心城市、国家高新区、国家大学科技园和省域高新区等典型区域在发展过程中仍然面临着创新体系有待进一步建立健全、自主创新能力有待进一步提升、营商环境有待进一步改善、科技型中小企业中介服务体系有待进一步完善、集群发展过程中产业链缺乏系统性专业化分工和协作、创新创业文化氛围有待进一步营造等诸多挑战。

(6)科技型中小企业集群发展仍然面临较多挑战。科技型中小企业集群在发展过程中仍然面临着发展缺乏战略导向、持续创新能力偏弱、投融资渠道需拓展、人才流动性过大、市场适应力不强、产业规模尚未形成等挑战。就科技型中小企业成长环境而言,政策环境有待完善、投融资环境不够理想、中介服务环境需要完善、市场环境仍需优化、产业配套需要完善、创新氛围还要提升、人才环境需要优化等不足仍然存在。

(7)营造优良发展环境是当前破解科技型中小企业发展制约的重要手段。优化发展环境不仅包括政府的制度建设和政策供给,还包括整个社会对创新创业的认同。一是积极引导科技型中小企业适应群体智能涌现的原则;二是支持科技型中小企业集群逐步提高开放性,形成涨落性、竞合性,提升知识吸收能力、技术创新能力、市场能力和社会资本;三是从优化政策环境、改善投融资环境、完善社会服务环境、创造良好市场环境、培育创新文化环境等方面不断优化科技型中小企业发展环境。

第二节 未来展望

本书是典型的跨学科综合性研究,采用人工智能领域的群体智能来研究科技型中小企业集群演进的一系列问题,是群体智能理论在研究对象上的新扩展、在研究领域上的新应用。这项研究不仅需要对复杂性科学理论有深入理解,而且要熟悉技术经济话语体系,研究难度比较大。由于能力和时间所限,本书还有许多需要完善、深入和细化的地方。

（1）中小企业集群不仅包括企业，还包括相关的支撑机构，如供应商、用户、互补产品生产商，甚至包括提供专业培训与技术支持的大学。国内部分学者也认为企业集群不仅包括企业还包括与企业发展密切相关的机构。这就为研究企业集群演化增加了复杂性。本书仅涉及企业与企业间的关系，没有将众多的相关因素纳入其中。企业集群演进的高级阶段应是容纳了上述各种创新相关者的创新集群。创新集群同样具有复杂性和演化特征，这为今后的研究提供了一个新的内容。

（2）本书尽管涉及部分模型与算法，然而由于缺少数据等原因，无法对模型进行检验和结果分析。设计概念模型的初衷也被简化为指明定量化研究在未来的可行路径。当然，目前还无法用相同的数据框架来描述昆虫与人这两类关键的对象，并且难以将人在企业中的受限行为规则直接映射为群体智能中的个体行为规则，这也是本书研究面临的最大制约。对于本书提出的算法，可以通过调整不同参数的重要性来优化算法的性能，并通过实验得出经验的最佳参数配置。

（3）实证研究部分的案例分析还可以更加深入。作为国家社会科学基金管理学科的成果，本书在对策研究部分还缺乏详细的案例研讨，提出的对策也可以进一步细致深入。

（4）本书的初始条件是默认科技型中小企业集群已经生成或形成，研究的定位主要在其形成后的成长阶段，尚未涉及集群生成机制，如何用群体智能理论分析和解释科技型中小企业集群的生成机制，仍需进一步探索。

综上所述，由于群体智能的内部机制尚在进一步研究之中，群体智能思想在实际管理领域推广应用还存在一些障碍。一是管理者对复杂适应系统和群体智能运行机制的理解存在一定困难，即使通过大量的实际数据证实这些理论确有长处，也难以说服某些管理者实施群体智能解决方案。二是目前还无法采用相同的数学框架来描述社会性昆虫种群与人类社会组织这两类关键对象，并且难以将人的受限行为规则直接映射为群体智能中个体的行为规则。这两个关键困难阻碍了群体智能在人类社会经济生活中的更大、更多应用，群体智能的优势还没有完全体现。

参 考 文 献

[1] 张竞强，包月阳，马彬，等. 中国中小企业 2019 蓝皮书——新时代中小企业高质量发展研究[M]. 北京：中国发展出版社，2019.

[2] 刘巨钦. 企业集群的内生性成长研究[M]. 上海：上海三联书店，2008.

[3] 刘巨钦，等. 企业集群成长机理与竞争优势培育[M]. 北京：中国经济出版社，2007.

[4] 周素萍. 高科技中小企业集群生成及成长研究[M]. 北京：中国财富出版社，2012.

[5] 刘立. 创新型企业及其成长[M]. 北京：科学出版社，2010.

[6] 张洪潮，雒国. 科技型小微企业集聚式发展研究[J]. 企业经济，2014，（6）：86-90.

[7] 宋晓旭. 中小企业集群化发展问题探讨[J]. 北方经贸，2014，（12）：89-90.

[8] 朱永华. 中小企业集群发展与创新[M]. 北京：中国经济出版社，2006.

[9] Kennedy J，Eberhart R C，Shi Y. Swarm Intelligence[M]. San Francisco：Morgan Kaufmann Publishers，2001.

[10] 王玫，朱云龙，何小贤. 群体智能研究综述[J]. 计算机工程，2005，（22）：204-206.

[11] 牟绍波. 企业集群持续成长论[M]. 成都：西南财经大学出版社，2011.

[12] 王海光. 企业集群共生治理的模式及演进研究[M]. 北京：经济科学出版社，2009.

[13] 董秋云. 企业集群与中小企业成长的多视角诠释[M]. 北京：经济管理出版社，2012.

[14] 刘钒，甘义祥，李光. 科研众筹模式分析及发展对策研究[J]. 科技进步与对策，2015，32（21）：8-12.

[15] 刘钒，钟书华. 国外"群集智能"研究述评[J]. 自然辩证法研究，2012，28（7）：114-117，61.

[16] Atlee T. Defining Collective Intelligence[M]. Hyderabad：ICFAI University Press，2005.

[17] Jenkins H. Bloggers and Gamers：Exploring Participatory Culture[M]. New York：New York University Press，2006.

[18] Pór G. The Quest for Collective Intelligence[M]. San Francisco：New Leades Press，1995.

[19] Bloom H. The Lucifer Principle：A Scientific Expedition into the Forces of History[M]. New York：Atlantic Monthly Press，1985.

[20] Malone T W. What is collective intelligence and what will we do about it[R]. 2006.

[21] Tapscott D，Williams A D. Wikinomics：How Mass Collaboration Changes Everything[M]. New York：Penguin Group，2009.

[22] Lykourentzou I，Vergados D J，Kapetanios E，et al. Collective intelligence systems：classification and modeling[J]. Journal of Emerging Technologies in Web Intelligence，2011，3（3）：217-226.

[23] Pan Y. Heading toward Artificial Intelligence 2.0[J]. Engineering，2016，2（4）：409-413.

[24] Li W，Wu W，Wang H，et al. Crowd intelligence in AI 2.0 era[J]. Frontiers of Information

Technology & Electronic Engineering, 2017, 18（1）: 15-43.

[25] Wheeler W M. Ants: Their Structure, Development and Behavior[M]. Columbia: Columbia University Press, 1910.

[26] Durkheim É. The Elementary Forms of Religious Life[M]. Oxford: Oxford Paperbacks, 2008.

[27] Vernadsky V I. Scientific thought as a planetary phenomenon[EB/OL]. https://documents.pub/document/scientific-thought-as-a-planetary-phenomenon-v-i-vernadsky.html?page=3, 2014-11-08.

[28] Wells H G. World Brain[M]. London: Methuen & Co., Ltd., 1938.

[29] Russell P, Sahtouris E, Hubbard B M. About the Book-Foundation for Conscious Evolution[Z].

[30] Lévy P. Collective Intelligence: Mankind's Emerging World in Cyberspace[M]. Cambridge: Perseus Books, 1997.

[31] Bloom H. Global Brain: The Evolution of Mass Mind from the Big Bang to the 21st Century[M]. Hoboken: Wiley, 2000.

[32] 刘云浩. 群智感知计算[J]. 中国计算机学会通讯, 2012, 8（10）: 38-41.

[33] 郭斌, 翟书颖, 於志文, 等. 群智大数据: 感知、优选与理解[J]. 大数据, 2017, 3（5）: 57-69.

[34] 詹玉峰. 物联网中的群智大数据采集技术研究[D]. 北京理工大学博士学位论文, 2018.

[35] 李金航, 何欣, 丁爽. 群智大数据感知网络部署机制研究[J]. 科技资讯, 2019, 17（3）: 12-15.

[36] Luan D, Yang Y, Wang E, et al. An efficient target tracking approach through mobile crowdsensing[J]. IEEE Access, 2019, 7: 110749-110760.

[37] 蔡明壮, 孔祥任. 基于机器学习与哈希算法的群智大数据优选——以车辆精准检测为例[J]. 电子世界, 2020, （2）: 71-72.

[38] 陈桂菊. 基于群智大数据的非常规突发事件价值情报感知研究[J]. 无线互联科技, 2021, 18（1）: 28-29.

[39] Surowiecki J. The Wisdom of Crowds[M]. New York: Anchor Books, 2005.

[40] Abualsaud K, Elfouly T M, Khattab T, et al. A survey on mobile crowd-sensing and its applications in the iot era[J]. IEEE Access, 2018, 7: 3855-3811.

[41] 赵健, 张鑫褆, 李佳明, 等. 群体智能2.0研究综述[J]. 计算机工程, 2019, 45（12）: 1-7.

[42] Fama E. Efficient capital markets: a review of theory and empirical work[J]. Journal of Finance, 1970, 25（2）: 383-417.

[43] Weiss A. The Power of Collective Intelligence[J]. Net Worker Beyond Filesharing: Collective Intelligence Archive, 2005, 9（3）: 16-23.

[44] Flew T. New Media: An Introduction[M]. Melbourne: Oxford University Press, 2005.

[45] Gosney J W. Beyond Reality: A Guide to Alternate Reality Gaming[M]. Boston: Thomson Course Technology, 2005.

[46] Bonabeau E. Decisions 2.0: the power of collective intelligence[J]. Mit Sloan Management Review, 2009, 50（2）: 45-52.

[47] Brown P, Lauder H. Collective Intelligence [M]. New York: Oxford University Press, 2000.

[48] Szuba T. Computational Collective Intelligence[M]. Hoboken: Wiley, 2001.

[49] Atlee T. Reflections on the evolution of choice and collective intelligence[EB/OL]. http://www.

newmediaexplorer.org/tom_atlee/2008/05/15/reflections_on_the_evolution_of_choice_and_collective_intelligence.htm,2008-05-15.

[50] Yilmaz A, Murat A, Halife K. A swarm intelligence-based hybrid approach for identifying network modules[J]. Journal of Computational Science, 2017, 28: 265-280.

[51] Pan Y B, Hong R J, Chen J, et al. Performance degradation assessment of a wind turbine gearbox based on multi-sensor data fusion[J]. Mechanism and Machine Theory, 2019, 137: 509-526.

[52] Kaloop M R, Bardhan A, Kardani N, et al. Novel application of adaptive swarm intelligence techniques coupled with adaptive network-based fuzzy inference system in predicting photovoltaic power[J]. Renewable and Sustainable Energy Reviews, 2021, 148: 111315.

[53] 周松兰. 国外创新型中小企业界定理论综述[J]. 工业技术经济, 2008, (3): 42-45.

[54] 罗亚非, 洪荭. 科技型中小企业界定问题研究[J]. 统计研究, 2005, (5): 74-78.

[55] 周松兰. 创新型中小企业的界定与评价[J]. 中国国情国力, 2008, (2): 19-21.

[56] 朱岩梅, 吴霁虹. 我国创新型中小企业发展的主要障碍及对策研究[J]. 中国软科学, 2009, (9): 23-31.

[57] 滕响林. 基于系统动力学的创新型中小企业成长路径研究[D]. 哈尔滨工程大学硕士学位论文, 2009.

[58] 梁益琳, 张玉明. 基于仿生学的创新型中小企业高成长机制实证研究——来自中国中小上市公司的数据[J]. 经济经纬, 2011, (6): 92-96.

[59] 科学技术部, 财政部. 科技型中小企业技术创新基金项目管理暂行办法[EB/OL]. http://www.nea.gov.cn/2011-08/17/c_131056153.html, 2011-08-17.

[60] 两部门发布加大对科技型中小企业信贷支持的意见[EB/OL]. http://www.gov.cn/gzdt/2009-05/21/content_1320770.htm, 2009-05-21.

[61] 崔洪建, 梁茹. 借鉴国外经验, 破解广东中小企业融资难题[J]. 科技管理研究, 2010, 30 (6): 51-53.

[62] 罗奕. 破解中小企业融资困局: 国外经验与我国对策[J]. 企业经济, 2012, 31 (7): 116-119.

[63] 周松兰. 韩国 LED 产业自主创新模式研究[J]. 科技管理研究, 2015, 35 (24): 19-23.

[64] 梁军峰, 赵亮. 我国中小企业信用担保体系的发展现状及国外经验借鉴[J]. 改革与战略, 2017, 33 (5): 164-167.

[65] 赵智杰. 借鉴国外经验解决中小微企业融资难题[J]. 发展研究, 2020, (9): 21-28.

[66] 吴宁, 马志强, 朱永跃, 等. 我国科技型小微企业合作研发现状实证研究[J]. 科技进步与对策, 2018, 35 (19): 82-87.

[67] 薛捷. 科技型小微企业的组织学习研究——系统构成及战略导向的前因作用[J]. 科研管理, 2019, 40 (5): 222-232.

[68] 易朝辉, 张承龙. 科技型小微企业绩效提升的跨层次传导机制——基于大别山地区的多案例研究[J]. 南开管理评论, 2018, 21 (4): 26-38.

[69] 任声策, 胡尚文. 面向 2035 年促进科技型中小企业知识产权发展的对策研究[J]. 中国科技论坛, 2021, (6): 6-9.

[70] 仇荣国, 孔玉生. 基于知识产权质押的科技型小微企业融资机制及影响因素研究[J]. 中国科技论坛, 2017, (4): 118-125.

[71] 吴玉伟, 施永川. 科技型小微企业"硬"科技创业动力要素与孵化模式研究[J]. 科学管理研究, 2019, 37(1): 70-73.

[72] 相飞, 刘学方. 破解"知而不言": 新生代员工可雇佣型建言影响因素及模式[J]. 科技进步与对策, 2020, 37(14): 141-150.

[73] 张振刚, 沈鹤, 余传鹏. 外部知识搜寻及其双元性对科技型中小企业管理创新的影响[J]. 科技进步与对策, 2020, 37(20): 99-106.

[74] 姬晓辉, 卢小根. 科技型小微企业集群知识传播扩散特征研究——基于小世界网络模型[J]. 科技管理研究, 2018, 38(8): 187-193.

[75] 林海. "双创"背景下科技型中小企业创新项目风险评估模型构建[J]. 科技管理研究, 2019, 39(21): 83-90.

[76] 周茜, 谢雪梅, 张哲. 供应链金融下科技型小微企业信用风险测度与管控分析——基于免疫理论[J]. 企业经济, 2019, (8): 146-154.

[77] 谢明磊, 刘德胜. 发展型绩效考核与科技型中小企业开放式创新——一个有调节的中介效应模型[J]. 管理评论, 2021, 33(2): 142-152.

[78] 吴松强, 陆益明, 黄盼盼. 基于大数据的科技型小微企业商业模式创新研究[J]. 科学管理研究, 2019, 37(6): 93-99.

[79] 叶莉, 朱煜晟, 沈悦. 科技型小微企业融资模式创新: 泛融资模式的构建[J]. 科技管理研究, 2020, 40(6): 252-257.

[80] 范旭, 梁碧婵. 机会识别和双元性战略组合协同作用下科技型中小企业的创新模式演进[J]. 管理学报, 2021, 18(6): 873-883.

[81] 李明星, 苏佳璐, 胡成, 等. 南京市科技型小微企业知识产权质押融资主体职能演化分析[J]. 科技进步与对策, 2019, 36(11): 46-53.

[82] 易朝辉, 段海霞, 任胜钢. 创业自我效能感、创业导向与科技型小微企业绩效[J]. 科研管理, 2018, 39(8): 99-109.

[83] 易朝辉, 周思思, 任胜钢. 资源整合能力与科技型小微企业创业绩效研究[J]. 科学学研究, 2018, 36(1): 123-130.

[84] 易朝辉, 谢雨柔, 张承龙. 创业拼凑与科技型小微企业创业绩效研究: 基于先前经验的视角[J]. 科研管理, 2019, 40(7): 235-246.

[85] 徐宁, 冯路. 基于层次分析法的科技型小微企业网络融资风险模糊综合评价[J]. 科技管理研究, 2019, 39(20): 30-38.

[86] 颜赛燕. 基于AHP-模糊数学综合评价的科技型中小企业融资效果研究[J]. 工业技术经济, 2020, 39(3): 75-81.

[87] 中国人民银行济南分行营业管理部课题组, 王延伟. 科技型中小企业授信评价体系建设研究[J]. 金融理论与实践, 2021, (9): 42-50.

[88] 刘钒, 钟书华. 创新型小微企业群集智能特性、网络关系与创新绩效研究[J]. 科技进步与对策, 2017, 34(21): 57-63.

[89] 吴松强, 蔡婷婷. 嵌入性创新网络与科技型小微企业创新绩效: 网络能力中介效应研究[J]. 科技进步与对策, 2017, 34(17): 99-105.

[90] 刘骏, 张蕾, 陈梅, 等. 高层次创新人才薪酬与企业盈利关系研究——以科技型中小企业为例[J]. 科技进步与对策, 2020, 37(14): 135-140.

[91] 余维臻,余克艰. 科技型小微企业协同创新能力增进机制研究[J]. 科研管理, 2018, 39（3）: 1-10.

[92] 蒙玉玲,董晓宏,刘润. 云创新助推科技型中小企业构建持续性学习机制[J]. 经济与管理, 2020, 34（4）: 82-87.

[93] 罗广宁,陈丹华,肖田野,等. 科技企业融资信息服务平台构建的研究与应用——基于广东省科技型中小企业融资信息服务平台建设[J]. 科技管理研究, 2020, 40（7）: 211-215.

[94] 张羽飞,原长弘,张树满. 产学研融合程度对科技型中小企业创新绩效的影响[J]. 科技进步与对策, 2021,（9）: 64-74.

[95] 唐雯,王卫彬. 科技型中小企业创新生态系统构建现状——基于200家企业的调查分析[J]. 技术经济与管理研究, 2021,（2）: 34-39.

[96] 李素红,方洁,蔡韡. 互联网金融背景下科技型小微企业融资平台建设[J]. 科技管理研究, 2018, 38（11）: 195-201.

[97] 张相斌,樊竹清. 基于共同平台的科技型小微企业合作绩效研究[J]. 科技管理研究, 2020, 40（10）: 164-173.

[98] 孙卫东. 科技型中小企业创新生态系统构建、价值共创与治理——以科技园区为例[J]. 当代经济管理, 2021, 43（5）: 14-22.

[99] 马志强,华贤宇,卢文秀. 基于前景理论的科技型小微企业合作研发决策研究[J]. 科技进步与对策, 2018, 35（15）: 83-88.

[100] 刘丹,衣东丰,王发明. 科技型小微企业创新生态系统网络治理研究[J]. 科技进步与对策, 2019, 36（4）: 116-123.

[101] 王黎萤,吴瑛,朱子钦,等. 专利合作网络影响科技型中小企业创新绩效的机理研究[J]. 科研管理, 2021, 42（1）: 57-66.

[102] 周松兰. 我国创新型中小企业的扶持政策研究[J]. 工业技术经济, 2009, 28（5）: 16-18.

[103] 刘钒. 促进科技型中小企业创新发展政策的省域比较研究[M]. 武汉: 武汉大学出版社, 2016.

[104] 韩贺洋,周全,韩俊华. 政策性金融支持科技型小微企业的运行机理及路径[J]. 科学管理研究, 2017, 35（6）: 106-109.

[105] 韩俊华,韩贺洋,王宏昌. 科技型小微企业普惠金融支持研究[J]. 科学管理研究, 2017, 35（4）: 103-106.

[106] 刘啸尘. 财税激励政策下的政企演化博弈研究——以科技型中小企业为例[J]. 技术经济与管理研究, 2019,（10）: 16-21.

[107] 王硕,王伟. 完善科技政策性金融功能研究[J]. 科学管理研究, 2019, 37（6）: 144-149.

[108] 徐萌萌. 政府资助对科技型中小企业创新绩效的影响研究——创新动力的中介效应分析[J]. 软科学, 2021, 35（1）: 32-38.

[109] 何玉梅. 面向数字化转型的科技型中小企业创新激励政策探讨[J]. 中国科技论坛. 2021,（6）: 4-6.

[110] 郭研,张皓辰. 政府创新补贴、市场溢出效应与地区产业增长——基于科技型中小企业技术创新基金的实证研究[J]. 产业经济研究, 2020,（4）: 1-15.

[111] 颜军梅,万波,石军. 科技型中小企业金融接力支持创新研究——基于扎根理论的多案例探索[J]. 科技进步与对策, 2021, 38（4）: 88-95.

[112] 牟少波. 企业集群持续成长论[M]. 成都：西南财经大学出版社，2011.
[113] 冯朝军. 科技型中小企业集群创新研究述评[J]. 技术经济与管理研究，2017，(5)：39-42.
[114] 鲁若愚，周阳，丁奕文，等. 企业创新网络：溯源、演化与研究展望[J]. 管理世界，2021，37（1）：217-233.
[115] 符正平. 现代管理手段与企业集群成长[J]. 中山大学学报（社会科学版），2003，(6)：94-99.
[116] 苏凌. 企业集群品牌对区域经济发展的推动机理分析[J]. 商业经济研究，2017，（11）：130-132.
[117] 李明武，綦丹. 产业集群品牌生态系统的构成、特征及演化[J]. 企业经济，2017，36（3）：23-28.
[118] 卢燕群，何永芳. 基于个体博弈的企业集群技术创新扩散模型研究[J]. 统计与决策，2018，34（15）：180-184.
[119] 徐红涛，吴秋明. 集成管理对企业集群竞争力提升的作用路径研究[J]. 技术经济与管理研究，2019，(9)：53-60.
[120] 冯圆. 基于"双循环"格局的企业集群成本管理[J]. 财会月刊，2020，（23）：36-43.
[121] 冯圆. 企业集群变迁中的环境成本管理研究[M]. 南京：南京大学出版社，2021.
[122] 石莹. 企业集群内中小企业合作创新博弈的影响因素分析[J]. 天津工业大学学报，2017，36（3）：76-81.
[123] 冯朝军. 科技型中小企业集群创新的价值链分析[J]. 技术经济与管理研究，2017，(6)：40-43.
[124] 黎月. 中小企业集群的关系型融资研究[D]. 湘潭大学硕士学位论文，2017.
[125] 蔺鹏，孟娜娜，周艳海. 小微企业集群融资的"痛点"分析及区块链技术应用探索[J]. 农村金融研究，2018，(9)：62-66.
[126] 胡振，胡同立. 中小企业集群互助担保融资风险探析[J]. 财会通讯，2020，（12）：138-141.
[127] Krugman P. Increasing returns and economy geography[J]. The Journal of Political Economy，1991，99（3）：483-499.
[128] Porter M. Clusters and the new economics of competition[J]. Harvard Business Review，1998，（12）：76-77.
[129] 袁纯清. 共生理论——兼论小型经济[M]. 北京：经济科学出版社，1998.
[130] Moore J F. Predators and prey：a new ecology of competition[J]. Harvard Business Review，1993，（3）：75-86.
[131] Adner R. Match your innovation strategy to your innovation ecosystem[J]. Harvard Business Review，2006，84（4）：98-107.
[132] 埃斯特琳 J. 美国创新在衰退？[M]. 闫佳，翁翼飞译. 北京：机械工业出版社，2010.
[133] 袁智德，宣国良. 技术创新生态的组成要素及作用[J]. 经济问题探索，2000，（12）：72-74.
[134] 黄鲁成. 区域技术创新生态系统的特征[J]. 中国科技论坛，2003，(1)：23-26.
[135] 曾国屏，苟尤钊，刘磊. 从"创新系统"到"创新生态系统"[J]. 科学学研究，2013，31（1）：4-12.
[136] 赵放，曾国屏. 多重视角下的创新生态系统[J]. 科学学研究，2014，32（12）：1781-1788.
[137] 王宏起，汪英华，武建龙，等. 新能源汽车创新生态系统演进机理——基于比亚迪新能源汽车的案例研究[J]. 中国软科学，2016，(4)：81-94.

[138] 欧忠辉，朱祖平，夏敏，等. 创新生态系统共生演化模型及仿真研究[J]. 科研管理，2017，38（12）：49-57.

[139] 柳卸林，马雪梅，高雨辰，等. 企业创新生态战略与创新绩效关系的研究[J]. 科学学与科学技术管理，2016，37（8）：102-115.

[140] 刘兰剑，项丽琳，夏青. 基于创新政策的高新技术产业创新生态系统评估研究[J]. 科研管理，2020，41（5）：1-9.

[141] 孟建锋，续淑敏，侯婧. 乡村振兴战略下农业创新生态系统的构建策略[J]. 农业经济，2022，（12）：9-11.

[142] 辜胜阻，曹冬梅，杨嵋. 构建粤港澳大湾区创新生态系统的战略思考[J]. 中国软科学，2018，（4）：1-9.

[143] 黄晓琼，徐飞. 知识生态视域下面向产业集群的区域综合科技服务系统生态化发展研究[J]. 科技进步与对策，2021，38（3）：60-69.

[144] Pouder R W，St. John C H. Hot spots and blind spots：geographical clusters of firms and innovation[J]. The Academy of Management Review，1996，21（4）：1192-1225.

[145] Brenner T，Siegfried G. The dependence of innovativeness on the local firm population-an empirical study of German[R]. Max Planck Institute，2003.

[146] 李兴华. 科技企业集群的自组织机制与条件探讨[J]. 中国科技论坛，2003，（6）：57-60.

[147] 牟绍波，王成璋. 产业集群持续成长的力学运动机制[J]. 科学文化评论，2007，（4）：154-156.

[148] 卢燕群，何永芳. 复杂网络视角下企业集群技术创新扩散仿真研究[J]. 中国科技论坛，2018，（3）：73-80.

[149] 金勇，王柯. 复杂科学管理视角下的农村电商集群生态系统研究[J]. 决策与信息，2019，（3）：102-110.

[150] 林莉. 全球竞合：科技型中小企业网络化成长的理论与实证研究[M]. 北京：经济科学出版社，2012.

[151] 郑胜华，池仁勇. 核心企业合作能力、创新网络与产业协同演化机理研究[J]. 科研管理，2017，38（6）：28-42.

[152] 陶秋燕，孟猛猛. 网络嵌入性、技术创新和中小企业成长研究[J]. 科研管理，2017，38（S1）：515-524.

[153] 孙林杰，丁瑞文，王佳梅，等. 基于创新网络的民营企业创新能力提升路径研究[J]. 科学学研究，2017，35（10）：1587-1593.

[154] 杨张博. 网络嵌入性与技术创新：间接联系及联盟多样性如何影响企业技术创新[J]. 科学学与科学技术管理，2018，39（7）：51-64.

[155] 杨晔,朱晨. 合作网络可以诱发企业创新吗？——基于网络多样性与创新链视角的再审视[J]. 管理工程学报，2019，33（4）：28-37.

[156] 倪渊. 核心企业网络能力与集群协同创新：一个具有中介的双调节效应模型[J]. 管理评论，2019，31（12）：85-99.

[157] 张玉明. 中小型科技企业成长机制[M]. 北京：经济科学出版社，2011.

[158] 张凤杰，陈继祥. 科技型中小企业创新能力评估指标体系研究[J]. 上海管理科学，2007，（2）：39-43.

[159] 凯利 K. 失控：全人类的最终命运和结局[M]. 东西文库译. 北京：新星出版社，2010.
[160] 孙玺菁，司守奎. 复杂网络算法与应用[M]. 北京：国防工业出版社，2015.
[161] 蔡宁，吴结兵，殷鸣. 产业集群复杂网络的结构与功能分析[J]. 经济地理，2006，（3）：378-382.
[162] Powell W W, Koput K W, Smith-Doerr L. Interorganizational collaboration and the locus of innovation: networks of learning in biotechnology[J]. Administrative Science Quarterly, 1996, 41（1）: 116-145.
[163] 车宏安，顾基发. 无标度网络及其系统科学意义[J]. 系统工程理论与实践，2004，（4）：11-16.
[164] 李良贤. 基于共生理论的中小企业竞合成长研究[M]. 北京：经济管理出版社，2011.
[165] 林汉川，刘平青，邱红，等. 中小企业管理[M]. 2版. 北京：高等教育出版社，2011.
[166] 符正平，等. 中小企业集群生成机制研究[M]. 广州：中山大学出版社，2004.

后　　记

科技型中小企业是从事高新技术产品研发、生产和服务的企业群体，是区域创新体系中重要的组织形态和创新载体，具有高科技、高附加值、低污染、低消耗等优于普通中小企业的鲜明特点，具有成为新一轮改革创新"急先锋"的潜力，能够为所有中小企业适应新环境下的发展探路，并通过"鲶鱼效应"刺激各类企业不断变革提升创新活力。集聚式发展是新时期推进科技型中小企业高质量发展的重要路径，集群赋予企业更强的抗风险能力、内部和外部协调能力等，集群内的信任关系将企业和支撑机构联结成柔性的有机整体和技术创新网络，使集群整体显现出单个科技型中小企业难以匹敌的创新能力。群体智能涌现不仅能够促进集群对市场和周边环境的适应，又能使集群整体的功能弥补企业在市场竞争中的弱势地位，群体智能理论为科技型中小企业集聚式发展研究提供了新的思路和方法。

本书采用群体智能理论研究科技型中小企业集聚式发展中的群体进化规律，在梳理科技型中小企业集群成长理论的基础上，重点分析科技型中小企业群体智能涌现过程、阐释科技型中小企业群体智能进化的环境调控机理、完成典型区域"群体智能指数"实证研究和科技型中小企业集聚式发展调查，对科技型中小企业群体智能涌现过程中面临的挑战和困难进行提炼，并提出促进科技型中小企业集聚式发展、加快其群体智能涌现的若干建议。本书的研创具有丰富中小企业研究内容、拓展群体智能研究范畴的双重理论意义，能够为贯彻新发展理念推动高质量发展、开展科技型中小企业发展态势评估、提升群体进化规律适应能力、制定集聚式发展政策等提供科学决策依据。

本书得到国家社会科学基金青年项目"基于群体智能的小微企业集聚式发展研究"（15CGL022）的资助，由武汉大学刘钒副教授、武汉大学经济与管理学院博士研究生邓明亮合作撰写，武汉大学发展研究院硕士研究生杨绍纯、向叙昭、马成龙参与部分章节撰写。

在本书付梓之际，特别感谢华中科技大学公共管理学院钟书华教授给予的宝贵意见。囿于时间和水平限制，书中难免存在不足和缺憾，恳请读者见谅，并欢迎提出意见建议。在本书写作过程中，引证、参考和借用了相关报纸、书籍、文章、网页中的素材，除注释和参考文献外，无法做到一一署名，在表达歉意的同时也一并表示感谢！同时本书能够顺利出版还要感谢科学出版社邓娴女士、徐倩女士给予的大力支持和协调工作。

刘钒

于武昌珞珈山